国家社科基金后期资助项目（项目批准号：22FFXB041）

国家社科基金
后期资助项目
GUOJIA SHEKE JIJIN HOUQI ZIZHU XIANGMU

多数人之债法律问题研究

Research on the Debt of More than one Obligor and Obligee

章正璋　著

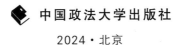

中国政法大学出版社

2024·北京

图书在版编目（ＣＩＰ）数据

多数人之债法律问题研究 / 章正璋著. -- 北京 ：中国政法大学出版社，2024. 8. -- ISBN 978-7-5764-1719-7

Ⅰ. D923.34

中国国家版本馆 CIP 数据核字第 2024N4A995 号

出 版 者	中国政法大学出版社
地　　址	北京市海淀区西土城路 25 号
邮寄地址	北京 100088 信箱 8034 分箱　邮编 100088
网　　址	http://www.cuplpress.com (网络实名：中国政法大学出版社)
电　　话	010-58908586(编辑部) 58908334(邮购部)
编辑邮箱	zhengfadch@126.com
承　　印	固安华明印业有限公司
开　　本	720mm×960mm　　1/16
印　　张	15.25
字　　数	260 千字
版　　次	2024 年 8 月第 1 版
印　　次	2024 年 8 月第 1 次印刷
定　　价	69.00 元

自　序

　　本人对于多数人之债法律问题的关注，最早始于 1994 年攻读硕士学位期间。当时研读《德国民法典》第二编债法"多数债务人和债权人"（Mehrheit von Schuldnern und Gläubigern），对于该法律问题有了初步印象。此后阅读史尚宽先生的《债法总论》和戴修瓒先生的《民法债编总论》，对于两位先生书中的"多数债务人及债权人""多数债权人及债务人"一章印象至为深刻。2006 年本人开始指导硕士研究生学位论文写作，陆续有同学硕士学位论文选题涉及真正连带与不真正连带债务问题，促使本人认真思考我国多数人之债法律制度所面临的一些理论和实践难题。2008—2009 年本人于德国汉堡留学期间亦留意收集了大陆法系各国（地区）关于多数人之债法律问题方面最新的立法、判例以及学理资料，写作过程中亦有部分资料来自友人——北京大学的张双根教授以及中南财经政法大学的李昊教授，在此一并感谢。

　　自罗马法以来，多数人之债法律问题，一直是大陆法系民商事立法、司法、学理研究的重点和难点问题，是债法的灵魂和精髓所在。社会交往越复杂，多数人之债法律问题越频发且重要。2021 年我国《民法典》施行之后，多数人之债法律问题必将迎来学理研究、法律续造、法律适用的高潮。

　　本书按照我国《民法典》对于多数人之债的立法顺序，遵循由一般到特殊之规范结构，同时考虑到具体多数人之债的逻辑依存及逻辑递进关系，全书共分 12 章。详细研究了按份之债、可分之债与不可分之债、连带债权与连带债务、真正连带与不真正连带、协同之债、债权准共有、债务共有、债权债务之共同共有、债权让与、债务转移、债务加入、赔偿请求权让与、补充责任、保证责任、重复保险、重复委任以及请求权竞合等多数人之债的具体形态。对于每一类多数人之债，着重从概念、特征、历史演进、相关制度比较以及对内对外效力等方面予以考察研究。

既注重历史维度，又注重理论深度和实践面向，涉及民商法知识面较为广泛，具有一定的学术深度和广度。

写作该书期间，适逢新冠肺炎疫情肆虐，正常的教学、科研和生活秩序被打乱，各种天灾人祸纷至沓来，时常纠结于心，以致经常夜不能寐。四年以来，亦深受肩周炎、颈椎炎之困扰，甚至不能正常抬手和握笔。人生早已进入天命之年，因为教学、指导学生论文以及其他诸多杂事俗务，深感精力大不如前。白天尚好，晚上基本无法工作，吃了饭大脑就迷糊，有时十天半月竟写不出一字，眼力亦越来越不好使。惟对于学术志业，因为喜欢，所以不累。

民法博大精深，涉及民生千头万绪。有容乃大，无欲则刚。立国如此，立言如此，学术研究亦如此。民法应该具有包容性，应该可以容纳不同的流派、不同的意见以及不同的学术主张。惟有如此，苟日新，日日新，又日新。正可谓："天行健，君子以自强不息；地势坤，君子以厚德载物。"

受限于语言能力，本人对于中文、德文和英文资料尚可以正常阅读、理解和采撷，对于其他语言的优秀成果，诸如法意日韩荷西葡等，只能望洋兴叹。即使对于中文、德文和英文资料，本书亦难免挂一漏万，识见有限。书中存在的舛误错讹，敬请读者方家不吝批评指正。

掐指一算，本科毕业卅载矣。思绪万千，愿人世间少一些饥馑病痛和算计，愿生活中多一些温暖阳光和真实。兹记杂感如次：

一　年少

年少奔波只为肌，
学植未深欠根基。
本科毕业卅载矣，
黄卷青灯未停息。

二　科举

科举路上盘缠稀，
善恶是非显滑稽。
曾头尤谢廖廖语，
醍醐灌顶道玄机。

三　天命

五十年来梦亦真，
少年已成白头翁。
困厄通达皆从命，
泥塑非同金刚身。

四　余生

余生庆幸奔小康，
立德树人未曾忘。
天公劝我重抖擞，
干满六十好退休。

是为序也。

引 言

　　多数人之债，是指基于同一个法律关系或者关联关系，服务于当事人之同一利益，债权人以及债务人方面至少有一方人数为二人以上之债。债权人为二人以上时，称为多数债权人。债务人为二人以上时，称为多数债务人。债权人和债务人均为二人以上时，称为多数债权人及多数债务人。①多数人之债须服务于当事人之同一利益（die dasselbe einheitliche Interesse），所谓服务于当事人之同一利益，是指基于同一个法律关系或者关联关系之利益，非基于同一个法律关系或者关联关系之利益不构成同一利益。例如：G 基于买卖合同有权请求 S1 向自己支付 1000 元；同时，G 基于侵权行为有权请求 S2 向自己支付 3500 元，G 和 S1 的买卖合同关系与 G 和 S2 的侵权行为关系之间不存在任何关联。因此，S1 和 S2 乃基于不同的、互不关联的法律关系而同时对 G 负担债务，分别服务于当事人 G 之不同利益，因此 S1 和 S2 并非本书意义上所谓的多数债务人。②再例如：甲因为建造房屋，分别向乙、丙、丁购买砖头、木材和水泥等建筑材料，分别欠下乙、丙、丁货款 2 万元、3 万元和 1 万元。因为乙、丙、丁乃基于不同的、互不关联的法律关系而享有债权，上述债权分别服务于当事人乙、丙、丁之不同利益，因此乙、丙、丁并非本书意义上所谓的多数债权人。

　　从多数人之债的内部构造上看，绝大多数的多数人之债，债权人和债务人的角色地位并不发生混同，就某一特定给付而言——例如价金、

---

① 以同一给付为标的之债之关系，有多数债务人或多数债权人或双方均为多数者，谓之多数主体之债之关系。债权人及债务人均为一人者，谓之单数主体之债。参见史尚宽：《债法总论》，中国政法大学出版社 2000 年版，第 634 页。

② Münchener Kommentar zum bürgerlichen Gesetzbuch, Band 2, Verlag C. H. Beck München 2012, S. 2831-2832.

货物或者劳务，债权人就是纯粹债权人，不会同时也是债务人，债务人就是纯粹债务人，不会同时也是债权人。但是也存在例外的情形，例如与有过失之侵权行为。债权人方面对于同一损害之发生与有过失，此种情形下之损害赔偿责任，应该按照债权人的过错程度由债权人与侵权行为人分担损害赔偿责任。在此情形下，债权人并非纯粹的债权人，其自身同时也是特定损害赔偿的债务人，债务人仍然为二人以上，损害赔偿责任基于同一个法律关系产生并且具有同一性，也就是同一个债务有多个债务人，仍然不失其多数人之债之本质。

多数人之债作为债的特殊表现形式，债的发生原因——合同、侵权行为、不当得利、无因管理等，也是多数人之债的发生原因，如其涉及多数债权人、多数债务人，则必然产生多数人之债。例如按份之债、可分之债、约定的不可分之债、连带之债、协同之债、债权让与、债务转移、债务加入、赔偿请求权让与、保证责任、重复保险、重复委托、共同委托等多数人之债，均能够依据合同产生。补充责任则与侵权行为有关，债权准共有、债务共有、债权债务共同共有则往往出自法律的直接规定，事实上的不可分之债主要系由事实关系所决定，请求权竞合则与请求权的构成要件及请求权的具体适用有关，而不真正连带债务则与请求权竞合有关。

可见，多数人之债的发生原因多种多样，多数人之债的法律效果亦复杂多变。举凡按份之债、可分之债、不可分之债、连带之债、不真正连带债务、协同之债、债权准共有、债务共有、债权债务共同共有、债权让与、债务转移、债务加入、赔偿请求权让与、补充责任、保证责任、重复保险、重复委托、共同委托、请求权竞合等，均能够产生多数人之债，均属于多数人之债的重要发生原因，各国（地区）在立法上对此并不统一。上述各类多数人之债原因各别、形式多样，在法律效果上存在较大的差异性，但是并非扞格不入，有时亦难免发生交织关联。例如补充责任一定属于可分之债，保证责任既可以属于按份之债、可分之债，又可以属于连带之债。①债权让与、债务转移、债务加入同样既可以属于可分之债、按份之债，又可以属于连带之债。而在多数人之债的消亡阶段，无论多数人之债的发生原因如何，效果如何特别，其最终的分解方

---

① 例如，保证人 A 为主债务人 B 向 C 银行借款 2000 万本金的 60% 承担一般保证责任，A 所承担的一般保证责任即属于按份之债、可分之债。如果 A 承担该 2000 万借款本金的连带保证责任，因为连带债务不分份额，因此不属于按份之债；因为可分之债可以区分为数个各自独立互不相干之债，因此不属于可分之债，A 应该承担连带责任。

式均无法脱离可分与不可分、按份与连带、共同与非共同等效果形式。可见，可分与不可分、按份与连带、共同与非共同不仅属于多数人之债的重要发生原因，也是多数人之债法律效果的基本形式。只要权利人和（或）义务人为数人，当事人之间必然涉及权利如何行使及分享、义务如何划分及承担的问题，对此无法回避，这也是多数人之债清理及消亡阶段必须予以考虑和解决的问题。

从大陆法系各国（地区）的成文法来看，有些国家在立法中对于多数人之债问题设有专章专节之规定，例如《德国民法典》《日本民法典》《魁北克民法典》、旧中国民法典等。上述法典不仅存在实质意义上的多数人之债，亦存在形式意义上的多数人之债。而更多国家（地区）的立法中对于多数人之债问题则未设专章专节，例如《法国民法典》《意大利民法典》《西班牙民法典》《奥地利民法典》《瑞士联邦债法》《智利民法典》《秘鲁民法典》《澳门民法典》等，《中华人民共和国民法典》①亦如此。上述法典中只存在实质意义上的多数人之债，而不存在形式意义上的多数人之债。

从存在形式意义上的多数人之债立法的国家（地区）来看，其专章专节对于多数人之债之规范，均侧重于多数人之债的最终效果——可分与不可分、按份与连带、共同与非共同等。这也体现出上述国家（地区）立法技术上对于多数人之债问题之处理，采取了提取公因式之方法。但是基于多数人之债发生原因及法律效果的复杂性，能够提取公因式的一般性内容并不多，大量的多数人之债相关规定只能游离于多数人之债专章专节的立法之外，这在各国（地区）的立法上普遍存在。

而从只存在实质意义上的多数人之债立法的国家（地区）来看，其有关多数人之债的立法尽管未设专章专节，但是对于可分与不可分、按份与连带等涉及多数人之债的基本效果，往往亦设有相对较为集中、统一之规定，同样采取了提取公因式之方法。例如，我国《民法典》第517—521条，《意大利民法典》第1292—1320条，《西班牙民法典》第1137—1151条，等等。而对于多数人之债的发生原因及效果，无论采用哪种立法模式，均无法集中统一予以规定，只能便宜行事，分散规定在法典的各个有关部分。

中国自夏朝建国，便有了法律——禹刑，并且汇成了所谓"夏刑三

---

① 为论述方便，本书下文中涉及《中华人民共和国民法典》的论述，统一省略"中华人民共和国"字样，即《民法典》；部分涉及理论对比的论述中使用"新中国民法典"字样。以上名称均指代《中华人民共和国民法典》，全书统一，下不赘述。

千条"。①即"大辟二百，膑辟三百，宫辟五百，劓、墨各千"。②至战国时魏国李悝编纂《法经》，便进入了成文法典时代。可见，"中国法律，源远流长。中国法系，亦有其崇高之历史地位，除行之于本国外，对于日本、高丽、琉球、越南、暹罗、缅甸等东亚国家，均有极大之影响"。③但是，"中国法系虽有其历史地位，但以辅翼礼教，维持纪纲为其主旨，以确保国家统治权为目的，对于私人间之权利义务关系，认与公益无涉，遂视为细故，致我国历代法典，对于近代民法典中所规定的事项，规定甚少"。④多数人之债法律问题，亦复如此。中国古代法中，只有连坐之法而无连带之法，故多数人之债的法律规范与法律规制方法，非为我国固有法，纯为外来法、传入法、继受法。

"鸦片战争的失败，刺激了中国救亡图强运动的掀起，特别是甲午战败，一些有识之士鉴于日本明治维新的成功，懂得了救亡图强不能仅靠引进西方技术，更重要的是必须实行政治、法律、经济、教育等方面的变革。"⑤另一方面，光绪二十八年（1902年），清廷派吕海寰、盛宣怀在上海与英国续订通航条约时，于该通航条约第12条规定："中国深欲整顿本国律例，以期与各国律例改同一律，英国允愿尽力协助，以成此举。一俟查悉中国律例情形及其审判办法及一切相关事宜，皆臻妥善，英国即允弃其治外法权。"⑥其后订定之美、日、葡等国商约，均有相同规定，清廷受此刺激，乃推动法律之修订工作。"清末之变法维新及修订法律之原因，乃自强图存、争取民心及适应时代之需要，而其最直接最重要之原因，则为谋求取消破坏我国法权之领事裁判权。"⑦在此背景下，1911年编纂完成的《大清民律草案》系统引入了多数人之债法律制度，其第二编债权第一章通则部分的第六节即为"多数债权人及债务人"，自第482条开始，至第512条结束，总计31个条文，开启了建立我国多数人之债法律制度之探索，《大清民律草案》主要参考对象为《德国民法典》，该法未及颁行，清朝云亡。

1927年6月，南京国民政府设立法制局，着手草拟各重要法典。此

---

① 《尚书大传》。

② 《周礼·秋官·司刑》。

③ 徐道邻：《唐律通论》，中华书局1966年版，第17页。

④ 杨鸿烈：《中国法律发达史》，商务印书馆1967年版，第4页。

⑤ 叶孝信主编：《中国民法史》，上海人民出版社1993年版，第601页。

⑥ （清）朱寿朋：《光绪朝华录》（第5册），中华书局1958年版，第196页。

⑦ 杨与龄：《民法之制定与民法之评价》，载潘维和主编：《法学论集》，中国文化大学出版部1983年版，第278、280、283页。

后，1929—1931 年间，旧中国民法典 ①的总则编、债编、物权编、亲属编、继承编陆续编纂完成并颁布施行，法典五编条文总数为 1225 条，这是中国历史上第一次正式施行的民法典，该法典目前在我国台湾地区仍在适用。②该法典第二编债权第一章通则部分的第四节节名为"多数债务人及债权人"，自第 271 条开始，至第 293 条结束，总计 23 个条文，其内容以继受《德国民法典》相关立法为主。参加当时立法工作的吴经熊 ③以及民国著名法学家梅仲协 ④对此均有记述。该法典施行以来，已历经超过十五次大大小小之修订，法典的体系性、逻辑性及现代性均得以改善和提升。

可见，《大清民律草案》以及旧中国民法典对于多数人之债均采纳了形式意义上的多数人之债立法模式，而 2020 年 5 月 28 日通过并于 2021 年 1 月 1 日起施行的我国《民法典》，对于多数人之债问题则未设专章专节，明显采纳了实质意义上的多数人之债的立法模式。《民法典》在第一编"总则"第八章"民事责任"部分，规定了按份责任和连带责任（第 177、178 条），在第三编"合同"第四章"合同的履行"部分，规定了按份债权、按份债务（第 517 条）、连带债权、连带债务（第 518 条），在第三编"合同"第六章"合同的变更和转让部分"规定了债权让与（第 545 条）、债务转移（第 551 条）和债务加入（第 552 条），在第三编"合同"第十三章"保证合同"部分规定了保证责任（第 681—702 条），在第七编"侵权责任"第三章"责任主体的特殊规定"部分，规定了补充责任（第 1198 条、第 1201 条）。此外，《民法典》第 931 条规定了重复委任，而《保险法》第 56 条则规定了重复保险。《民法典》第 524 条第 2 款、《民法典》第 700 条、《保险法》第 60 条、《海商法》第 252 条等则规定了赔偿请求权让与，《民法典》以及其他现行民商事单行法中对于请求权竞合问题亦多有明文规定，司法实践中的请求权竞合问题则更为复杂。

我国《民法典》等现行法律对于多数人之债问题的规制，主要采用

---

① 旧中国民法典，即《中华民国民法典》，本书为论述方便，涉及《中华民国民法典》的论述，统一使用"旧中国民法典"字样，以示区别，下不赘述。

② 王泽鉴：《民法五十年》，载李静冰编：《民法的体系和发展——民法学原理论文选辑》，中国政法大学出版社 1991 年版，第 158 页。

③ 吴经熊：《新民法和民族主义》，载吴经熊：《法律哲学研究》，清华大学出版社 2008 年版，第 65 页。

④ 梅仲协：《民法要义》，中国政法大学出版社 1998 年版，第 1 页。

了一体型立法方法，也就是针对每一类具体的多数人之债，除了提取公因式的部分外，往往将原因规范与效果规范集中规定在一起，以方便法律的检索适用，其他大陆法系国家（地区）的立法亦大体如此。与此相应，本书在篇章安排上，主要按照我国《民法典》等现行法律对于多数人之债的立法顺序，遵循由一般到特殊之规范结构而展开，同时亦考虑到各类具体多数人之债的逻辑依存、逻辑递进以及法律适用过程中的竞合关系等因素。

我国《民法典》等现行法律涉及多数人之债问题的实定法，为研究我国的多数人之债问题，奠定了较好的法源基础。使得本书之研究，既能够扎根于学理、立足于成文法，又能够面向后法典时代我国的民事司法和法治实践，不至于空发议论，务使本书之研究具有较好的学理基础、实践面向和中国法律问题意识。

第一章

按份之债

一、按份之债的概念

所谓按份之债，是指数个债权人或债务人按照一定的份额享有债权或负担债务。[①]数个债权人按照一定的份额享有债权称为按份债权，数个债务人按照一定的份额负担债务称为按份债务。[②]债务人为二人以上的，按照确定的份额分担义务，为按份债务（Teilschuld）。这里确定的份额产生于统一的、可分的债务。[③]如果确定的份额不是源自统一的债务，则不能按照按份债务处理。例如，第一个债务人因为合同对债权人负有 1 万元债务，第二个债务人则因为侵权行为而对（同一个）债权人负有 2 万元债务，这两个债务之间的关系并非按份债务关系，而是一种债务或债务人聚合的关系。[④]

按份之债的产生至少可以追溯到按份共有关系之产生，按份共有人在对外关系上，即按照其共有之份额承担法律责任。例如数个按份共有人出租共有房屋，则对于租金债权，各按份共有人享有按份债权。[⑤]"罗马法对共有不分按份共有和共同共有，认为实际上都是按份共有。份额

---

① 王利明：《债法总则》，中国人民大学出版社 2016 年版，第 71 页。
② 债是这样的一种法律关系：一方面，一个或数个主体有权根据它要求一定的给付，即要求实施一个或一系列对其有利的行为或者给予应有的财产清偿；另一方面，一个或数个主体有义务履行这种给付或者以自己的财产对不履行情况负责。参见［意］彼德罗·彭梵得：《罗马法教科书》，黄风译，中国政法大学出版社 1992 年版，第 283 页。
③ 按份之债的给付标的是否必须可分，学界对此问题尚存在不同意见，下文将对此予以分析。参见王洪亮：《债法总论》，北京大学出版社 2016 年版，第 485 页。
④ 王洪亮：《债法总论》，北京大学出版社 2016 年版，第 485 页。
⑤ Esser Schmidt, Schuldrecht, Band 1, 8. Aufl. C. F. Müller Verlag Heidelberg, 2000, S. 330.

可依契约等确定，契约等未确定的，法律就推定各共有人份额相等。"①

二、按份之债的特征

按份之债具有以下几个特征：

1. 按份之债的债权人以及债务人方面至少有一方人数为二人以上，这是按份之债与单一主体之债的主要区别。②例如债权人为甲、乙二人，债务人为 A、B、C 三人，债权总额为 100 万元，甲、乙分别享有 50%的债权，A、B、C 分别负担 40%、30%、30%的债务，那么甲有权向 A、B、C 分别请求给付 20 万元、15 万元和 15 万元，乙同样有权向 A、B、C 分别请求给付 20 万元、15 万元和 15 万元。

2. 按份之债的债权人只能就自己享益部分提出给付请求，无权请求超出自己享益部分之给付。同样，按份之债的债务人只须承担自己负担部分之给付义务，没有义务就超出自己负担部分之债务为给付。

3. 按份之债的发生往往基于某种共同关系（Gemeinschaft），例如合租房屋、合买商品、共立账户、共有某物、共同投资及消费等。基于共同关系对外只发生一个债，有时可以简化、便利交易。例如数个房屋合租人共同购买采暖燃油，考虑到交易价格及合并运输等，分别订立多份买卖合同及运输合同从而发生多个各别、独立之债，反而不及订立一份买卖及运输合同来得简便、经济。③

按份之债的发生原因主要包括合同约定和法律规定，例如甲、乙和丙约定，甲、乙购买丙一头活羊宰杀，羊肉甲乙各得一半，价金甲乙各付一半，是为约定的按份之债。而我国《民法典》等现行法对于主要责任、次要责任、同等责任、减轻责任、相应责任等责任形式的规定，则属于法定的按份之债。

4. 按份之债的债权人以及债务人在对外关系上各自享有的债权或者负担的债务具有明确的份额，这是按份之债与连带之债的主要区别。对于连带之债，任一连带债权人或者任一连带债务人在对外关系上其权利、义务不分份额。

所谓明确的份额，可以在事前约定，也可以嗣后经过计算、核算而

---

① 周枏：《罗马法原论》（上册），商务印书馆 1994 年版，第 309～310 页。

② Windscheid, Lehrbuch des Pandektenrechts, Band 2, 9. Aufl. Frankfurt am Main, 1906, S. 193－194.

③ Esser Schmidt, Schuldrecht, Band 1, 8. Aufl. C. F. Müller Verlag Heidelberg, 2000, S. 329. Münchener Kommentar zum bürgerlichen Gesetzbuch, Band 2, Verlag C. H. Beck München 2012, S. 2923.

得出。例如我国《海商法》第 199 条第 1 款所规定的共同海损之债等。该条第 1 款所规定之共同海损债务性质上当属按份之债，但是通常无法事前约定，只能在共同海损发生之后经过清算、核算而得出共同海损之数额，然后再由"受益方按照各自的分摊价值的比例分摊"。

5. 按份之债的给付标的通常应该可分，但是按照私法自治原则，当事人可以约定以不可分给付作为按份债权或者按份债务之内容，大陆法系各国立法上对此并无禁止性规定。例如甲、乙二人分别按照 30%、70% 出资，购买一台机器或者购买一头耕牛，此时甲、乙二人即以不可分给付作为债权之内容。唯一给付不可分，债务人无法各别分开对债权人为给付。而对于按份债务，如果给付不可分，在对外关系上，数个债务人须作为连带债务人负责，例如《德国民法典》第 431 条、旧中国民法典第 292 条等对此即具有明文规定。①

6. 按份之债的债权人以及债务人，其各自之间的法律联系不甚紧密，故对于任一债权人或者任一债务人所发生之法律事实，例如给付迟延、受领迟延、给付不能、不完全给付、拒绝给付、诉讼时效之中止、中断及届满等事实，对于其他债权人及债务人通常不发生影响。任一债权人或者债务人，仅应就其享益部分享有权利，就其负担部分履行义务。但是，涉及不可分给付时除外。

7. 按份债权之债权人有权处分各自的按份债权，无须征得其他按份债权人之同意，法律另有规定或者合同另有约定者除外。②《民法典》第 306 条对于按份共有人优先购买权之规定是否适用于按份债权之转让情形，立法上对此无明文规定，实践中则不无争议。本书对此采肯定说，尤其对于按份债权之标的物不可分之情形，例如上文示例所举一台机器或者一头耕牛，其他按份债权人应该享有优先受让权。债权人转让债权，未通知债务人的，该转让对债务人不发生效力。债权转让通知一般不得撤销，除非当事人另有约定（《民法典》第 546 条）。

8. 按份之债是我国《民法典》所规定的多数人之债的最基本表现形式，凡是法律没有明确规定或者当事人没有明确约定的多数人之债，只要给付可分并且给付份额能够确定，均应按照按份之债进行处理。按份债权人以及按份债务人相互之间的权利义务关系已如上述，此处不赘。

---

① 学者们对此尚存在不同认识。例如，有学者认为："在按份之债中，作为债的给付标的必须是可分的，而且每个债权人按照特定的份额行使权利，每个债务人按照特定的份额承担义务。"参见王利明：《债法总则》，中国人民大学出版社 2016 年版，第 71 页。
② 《民法典》第 545 条。

按份之债通常即为可分之债，而可分之债未必即为按份之债。按份之债具有已确定或者可确定之份额，而可分之债的数个当事人之间未必能够确定或者需要确定各自的给付份额，这是按份之债与可分之债最主要的区别。

三、按份之债的历史演进

按份之债产生于可分之债。罗马法根据给付标的可分抑或不可分，将债区分为可分之债（obligatio dividua）与不可分之债（obligatio individua），对于可分之债，各债务人只须按比例（Pro rata）为清偿。[①]"当对同一债存在数个债权人或债务人时，可分之债和不可分之债的划分具有特别意义。对于可分之债，每个债权人可以要求债务人向自己实行按份给付，每个债务人也可以向债权人实行按份清偿；相反，对于不可分之债，每个债权人均可要求完整的给付，每个债务人也负有连带的清偿义务。"[②]在德文中，可分"teilbare"与按份"Anteil"拥有相同的词根"teil"，"teil"的基本含义为份额、区分、等分等。因此。德文中的按份债务（Teilschuld）同时具有区分债务、可分债务之意思，关键仍然在于区分、可分及等分等。[③]

从比较法上来看，大陆法系各国（地区）立法上对于可分之债多具有明文规定，而对于按份之债则甚少专门规定，只是在物权法上规定按份共有人对外发生之债法关系大多按照按份债权、按份债务处理。从立法技术上看，明显采纳按份之债为可分之债所吸收之原则，法律对于可分之债之规定当然适用于按份之债。

大陆法系按份之债的法律思想和法律制度在清末变法时传入我国，《大清民律草案》第 1043 条规定："数人按其应有部分而有一物者，为分别共有人。分别共有人之应有部分未分明者，推定为均一。"此后，旧中国民法典第 822 条规定："共有物之管理费，及其它担负，除契约另有订定外，应由各共有人按其应有部分分担之。共有人中之一人，就共有

---

① Esser Schmidt, Schuldrecht, Band 1, 8. Aufl. C. F. Müller Verlag Heidelberg, 2000, S. 328.

② 黄风：《罗马私法导论》，中国政法大学出版社 2003 年版，第 262 页。

③ 《德国民法典》对于债之规范，有些侧重于对于给付行为（Leistungsverhalten）之规范，例如第 241 条、第 293 条以下、第 320 条以下等，医生的诊疗行为即如此（第 611 条）。有些则侧重于对于给付结果（Leistungserfolg）之规范，例如第 362 条、第 631 条等，裁缝的缝纫制作行为即如此（第 631 条）。Siehe Wolfgang Fikentscher, Schuldrecht, Walter de Gruyter 1997, S. 33、34、41-42.

物之担负为支付，而逾其所应分担之部分者，对于其它共有人，得按其各应分担之部分，请求偿还。"

《民法通则》第78条第2款规定："共有分为按份共有和共同共有。按份共有人按照各自的份额，对共有财产分享权利，分担义务。共同共有人对共有财产享有权利，承担义务。"《民法典》第177条规定了按份责任及其责任承担方法，按照该条规定，能够确定数个按份责任人责任大小的，数个按份责任人承担相应责任，难以确定责任大小的，数个按份责任人平均承担责任。《民法典》第302条规定了共有人对共有物的管理费用以及其他负担的承担方法。《民法典》第519条则规定了连带债务人相互之间的追偿权，《民法典》所谓的"按份责任""按照其份额负担""在其他连带债务人未履行的份额范围内向其追偿"，就是学理上所谓的按份之债。可见，我国《民法典》对于按份之债具有明文规定。此外，按照法律行为制度以及私法自治原则，法律亦不禁止当事人通过合意设立按份之债。

四、按份之债与可分之债的关系

所谓可分之债，是指基于同一个债之关系，而其给付可分之多数人之债。按份之债产生于可分之债，二者存在如下相似之处：

1. 二者均为多数人之债，债权人或者债务人方面须至少有一方为二人以上。

2. 按份之债的给付标的亦多为可分之给付标的，所以按份之债常为可分之债所包含。

3. 按份之债以及可分之债的债权人只能就自己享益部分提出给付请求，无权请求超出自己享益部分之给付。

4. 按份之债以及可分之债的债务人只须承担自己负担部分之给付义务，债务人没有义务超出自己负担部分为给付。

5. 发生于某一当事人之法律事实，对于其他当事人原则上不产生影响。法律另有规定或者当事人另有约定者除外。

尽管按份之债与可分之债存在上述相似之处，但是二者亦存在如下明显区别：

1. 按份之债具有已确定或者可确定之份额，而可分之债尽管给付可分，但是当事人之间未必能够确定或者需要确定各自所占之份额。例如甲与A、B、C、D四人签订一份房屋装修合同，约定A负责供水及排水工程，B负责电力、照明及网络工程，C负责气暖和通风工程，D负责木工工程，合同约定了上述四项工程之对应价款，那么 A、B、C、D 之给付明显可分，属于可分之债而非按份之债，因为 A、B、C、D 之给付无法确定份额，亦无须确定其各自所占之份额。①

2. 按份之债的给付标的通常应该可分，但是法律并不禁止当事人对于按份之债约定以不可分给付作为债权或者债务之内容。因此，按份之债并非恒定为可分之债。例如上文举例中甲、乙二人分别按照 30%、70% 出资，购买一台机器或者购买一头耕牛，此时甲、乙二人即以不可分给付作为按份债权之内容。而对于按份债务，例如甲、乙二人分别按照 30%、70% 之份额承担交付一只活羊给丙之债务，该按份债务之给付标的即不可分。②在对外关系上，甲、乙二人须作为连带债务人负责。③当全体债务人陷于给付迟延或者给付不能时，原先之给付义务即转变为违约损害赔偿责任，此时应解释为该不可分债务转变为可分之债、按份之债，甲、乙二人应该按照 30%、70% 之份额承担损害赔偿之责。

3. 大陆法系各国（地区）在立法上多确立可分之债为多数人之债的一类基本形式，但是对于按份之债却甚少有明文规定。从逻辑上说，可分之债实为按份之债的上位概念，按份之债中当事人之间的法律关系，完全为可分之债法律关系所吸收、所含摄。我国《民法典》对于按份之债之规定，在没有规定按份之债的国家（地区）的立法上，其内容实际上为可分之债的有关规定所包含。因此，只要立法上对于可分之债设有较为完备之规范，那么按份之债可不予规定。

五、按份之债与连带之债的关系

按份之债与连带之债在概念上常互为对应，二者同属多数人之债，二者的发生原因同样主要为法律规定或者当事人约定，连带之债在内部求偿关系上亦常常消解为按份之债，等等。因此，大陆法系学者们对于按份之债与连带之债亦时常进行比较研究，以期能了解二者之全貌，从体系上予以整体把握。综合来看，按份之债与连带之债存在以下几个方

---

① Walter Selb, Mehrheiten von Gläubigern und Schuldnern, Paul Siebeck Tübingen, 1984, S. 18 ~ 20.

② Münchener Kommentar zum bürgerlichen Gesetzbuch, Band 2, 6 Aufl. Verlag C. H. Beck München, 2012, S. 2834.

③ 学者们对此尚存在不同认识。例如，有学者认为："在按份之债中，作为债的给付标的必须是可分的，而且每个债权人按照特定的份额行使权利，每个债务人按照特定的份额承担义务。"参见王利明：《债法总则》，中国人民大学出版社 2016 年版，第 71 页。

面之区别：

1. 对外关系上是否区分份额。对于按份之债，债权人之债权以及债务人之债务均具有明确之份额，债权人无权超出其份额为请求，债务人无义务超出其份额为给付。而连带之债在对外关系上，债权人有权就全部之债权提出请求，债务人有义务清偿全部债务。

2. 对内关系上是否具有求偿权。对于按份之债，债权人以及债务人均须按照其份额行使权利、承担义务，因此按份之债在对内关系各当事人之间通常并不存在求偿之问题。而对于连带之债，收取了全部债权之连带债权人有义务和其他连带债权人分享其收取之债权，清偿了全部债务之连带债务人，如其非为最终责任人，例如非为连带责任保证之主债务人，则其有权向主债务人进行追偿，亦有权要求其他连带债务人分担损失，或者在其他连带债务人未履行的债务份额范围内向其追偿。

3. 是否存在终局责任人，也就是债务人之最终债务是否可以为零。对于按份之债，无论各债务人债务份额大小，并不存在终局责任人，每个按份债务人之最终债务不可能为零，否则即不成其为按份责任人。而对于一些连带债务却存在终局责任人，非终局责任人为清偿之后，有权就其全部之清偿要求终局责任人偿还，也就是非终局责任人之最终债务可以为零，例如负连带责任之保证人等。

4. 任一当事人所发生之法律事实，对于其他当事人是否产生影响。对于按份之债，任一按份债权人之债权或者任一按份债务人之债务均彼此独立，发生于任一按份债权人或者任一按份债务人之法律事实，诸如履行不能、给付迟延与受领迟延、拒绝履行、时效完成、抵销、提存、免除、混同等，对于其他债权人或者债务人通常不产生影响。而对于连带之债，其对内对外关系均较按份之债更为紧密，发生于任一连带债权人或者任一连带债务人之法律事实，对于其他连带债权人或者连带债务人产生影响之情形远较按份之债更为广泛。各国立法对此虽未能统一，但是基本精神存在共通之处，具体内容将在下文连带债务部分予以阐述。

5. 请求权的行使方法。对于按份之债，非经其他按份债权人授权，任一按份债权人只能就其自己所享有之债权份额提出请求，任一按份债务人只须清偿其自己所负担之债务份额，各按份债权及按份债务事实上彼此独立。而对于连带之债，从对外关系上来说，债权或者债务均构成一个整体，任一连带债权人无需其他连带债权人之授权，有权就全部债权为请求。任一连带债务人均负有清偿全部债务之义务，在对外关系上无权就履行份额主张抗辩。

6. 按份之债与所谓的不真正连带债务亦存在很大区别。对于不真正连带债务，权利人有权请求任一不真正连带债务人清偿全部债务，而按份之债的各个债务人并无清偿全部债务之义务，权利人亦无权请求任一按份之债的债务人清偿全部的债务。按份之债的各个债务人均须承担一定份额之债务，而不真正连带债务的各个债务人并无必须承担的确定份额或者一定份额。按份之债的发生可基于相同的法律原因，例如同一份买卖合同、按份共有某物等，而不真正连带债务的发生往往基于不同的法律原因，例如违约责任与侵权责任之竞合等。

六、按份之债的对内对外效力

按份之债的对内对外效力主要包括：

1. 按份之债在对外效力方面的法律关系较为简单，其最大特征就是债权人之债权、债务人之债务具有明确份额。权利之行使以及义务之承担，均限制在确定的份额之内，任一当事人之权利及义务，与其他当事人通常不产生关联。例如某小区总共有 200 户居民，某月该小区公用部位照明、电梯、绿化用电用水费用总计 1800 元。按照《民法典》第 283 条之规定，有关建筑物及其附属设施的费用分摊、收益分配等事项，按照当事人的约定处理，没有约定或者约定不明确的，按照业主专有部分面积所占比例确定。所谓 "按照业主专有部分面积所占比例确定"，也就是小区各住户对于小区水电等公共支出，无约定时须承担按份责任之意。

2. 对于以不可分给付作为债之标的之按份之债，在对内对外关系上，则允许存在例外。任一当事人之权利及义务，与其他当事人必然产生关联。例如，在上文所举事例中，甲、乙二人分别按照 30%、70% 出资，购买一台机器或者购买一头耕牛，甲、乙对于请求卖方交付机器或者交付耕牛之债权为按份债权，但是给付标的不可分。因此甲和乙应当一同行使债权，一同受领给付，或者取得另一权利人之授权而代其行使权利。卖方就交付机器或者交付耕牛有权依约、依法进行抗辩，例如同时履行抗辩权、后履行抗辩权等，也可以要求买方提供担保等。此外，卖方亦可与买方约定所有权保留，或者当任一买方未依约付款时行使解约权等。

3. 对于属于按份之债之不可分债务，例如 A、B 二人分别按照 30%、70% 之份额负担交付一只活羊之债务，大陆法系各国立法多规定，由于给付不可分,①各债务人于此种情形下对外须承担连带责任。我国《民法典》对此没有明文规定,解释上可以按照连带责任之形式以确定各按份债务人之履行责任。

4. 按份之债的债权人,超出其享益份额享有权利,其他按份债权人有权请求其返还。按份之债的债务人,超出其应该负担之份额履行债务,有权请求其他按份债务人按其应该负担之债务份额偿还。

5. 对于当事人单方面所约定的按份之债,只具有相对的约束力,在不违反法律规定的情形下,仅仅对于单方当事人内部有效,对于他方当事人则并非必然有效。且在法律、法规有特别规定的情况下,应该优先适用法律、法规之特别规定。例如 A、B、C、D、E 五人各出资 10 000元共同研究和购买彩票,约定对此承担按份权益及责任,每人份额相等,各为 20%。上述约定对于缔约当事人单方面有效,彩票销售方不必受此约束。现 A、B、C、D、E 所购买的某张彩票中奖 1000 万元。按照《彩票管理条例实施细则》第 42 条的规定:"彩票中奖奖金不得以人民币以外的其他货币兑付,不得以实物形式兑付,不得分期多次兑付。"因此,A、B、C、D、E 无法分别独立主张 200 万元奖金之给付请求权,彩票销售方亦不得将该笔中奖奖金 1000 万元分割为五份奖金分五次进行兑付。该笔中奖奖金之所得税计税,亦无法按照 5 份中奖奖金分别进行核缴等。

七、主要责任、次要责任、同等责任、减轻责任

按份之债的发生,有些基于合同,例如基于按份共有合同对于按份共有物之份额责任,合同对于份额无约定并且无法基于其他事实予以确定时,推定各当事人之份额相等。按份之债的发生,有些则基于侵权行为,例如我国《道路交通安全法》第 76 条第 1 款、《道路交通事故处理办法》第 19 条以及《最高人民法院关于审理道路交通事故损害赔偿案件适用法律若干问题的解释》第 13 条之规定等。

上述规定当中的"按照各自过错的比例分担责任""适当减轻机动车一方的赔偿责任""承担不超过百分之十的赔偿责任"以及"主要责任""次要责任""同等责任""按份责任"等规定,均属于我国现行法对于按份之债的明确规定,实践当中当事人可以协商确定各自承担损害赔偿责任之比例,协商不成引发诉讼的,由司法机关裁判解决。

---

① Münchener Kommentar zum bürgerlichen Gesetzbuch, Band 2, 6 Aufl. Verlag C. H. Beck München, 2012, S. 2834.

一段时间以来，我国学界对于发生交通事故的机动车责任人相互之间，应该根据其各自的过错程度承担按份责任没有疑义。但是对于发生交通事故的机动车方面数个责任人与行人等第三人之间的损害赔偿责任究为按份责任或者连带责任，尚存在一些争议。认为应该承担按份责任的法律依据在于《侵权责任法》第 12 条，[①]认为应该承担连带责任的法律依据在于《民法通则》第 130 条以及《民法典》第 1168 条之规定。目前，审判实务中对于机动车发生交通事故判决数侵权人对外承担按份责任者有之，判决数侵权人对外承担连带责任者亦有之。[②]问题之症结在于应该如何理解法条所谓之"分别实施侵权行为""共同实施侵权行为""共同侵权"。[③]从比较法上来看，共同侵权行为应该包含共同故意侵权和共同过失侵权这两个方面，共同侵权行为还应该符合时空同一性之要求。一个醉汉躺在马路上，甲车经过时轧伤了他，10 分钟后乙车经过时轧死了他，对于该醉汉之死亡，即不应该认定为甲、乙共同侵权，而应该认定为两个独立的侵权行为。

最后，《民法典》第 1173 条规定了与有过失责任。所谓与有过失，是指被害人对侵权损害后果的发生或者扩大同样具有过错。对于与有过失类侵权损害赔偿案件，司法机关在进行裁判时，对于被侵权人和侵权人，于确定各方当事人过错程度之后，亦需要根据各方当事人的过错程度明确各方当事人所应承担损害赔偿债务之比例。因此，《民法典》第 1173 条所规定的与有过失责任，同样属于按份之债的范畴。

八、相应责任

《民法典》第 177 条规定了"相应的责任"和"平均承担责任"。而相应责任、平均承担责任（也叫等额责任、同等责任）与按份责任具有

---

① 《侵权责任法》第 12 条现已被整体纳入《民法典》第 1172 条。

② 邹海林、朱广新主编：《民法典评注：侵权责任编（1）》，中国法制出版社 2020 年版，第 40 页。

③ 对于如何确定共同侵权，我国学界尚存在不同理解，主要包括意思联络说、共同过错说、关联共同说以及折中说等不同学说。有学者认为，共同侵权行为构成要件中的"共同"主要包含三层含义：其一是指共同故意，其二是指共同过失，其三是指故意行为和过失行为相结合。也有学者将"共同实施侵权行为"之各种解释及学说归纳为共同故意说、共同过错说、共同行为说、主客观结合说以及主客观共同说。该学者认为"共同实施"指的是"共同过错"。参见黄薇主编：《中华人民共和国民法典释义》，法律出版社 2020 年版，第 2244~2246 页；邹海林、朱广新主编：《民法典评注：侵权责任编（1）》，中国法制出版社 2020 年版，第 37 页。

大体一致、大致相同的内涵和外延，可以用来相互定义和界定。只不过，按份责任的责任份额可以事前约定，而相应责任多为法定，其份额均须按照一定的原则、方法予以计算考量后才能得出。

因此，相应责任就是按份责任，按份责任一定意义上也是相应责任。《民法典》涉及相应责任的法律条文数量较多，包括第 177、388、1169、1172、1189、1191、1192、1193、1209、1212、1224、1256 条等，依照上述规定所发生之债务，本质上同样属于按份之债。

第二章

可分之债与不可分之债

一、可分之债与不可分之债的概念与特征

可分之债（teilbares Schuldverhältnis），是指基于同一个债之关系，而其给付可分之多数人之债。债权人为两人以上时，称之为可分债权，债务人为两人以上时，称之为可分债务，债权人以及债务人均为两人以上时，称为可分债权及债务。①多数主体就可分之给付负担债务或者享有债权时，以平等分担债务或者平等分享债权为原则，这是罗马法以来大陆法系多数国家（地区）立法之原则。史尚宽先生认为，"但在德民，多数之人依契约共同负担可分给付时，原则为连带债务人（《德国民法典》第427条），则为一大例外"。②本书认为，该观点以偏概全，因为《德国民法典》第427条之规定属于典型之法律推定（gesetzliche Vermutung），也称为"疑义"条款，只有当事人意思不明也就是存在疑义时才会适用。《德国民法典》第420条规定："二人以上负担一项可分给付，或二人以上有权请求一项可分给付的，有疑义时，每一个债务人仅就一个等份负有义务，每一个债权人仅就一个等份享有权利。"因此，在德国民法上，二人以上依契约共同负担可分给付时，仍然以可分之债为原则，有疑义时则以连带之债为补充。③不可分之债（unteilbares Schuldverhältnis），是

---

① 史尚宽先生认为，可分之债，为就一个之可分给付，因共同之债的发生原因，而有数人之债权人或债务人时，其各债权人或债务人之权利义务，惟按给付之一部，分别存在之债之关系。参见史尚宽：《债法总论》，中国政法大学出版社2000年版，第636页。

② 《德国民法典》第427条规定："二人以上以合同共同对某项可分给付负有义务的，有疑义时，作为连带债务人负责。"参见史尚宽：《债法总论》，中国政法大学出版社2000年版，第636页注释1。

③ Walter Selb, Mehrheiten von Gläubigern und Schuldnern, Paul Siebeck Tübingen, 1984, S. 18. Münchener Kommentar zum bürgerlichen Gesetzbuch, Band 2, Verlag C. H. Beck München 2012, S. 2921.

指以事实上不可分之给付为标的或者当事人约定给付不可分之多数人之债。①债权人为两人以上时，称之为不可分债权，债务人为两人以上时，称之为不可分债务，债权人以及债务人均为两人以上时，称之为不可分债权及债务。

研究可分之债及不可分之债不能不提及可分物（res divisibiles）及不可分物（res indivisibiles），因为可分之债如以物作为给付或者受领标的，该物必须为可分物才行。可分物及不可分物之区分源自罗马法，罗马法按照对物进行分割是否损害其性质和价值之标准将物区分为可分物及不可分物。可分物是指经分割而不损其本质和价值之物。即物经分割后，第一，须各部分成为与原物保持相同性质的较小单位；第二，须其价值的总和不小于原物的价值。不可分物则是指非损其本质或价值即不能分割之物。②区分可分物及不可分物的法律意义在于：共有物如为可分物，得依自然分割分配；如为不可分物，则只能按其价值进行计算（分配）。在多数人之债，如其给付为可分物，则由各人按比例分享或分担；如其给付为不可分物，则各债权人有权请求全部之给付，各债务人有义务清偿全部债务。③须注意的是，债之标的为给付，可分给付及不可分给付与可分物及不可分物并非同一概念，也并非一一对应关系，物可以是给付之标的，但是给付之标的并非一定是物，给付之标的也可以是劳务、服务、智慧财产（知识产权）或者其他法定及约定之给付，例如消除影响、赔礼道歉也能成为给付标的及内容，给付标的还可以是可分之建设工程，例如地铁线路、高铁线路、高速公路、输油输气管线等。因此，可分给付之内涵明显要大于可分物之内涵，例如家政服务 30 天属于可分之给付，可以按日计算分割，雇工采摘棉花或者采茶 40 天亦属于可分给付，同样可以按日或者按小时计算分割，上述事例中并不涉及可分物之问题。

另外，人身非物，不受物权法保护，而受人格权法保护。对于自然人死亡之后其遗体以及骨灰的法律地位问题，学界目前仍然存在着一些争议。有学者认为："从理论上讲，（二嫁女之）骨灰当然属于可分物，在无遗嘱安排情况下，法院完全可以参照继承法规，将骨灰一分为二，

---

① 史尚宽先生认为，不可分之债是指以不可分给付为标的之多数人之债。该定义方法容易使人误解为不可分之债只能以不可分给付为标的，从而无法涵盖当事人约定的以可分给付为标的之不可分之债之情形。参见史尚宽：《债法总论》，中国政法大学出版社 2000 年版，第 683 页。

② 周枏：《罗马法原论》（上册），商务印书馆 1994 年版，第 287 页。

③ 周枏：《罗马法原论》（上册），商务印书馆 1994 年版，第 287 页。

判归双方各半用于与各自父亲合葬，但可否这样分割也需要考虑当地的风俗习惯以及人类的道德因素。可见，可分物与不可分物的区分不仅需要考虑自然及物理、物质因素，同时还需要考虑社会道德因素。"①也有学者认为，遗体并非物，而是人格之残遗。还有学者认为，遗体为特殊物，可以成为所有权及占有之客体。以上各说，本书赞同遗体为特殊物之见解。上述不同观点并非不可调和，将遗体作为人格之残遗或者作为特殊物处理，在实践意义上的区别并不明显。两种观点均认为，遗体并非融通物，并非遗产，不能为了商业利益而占有、使用及交易，但是可以捐献或者进行合法的器官移植，可以为了教学、科学研究、葬仪等目的而加以利用，也就是其使用存在目的性限制（Zweckbestimmung）。②但是，对于遗体之利用不能违反逝者生前意愿，不能违反公序良俗以及社会风俗。对于遗骸及骨灰，其法律地位与遗体大体相同。而对于无主物之古人类遗骸、骸骨及其化石以及木乃伊等，则不受人格权法之保护，依照文物保护法以及物权法处理，其所有权依照法律之规定，通常得为先占及融通物。③

最后，移转物权之债，如为特定物之移转，不问标的物可分与否，皆为可分之债，因为物权的移转为可分的给付；而其分割给付的总和，即等于整个的给付，如甲须交付白马 A 给乙，甲死后其继承人子和丑对 A 马各有所有权的 1/2，则各人将其对 A 马的 1/2 所有权移转于乙，乙即取得 A 马的全部所有权。如为种类物的移转，则除代替物外（例如货币），均为不可分之债。非标的物不可分，而是选择之不可分。仍以前例来说，如甲对乙之给付为一白马而非指定的 A 马，若任其分割，则子和丑可各任意移转其白马所有权的 1/2 于乙，如果子移转的为白马 A 的 1/2 所有权，丑所移转的为白马 B 的 1/2 所有权，结果成为乙与子共有 A，与丑共有 B，而 A 与 B 的共有，不等于 A 或 B 的所有，故为不可分债。所以子和丑应协商以 A 马或 B 马移转于乙，而不能各移转其白马所有权的一半。选择之债为不可分债，理由同种类物一样。④

可分之债与不可分之债具有以下特征：

---

① 李显冬主编：《民法物权法典型案例疏议》，法律出版社 2010 年版，第 27~28 页。

② Münchener Kommentar zum bürgerlichen Gesetzbuch, Band 1, 6. Auflage, Verlag C. H. Beck München, 2012, S. 1001.

③ Münchener Kommentar zum bürgerlichen Gesetzbuch, Band 1, 6. Auflage, Verlag C. H. Beck München, 2012, S. 999-1000.

④ 周枏：《罗马法原论》（下册），商务印书馆 1994 年版，第 633 页。

1. 须基于同一个债之关系。可分之债与不可分之债须基于同一个债之关系，也就是存在于同一个法律关系之中，例如基于同一份合同而产生。例如甲与 A、B 订立一份采摘棉花 50 亩之承揽合同，那么 A、B 之给付可分，例如 A 采摘 25 亩棉花，B 采摘另外的 25 亩棉花。如果甲与 A、B 分别订立两份棉花采摘合同，约定由 A 采摘 30 亩棉花，B 采摘剩余的 20 亩棉花，那么 A、B 与甲并非同处一个法律关系之中，A、B 与甲之间属于单一主体之债，并非多数人之债。

2. 为多数人之债。也就是债权人、债务人至少一方人数为两人以上。例如甲乙二人合租 A 之房屋，A 是出租方，甲乙是共同承租方，双方只签订一份租约，考虑到两间卧室的大小不同，租约中约定甲每月须付给 A 租金 1500 元，乙每月须付给 A 租金 2000 元，甲乙对于 A 的租金债务即属于可分之债。如果甲乙二人合租 A 之房屋但是甲乙与 A 分别缔结租约，也就是签订二份租约，租约一约定甲每月须付给 A 租金 1500 元，租约二约定乙每月须付给 A 租金 2000 元，在此情况下只存在单一主体之债，不存在多数人之债，也就是甲乙对于 A 的租金债务并非可分之债，而是两个各自独立的债务。

给付可分与不可分，自有其独立存在及考量之价值，例如可否分期、分批履行以及可否拒绝受领分期、分批之履行等。但是，给付可分与不可分与可分之债及不可分之债并非同一范畴，罗马法以来可分之债及不可分之债具有约定俗成之内涵，二者同属于多数人之债之范畴，对于单一主体之债，只谈给付可分与不可分问题，而不使用可分之债与不可分之债之名称。

3. 可分之债与不可分之债的发生原因主要包括合同约定、法律规定以及事实关系所决定。所谓给付不可分，主要包括事实上不可分、事实上可分而当事人约定不可分、法律规定不可分等。例如我国《民法典》第 791 条第 1 款第 2 句规定："发包人不得将应当由一个承包人完成的建设工程支解成若干部分发包给数个承包人。"此规定即属于法定不可分之情形。《德国民法典》第 427 条规定："数人因契约而共同担负可分给付者，有疑义时，按照连带债务人负责。"《大清民律草案》曾引入该规定，但是不为旧中国民法典所采纳。本书认为，对于约定的可分之债，只要给付事实上仍然可分并且能够实际履行，则没有必要强求当事人之间承担连带责任。

4. 可分之债须给付可分。可分之债之给付标的无论是物、劳务或者其他约定之给付，其给付须可分，也就是分割给付不会损害给付之性质和价值，否则不能成为可分之债。对于绝大多数之消费物，例如大米、小麦、大豆、玉米、棉花、煤炭、钢材、水泥、木材、石油、自来水、电力等，性质及价值均属可分。因此，可分之债的债权人以及债务人，有权要求将自己的债权或者债务分出，终止可分之债法律关系。

5. 不可分之债须给付不可分。这种给付不可分的原因有三：一是性质上的不可分，如消极地役权等；二是法律上的不可分，如连带之债；三是依当事人之意思定为不可分，如将若干元之金钱债务特约为不可分。①因此，不可分之债的债权人以及债务人，无权要求将自己的债权或者债务分出。

6. 可分之债可以区分为数个各自独立互不相干之债，因此可分之债可因各可分部分之清偿而部分消灭，而不可分之债则否。②

二、可分之债与不可分之债在我国的历史演进

清末变法之前，我国法制史上并无可分之债与不可分之债之成文法，可分之债与不可分之债的区分思想零散地存在于民间习惯法上。例如，同宗大家庭在父母祖父母等长辈均亡故之后，兄弟姊妹之间一般会分家析产，正如神话传说中的牛郎兄弟分家一样，对于田宅钱粮负债等家庭财产进行析分；再比如兄弟姊妹多人对于父母祖父母之赡养，主要赡养形式就是分别出钱、出粮、出力等，这些均体现出可分之债的法律思想。

《大清民律草案》系统引入了多数人之债法律制度，在其第二编第一章"债权通则"部分设立专节规定"多数债权人及债务人"，其中总计有 7 个条文涉及可分之债与不可分之债，③其立法要点包括以下几个方

---

① 周枏：《罗马法原论》（下册），商务印书馆 1994 年版，第 634 页。

② Windscheid, Lehrbuch des Pandektenrechts, Band 2, 9. Aufl. Frankfurt am Main, 1906, S. 18.

③ 这七个条文分别是：第 482 条规定："数债务人负可分给付之义务，或数债权人有请求可分给付之权利而无特别之意思表示者，各债务人或各债权人以平等之比例，负债务或享权利。"第 493 条规定："数人因契约而共同担负可分给付者，任连带债务人之责。但有特别之意思表示者，不在此限。"第 508 条规定："数人担负不可分给付者，准用连带债务之规定。但第四百八十五条但书及第四百八十六条至第四百九十二条之规定，不在此限。债权人已对于不可分债务人之一人为更改或免除，若从他债务人受债务全部清偿者，须将已更改或免除之债务人所担负部分，偿还于该债务人。"第 509 条规定："不可分给付之债权，其债权人有数人时，各债权人只得为债权人请求给付，又债务人只得对于登记权人为共同给付。前项情形，各债权人对于债务人得为总债权人请求其提存债务标之物。若不宜于提存者，可请求其交付于审判衙门所选任之保管人。"第 510 条规定："就不可分债权人之一人所生之事项，对于他债权人不生效力。不可分债权人之一人与债务人为更改或免除，若他债权人受债务全部清偿者，须将债权人之一人未失权利时所应分与之利益，偿还于债务人。"第 511 条规定："第五百零七条规定，于不可分债权人有数人时，准用之。"第 512 条规定："不可分债务变为可分债务者，各债权人只得就自己部分请求履行。各债务人只就所担负部分，任履行之责。"

面的内容：

1. 对于可分债权及可分债务，原则上各债权人及各债务人以平等之比例，分享权利分担债务。

2. 数人因契约而共同担负可分给付者，对外负连带责任，但是另有约定者除外。

3. 数人担负不可分给付者，准用连带债务之规定。

4. 不可分给付之债权，其债权人有数人时，各债权人只得为全体债权人请求给付，债务人只得对全体债权人或者登记权利人为共同给付。

5. 就不可分债权某一债权人所生之事项，对于其他债权人不生效力。

6. 不可分之债债权人为数人时，以平等比例分享权利，但是另有约定者除外。

7. 不可分债务变为可分债务者，各债权人只得就自己债权之应有部分请求履行。各债务人只须就所负担部分，任履行之责。

旧中国民法典总体上继承了《大清民律草案》对于可分之债以及不可分之债的上述规定，但是没有采纳"数人因契约而共同担负可分给付者，对外负连带责任"之规定。①1949 年之后，我国民事立法一直未能建立可分之债与不可分之债法律制度，《民法通则》、《民法通则》司法解释、《民法总则》均未涉及可分之债与不可分之债法律问题，仅仅在《担保法》和《物权法》的个别条文中涉及了可分物问题，例如《担保法》第 85 条规定："留置的财产为可分物的，留置物的价值应当相当于债务的金额。"《物权法》第 233 条规定："留置财产为可分物的，留置财产的价值应当相当于债务的金额。"《民法典》第 450 条延续了《物权法》第 233 条之规定。另外《民法典》第 517 条对于按份债权及按份债务作出了较为具体之规定。

目前，在我国的司法实践中，民事案件之裁判时常涉及可分债务与不可分债务问题，在北大法宝网司法案例栏目内以"可分债务"作为关

---

① 旧中国民法典对于可分之债以及不可分之债之规定如下：第 271 条规定："数人负同一债务或有同一债权，而其给付可分者，除法律另有规定或契约另有订定外，应各平均分担或分受之。其给付本不可分而变为可分者，亦同。"第 291 条规定："连带债权人相互间，除法律另有规定或契约另有订定外，应平均分受其利益。"第 292 条规定："数人负同一债务，而其给付不可分者，准用关于连带债务之规定。"第 293 条规定："数人有同一债权，而其给付不可分者，各债权人仅得请求向债权人全体为给付，债务人亦仅得向债权人全体为给付。除前项规定外，债权人中之一人与债务人间所生之事项，其利益或不利益，对他债权人不生效力。债权人相互间，准用第二百九十一条之规定。"

键词进行全文搜索，能够检索到民事案件 9025 件，行政案件 261 件，执行案件 4176 件，知识产权与竞争纠纷 13 件，国家赔偿案件 1 件，刑事案件 1 件。以"不可分债务"作为关键词进行全文搜索，能够检索到民事案件 363 件，执行案件 17 件，刑事案件 1 件。[①]上述案件中当事人之争议焦点与传统民法对于可分债务与不可分债务之规范重点基本重合，证明在当下中国对于可分债务与不可分债务进行研究仍然具有重大的理论和实践价值。可以说，可分债务与不可分债务一直鲜活地存在于我国的民事生活和民事法律实践中。

例如在"时某娟诉时某燕赡养费纠纷案"中，当同一顺位有多个赡养义务人时，各赡养人的赡养义务应该如何确定？某一赡养人支付了被赡养人临终前的全部医药费，有无权利向其他赡养义务人追讨？就这样一个看似简单的案件，在法院审理过程中却产生了三种不同的处理意见：第一种意见认为，该请求权缺少法律依据，应予驳回。第二种意见认为，多个子女之间应该按照《民法通则》第 87 条之规定承担连带责任，该请求权成立，应予支持。第三种意见认为，应该按照《民法通则》第 92 条不当得利之规定进行处理，其他子女应当返还各自应当承担的份额。受诉法院最终按照按份之债对此案进行了处理，受诉法院认为：多个子女之间应依据各自的经济能力及父母的实际需要负担相应份额，该份额在数个子女经济能力相当的情况下应该均等予以分配。赡养义务这种法定之债，在有多个赡养人的情形下，在债务人一方，构成多数债务人法律关系。多数债务人在理论上可以区分为可分之债与不可分之债、按份之债与连带之债等，多个赡养人彼此之间的法律关系，应该属于可分之债、按份之债的范畴。[②]

例如，在"新疆齐强混凝土制品有限公司诉程某忠执行异议案"中，异议人齐强公司主张："本案的判决为共同给付，而非连带给付。因共同给付和连带给付是有区别的。共同之债虽可准用连带债务之规定，但仅是因为给付不可分，而非实质上有连带关系，因此，当给付变为可分时，即成为可分债务。而连带债务不问给付可分不可分，当事人之间均为连带关系。本案系金钱给付义务，属于可分给付，既然属于可分，贵院就不能将程某忠水泥款376 967.6元的全部责任强加到齐强公司身上，应当由天石公司承担188 483.8元水泥款。贵院不能因为找不到天石公司的法人代

---

① 参见 https://www.pkulaw.com/case，最后访问日期：2022 年 12 月 8 日。
② 王林清、杨心忠、赵蕾：《婚姻家庭纠纷裁判精要与规则适用》，北京大学出版社 2014 年版，第 237 页。

表就将天石公司应当承担的给付责任强加到齐强公司身上。"[1]

例如，在"黄某平与重庆尊星投资有限公司、严某文等民间借贷纠纷案"中，二审法院认为："本案中，黄某平虽系共同借款人而非连带债务人，但该共同债务为不可分债务。基于共同债务中不可分之债与连带债务在履行中具有相当的共性，尤其是不可分之共同责任与连带责任在对外关系中的最终责任承担的无差别性，故可以参照适用关于连带债务之规定。"[2]

可见，可分之债与不可分之债作为事实问题一直存在于我国民事生活和民事司法实践中，只要存在债法以及多数人之债，就必然存在给付标的可分与不可分这个基本问题，无法回避。可分之债、不可分之债亦时常与按份之债、连带之债等其他多数人之债发生关联，并非纯粹的学理问题，与实践问题亦存在紧密勾连，有必要进行深入研究和阐释。

三、可分债权

数人共享债权而债权可分时，即为可分债权。债权人只能请求给付归属于自己之债权部分。例如甲、乙田埂疆界处自生一树，甲、乙约定让其自由生长，将来出售时双方按份共有，五五分成。现甲、乙将该树木作价 1000 元出售给 A，甲、乙对于该 1000 元价款债权即属于可分债权，甲、乙各有权请求 A 向自己支付 500 元。旧中国民法典第 271 条规定："数人负同一债务或有同一债权，而其给付可分者，除法律另有规定或契约另有订定外，应各平均分担或分受之。其给付本不可分而变为可分者，亦同。"应予注意者，一个债权或债务，而有数个继承人时，在遗产未分割前，为共同共有关系，而非可分之债。[3]

对于可分债权，就一债权人分割部分之履行及受领所生之给付迟延、受领迟延、给付不能、不完全给付等事实，对于其他债权人及债务人不发生影响，这是罗马法以来大陆法系各国（地区）立法之通例。基于契约所发生可分债权之解除，应由全体债权人向全体债务人为之。在诉讼

---

① 新疆维吾尔自治区福海县人民法院执行裁定书，［2020］新 4323 执异 1 号。该案受诉法院认为："［2018］新 4323 民初 397 号生效民事判决书判决主文已明确齐强公司与天石公司承担应付水泥款的共同给付责任。该共同给付责任，并非按份责任，无论是天石公司还是齐强公司，都应不分主次对全部案涉款项负有给付责任，故在执行阶段本院有权就案涉款项执行任一公司，本院冻结齐强公司账户内 350 000 元并无不当。"
② 重庆市第一中级人民法院［2018］渝 01 民终 7768 号民事判决书。
③ 史尚宽：《债法总论》，中国政法大学出版社 2000 年版，第 637 页。

关系上，可分债权人及可分债务人得为共同诉讼人起诉或者被诉。

四、可分债务

数人共负某一债务而债务可分时，即为可分债务。例如 A、B、C、D、E 五人网上拼单购物，总计购买某一品牌衬衫 20 件拼为一单，每件衬衫单价 58 元，其中 A 购买 3 件，总计 174 元，B 购买 4 件，总计 232 元，C 购买 2 件，总计 116 元，D 购买 3 件，总计 174 元，E 购买 8 件，总计 464 元。那么 A、B、C、D、E 五人支付价款之债务即属于可分债务，各个债务彼此独立存在。对于可分债务，如果任一可分债务人不能履行或者拒绝履行，债权人有权拒绝相应部分之对待履行。债权人之对待给付不可分的，债权人有权拒绝全部对待给付之履行。拼单消费的部分可分债务人不能履行或者拒绝履行，导致整单消费不符合特定交易优惠条件时，债权人有权解除该份拼单合同。但是，任一可分债务人可代其他可分债务人为履行，使得原合同继续有效，债权人不得因此而解除该份拼单合同，法律另有规定或者当事人另有约定者除外。债权人起诉任一可分债务人要求其履行全部债务的，法院应该判决该可分债务人履行其所应分担之部分。任一可分债务人对于其他可分债务人之给付义务，无须承担保证或者连带责任。

五、不可分债权

不可分债权，是指债务人之给付标的不可分，而债权人有数人之债权。[1]旧中国民法典第 293 条对此具有明文规定，可资借鉴。[2]

例如甲、乙、丙三人共同出资购买一头耕牛，因为耕牛不可分，所以甲、乙、丙请求交付耕牛之债权为不可分债权。从比较法上来看，不可分债权之发生原因，主要包括法律行为和法律直接规定。我国《民法典》对于不可分债权法无明文规定，但是民事审判实务中经常遇见此类纠纷，目前能够作为受诉法院裁判依据的，主要有《民法典》第 7、10 条等规定。

本书认为，处理不可分债权法律关系及有关的权益纠纷，应该遵守

---

[1] 史尚宽：《债法总论》，中国政法大学出版社 2000 年版，第 684 页。

[2] 旧中国民法典第 293 条规定："数人有同一债权，而其给付不可分者，各债权人仅得请求向债权人全体为给付，债务人亦仅得向债权人全体为给付。除前项规定外，债权人中之一人与债务人间所生之事项，其利益或不利益，对他债权人不生效力。债权人相互间，准用第二百九十一条之规定。"

以下几项基本原则：

1. 不可分债权之行使，债权人得单独起诉或者共同起诉，无论是单独起诉抑或是共同起诉，债务人仅得向债权人全体为给付。某一债权人无法共同行使其债权时，可以委托其他债权人代为行使其权利。

2. 债务人有数人时，因为给付不可分，债权人得对于不可分债务人中之一人、数人或者全体，同时或先后请求全部之给付。不可分债务人之全体或其中数人受破产宣告时，债权人得就债权之全额，向各破产财团进行申报。①

3. 债务人给付标的之不可分性，决定了债务履行之不可分割性，也就是不允许分批履行或者部分履行。

4. 某一债权人受领迟延，或者不为受领之协力，使得债务人之给付不能实现的，则债权人全体陷于迟延，合同另有约定者除外。债权人陷于迟延时，给付标的适宜提存的，债务人有权提存给付标的，以消灭债务。

5. 除上述受领迟延外，债权人中之一人与债务人间所生之事项，其利益或不利益，对其他债权人原则上不生效力。

6. 各债权人之内部关系，除法律另有规定或者契约另有约定外，应平均分受给付之利益。

7. 不可分债权变为可分债权者，例如上例甲、乙、丙三人共同出资购买一头耕牛，因为卖方严重违约导致买方行使解除权而解除了耕牛买卖合同的，买方有权请求返还预付款、双倍返还定金、赔偿损失等。此时原先的不可分债权变为可分债权，各债权人通常仅可就自己债权之应有部分请求履行，当事人另有约定者除外。

六、不可分债务

不可分债务，是指数个债务人负担某一不可分给付，各债务人得单独为全部给付之债务。②不可分债务具有以下三个特征：其一，作为债务之给付不可分，所谓给付不可分包括事实上的不可分以及当事人约定的不可分。其二，债务人为二人以上。其三，各债务人得单独为全部给付。例如 A 向甲、乙、丙三人购买一头耕牛，因为耕牛不可分，所以甲、乙、丙三人交付耕牛之债务为不可分债务。因为给付不可分，所以债权人 A

---

① 史尚宽：《债法总论》，中国政法大学出版社 2000 年版，第 690 页。
② 史尚宽：《债法总论》，中国政法大学出版社 2000 年版，第 688 页。

得对于不可分债务人中之一人、数人或者全体，同时或先后请求一头耕牛之给付。目前，大陆法系各国对于不可分债务，多按照连带债务处理，数个不可分债务人作为连带债务人对给付负责，例如《德国民法典》第431条、旧中国民法典第292条、《意大利民法典》第1317条、《日本民法典》第430条等。

对于不可分债务，由于给付不可分，如果某一债务人单独为全部给付，则原先的全部债务关系消灭，该债务人有权向其他不可分债务人，按其各自所应分担之部分行使追偿权。除法律另有规定或契约另有订定外，各不可分债务人应平均分担给付义务。全体不可分债务人陷于给付迟延或者给付不能时，原先之给付义务转变为损害赔偿时，法定连带之前提条件——给付不可分，已然不复存在，连带关系因而消解。此时应解释为该不可分债务转变为可分债务，全体不可分债务人应该按约定份额承担可分给付之责任，无约定份额时，全体不可分债务人应该平均分担给付义务。

目前，在我国的司法实践中，民商事案件之裁判时常涉及债务的可分与不可分问题，在北大法宝网司法案例栏目内以"不可分之债"作为关键词进行全文搜索，能够检索到同类案例263件，其中民事案件251件，知识产权与竞争纠纷6件，执行案件6件。[①]可见，"不可分之债"法律问题并非纯粹的理论抽象，而是民事交往当中的现实问题，结合我国的民事司法实践，这个领域的诸多问题尚待进一步研究和思考，例如人民法院对于"王某与艾某保、霍某明买卖合同纠纷案"之处理即如此。

该案案情如下：2012年4月29日，艾某保及霍某明二人共同到王某经营的博世农物流化肥经销处签订买卖化肥的销售合同，甲方为王某，乙方为艾某保、霍某明，同时，李某建作为该合同的保证人在合同上签字确认。该销售合同约定，乙方向甲方购买复合肥60吨，每吨按1800元价格结算，共计108 000元，自双方合同签订之日起，乙方向甲方支付全部货款，如有赊欠，在2012年10月1日前结清。如果乙方还不上欠款，由担保人负责返还。后来艾某保及霍某明到期未付二者共同赊欠的化肥款10万元，王某于2014年7月14日起诉三人要求他们承担连带

---

① 例如《王某与艾某保、霍某明买卖合同纠纷案》，内蒙古自治区呼伦贝尔市中级人民法院〔2014〕呼民终字第436号；《重庆友达物业管理有限公司与张某山物业服务合同纠纷上诉案》，重庆市第一中级人民法院〔2015〕渝一中法民终字第01241号；《甲公司、夏某与乙公司、吴某第三人撤销之诉案》，最高人民法院〔2017〕最高法民终165号；等等。

给付责任。一审中，霍某明不知所踪，王某遂撤回对霍某明的诉讼请求。一审判决艾某保应承担 10 万元的还款责任，李某建因保证期间已过不承担责任。艾某保提起上诉。

二审法院认为：此案争议焦点为艾某保和霍某明是否具有"共同履行"销售合同所涉及的 10 万元化肥欠款的合同义务。该销售合同中甲方为王某，乙方为艾某保和霍某明，而该合同第 3 条结算方式第（1）项约定："双方自合同签订之日起，乙方向甲方支付全部货款，如有赊欠，每吨按 1800 元结算，欠款 10 万元秋后再付。"该合同亦未有艾某保和霍某明按份偿还化肥欠款的约定，故该合同之债的标的，即化肥欠款 10 万元，系不可分之债，二人共同负有清偿化肥欠款 10 万元的义务，债权人王某可以要求其中任一债务人履行全部债务，王某在一审中撤回对霍某明的起诉系依法处分自己的权利，一审法院准许其撤回对霍某明的起诉并无不当，故而，按照《民法通则》第 87 条，艾某保应承担 10 万元还款责任。二审法院据此驳回上诉，维持原判。

上述人民法院的判决，存在两点值得商榷的地方：其一，二审法院裁判的依据为《民法通则》第 87 条，而《民法通则》第 87 条为对于连带债务之规定，该案当中并不存在"依照法律的规定或者当事人的约定"（《民法通则》第 87 条）而须承担连带债务之情形，法律适用明显有误。其二，债务人艾某保和霍某明所赊欠的化肥款 10 万元属于金钱之债，自罗马法以来，金钱之债属于典型的可分之债，除非法律另有规定或者当事人另有约定。对于本案来说，法律另有规定或者当事人另有约定并不存在，因此受诉法院认定化肥款 10 万元为不可分之债没有法律依据或者合同等其他依据。

鉴于我国现行法并不存在像《德国民法典》第 427 条那样的规定，也就是"二人以上以合同共同对某项可分给付负有义务的，有疑义时，作为连带债务人负责"。因此，对于上述案件，建议按照债务共有进行处理。因为债务人艾某保、霍某明并没有与债权人王某约定各自的债务比例或者份额，因此该 10 万元化肥欠款债务不分份额，每一个债务共有人均负有清偿全部债务的义务。

七、不可分之债与连带之债之比较

不可分之债与连带之债存在以下相似之处：

1. 二者同属于多数人之债，债权人或者债务人方面须至少有一方为二人以上。

2. 大陆法系许多国家（地区）立法上明文规定，对于不可分债务准用连带债务之规定。

3. 连带之债在对外关系上具有不可分之因素，与不可分之债极为类似，也就是每个连带债务人均有义务清偿全部债务，而不是只清偿可分的部分债务，每个连带债权人均有权请求及受领全部之给付，而不是只限于有权请求及受领可分之部分债权。

4. 对于不可分之债，债权人对于任一不可分债务人得请求全部给付，所以不可分之债的任一债务人均应该具有全部、完全给付之能力，而任一连带债务人同样应该具有全部、完全给付之能力。该特征使得不可分债务、连带债务与协同之债完全区分开来，对于协同债务，任一协同债务人均不具有全部、完全给付之能力，协同债务全部、完全之给付需要所有债务人协力方得以完成。而对于协同债权，任一协同债权人均无法妥为受领全部给付。

尽管不可分之债与连带之债存在上述相似之处，但是不可分之债与连带之债亦存在明显区别，主要表现在：

1. 不可分之债的主要发生原因在于给付不可分，而连带之债的发生原因与给付可不可分没有必然联系。

2. 立法目的不同。近现代大陆法系各国（地区）立法上所确立的法定连带债务，其立法目的均包含扩大义务人范围，增加清偿债务的总括责任财产，方便请求权人求偿，损害赔偿的社会化分担，保障债权最大限度之实现等目标在内。因此，连带债务本质上具有加重部分债务人给付责任之意蕴，具有较强之社会属性。而不可分债务多出于给付之自然不可分属性，当事人约定之不可分除外。

3. 不可分之债的性质因为给付由不可分变为可分而发生变更，而连带之债的性质不会因为给付由不可分变为可分而发生变更。不可分之债的主要发生原因在于给付不可分，当给付由不可分转变为可分的时候，不可分之债往往即转变为可分之债，当事人之间原先的不可分之债法律关系就此结束。而连带之债的发生原因与给付可不可分没有必然联系，连带之债不会因为给付由不可分转变为可分而变更当事人之间的连带关系，给付可不可分不影响连带之债的存在基础、法律性质以及对内对外效力等。

4. 当不可分之债因为全体不可分债务人陷于给付迟延、给付不能等原因而转变为可分债务时，原先全体不可分债务人应该按约定份额承担可分给付之责任，无约定份额时则由原先全体不可分债务人平均分担给付义务。而连带之债在对外关系上，不存在按约定份额或者平均接受给付或者作出给付之问题。

5. 不可分之债因为给付不可分所以不存在部分给付之问题，而连带之债的债权人有权请求全部或者部分之给付，债务人亦可为全部或者部分之给付。①

6. 不可分之债的各个当事人之间的联系较为松散，发生于任一当事人的法律事实，对于其他当事人原则上不生影响。而连带之债的各个当事人之间的联系则较为紧密，发生于某一当事人的法律事实，例如请求、履行、代物清偿、提存、抵销、免除、迟延履行、受领迟延等，为其他当事人利益计，对于其他当事人亦常常发生效力。

7. 不可分之债的各个当事人在对内关系上必有分担部分，只是给付不可分而已，否则不成其为当事人。而对于连带债务，各连带债务人在对内关系上则非必具有分担部分，也就是可以有分担部分，也可以没有分担部分。例如承担连带责任保证之保证人，连带责任保证人在承担连带责任之后，通常有权向主债务人全额追偿。②

8. 对于不可分债权，各债权人仅得请求向全体债权人为给付，债务人亦仅得向全体债权人为给付。而对于连带债权，任一债权人均得以自己之名义请求全部之给付，债务人亦得向任一连带债权人为全部之给付。任一连带债权人受领全部给付之后，其他连带债权人之债权亦归于消灭。

---

① 史尚宽：《债法总论》，中国政法大学出版社 2000 年版，第 689 页。
② 对此学界尚存在不同意见。例如，杨立新教授即认为："在连带责任保证中，主债务人和保证人承担的债务形态，就是不真正连带债务，而非连带债务或者连带责任。" 参见杨立新：《侵权责任法》，北京大学出版社 2014 年版，第 154 页。

第三章

连带债权与连带债务

一、连带债权

连带债权与连带债务合称连带之债，是指债权人或者债务人一方人数为两人以上时，各债权人得分别或共同请求全部之给付，各债务人有义务为全部之给付，债务因一次全部给付即归于消灭之债权债务关系。[①]

连带之债的观念及制度，均发轫于罗马法。在罗马法上，连带债权又称为积极连带，连带债务又称为消极连带。对于连带债权，各债权人得分别或共同请求全部之给付，但是债务人只需完整地履行一次。对于连带债务，债权人有权要求一个、数个或者全体债务人为全部或者部分之给付，但是债务人方面只需完整地履行一次。[②]对于罗马法上连带之债的起源问题，目前学界通说认为系产生于古典时期的问答契约（stipulatio），由数债权人对于债务人一同发问，债务人则对于全体债权人作出回答（utrique vestrum dare spondeo）；或者由债权人对于数债务人发问，数债务人共同对债权人作出愿意承担连带责任之回答（Maevi, quinque dare spondesne；Sei, eosdem quinque dare spondesne）。[③]

（一）概念及特征

连带债权，是指债权人为二人以上时，各债权人得分别或共同请求全部之给付，但是债务人方面只需完整地履行一次的多数人之债。

---

① 史尚宽：《债法总论》，中国政法大学出版社 2000 年版，第 640 页。

② Savigny, Das Obligationenrecht als Theil des heutigen Römischen Rechts, Band 1, Berlin, 1851, S. 138, 160, 161；Max Kaser, Das Römische Privatrecht, C. H. Beck München, 1955, S. 512、549.

③ Hellmuth mönch, echte und unechte Gesamtschulden, Cossebaude bei Dresden, 1932, S. 549、550.

连带债权实际上发生不多，因为连带债权对于债权人甚少利益。对于连带债权，一债权人得单独请求全部给付，该债权人如果不诚实或者无资力，则其他债权人之求偿关系，不免陷于危险。另外，任一债权人与债务人之间所生事项，对于其他债权人亦发生效力，对于其他债权人亦颇多不利。①

综合来看，连带债权法律关系具有以下几个特征：

1. 连带债权的债权人为二人以上，债务人则可以是一人，也可以是数人。例如 A、B、C 三个合伙人出售一批灯具给甲，A、B、C 三人对于该批灯具之价款债权，即为连带债权。再例如 A、B、C 三个合伙人出售一批灯具给另一合伙的合伙人甲和乙，此时债权人和债务人方面均为两人以上，A、B、C 对于该批灯具之价款债权享有连带债权，甲和乙对于该批灯具之价款债务则负担连带债务。②

2. 各债权人得分别或共同请求全部之给付，如果给付可分，债权人也可以要求债务人为部分给付。

3. 债务人方面只需完整地履行一次，任一债务人作出完整给付之后，其他债务人的给付义务亦随之消灭。

4. 债权具有同一性，也就是多数债权人之债权须为同一债权。同一债权是指具有同一目的之债权，至于给付内容则主要按照私法自治原则确立。③

5. 任一债权人与债务人之间所生事项，例如抵销、受领迟延、提存、诉讼时效中止、中断及届满等事实，对于其他债权人亦发生效力，法律另有规定或者当事人另有约定者除外。

6. 各债权人之间的享益份额属于债权人之间的内部关系，对于连带债权之本质和效力不产生影响。任一债权人受领全部给付之后，其他债权人有权请求返还其各自该得之给付份额。

（二）产生原因

连带债权的产生原因主要有两个：一为法律规定，二为当事人约定。

---

① 史尚宽：《债法总论》，中国政法大学出版社 2000 年版，第 641 页。

② 此处所谓合伙人之连带债权债务，是指合伙人对于合伙债权债务之终局权利义务而言。因为按照一些国家（地区）的合伙立法，合伙企业的债权债务首先由合伙企业享有和承担。也就是说：合伙企业对其债务，应先以其全部财产进行清偿。只有当合伙企业不能清偿到期债务时，才由普通合伙人对外承担无限连带责任。参见我国《合伙企业法》第 38、39 条。

③ Walter Selb, Mehrheiten von Gläubigern und Schuldnern, Paul Siebeck Tübingen, 1984, S. 244.

我国《民法典》第518条第2款对此有明文规定。①与连带债务相比，法律对于连带债权之规定数量较少，我国《民法典》只有3条涉及连带债权之规定，分别为《民法典》第67条第2款、《民法典》第75条第1款以及《民法典》第307条等。

（三）连带债权制度在我国的历史演进

连带债权制度并非我国之固有法，我国自隋唐开始零星出现的牙保代偿制度，也仅仅是部分涉及连带债务之规范。②《大清民律草案》系统引入了大陆法系连带债权制度，该草案第二编第一章"债权通则"部分设立专节规定"多数债权人及债务人"，其中总计有9个条文涉及连带债权制度，③其立法要点包括：

1. 任一连带债权人均有权请求全部之给付。

2. 债务人于连带债权人之一人提起给付之诉后，仍得随意选定连带债权人给付之。

3. 就连带债权人之一人所生事项，其利益或不利益原则上对于其他债权人不生效力，但是债权人请求给付、债权人迟延、债权人与债务人更改契约、免除、混同、债务人为清偿、债务人为抵销除外。

4. 连带债权人相互之间在内部关系上，如无特别订定者，以平等比例享有权利。

《大清民律草案》未及颁行，清朝云亡。但是，作为中国历史上的第一次民法典草案，其意义与影响不容低估。首先，《大清民律草案》确立了继受大陆法系的方略，将中国纳入大陆法系国家之列，使中国法

---

① 目前，大陆法系各国（地区）对于连带债务之成立，主要存在着两种不同的立法模式：其一为法定连带除外的主观目的共同立法模式，其二为准则主义立法模式，详细内容将在下文连带债务部分详解。

② 叶孝信主编：《中国民法史》，上海人民出版社1993年版，第261页。

③ 这9个条文的内容如下：第499条规定："数人有债权各得请求偿还，并约定债务人若向一债权人偿还，其债务对于其他债权人亦免其债务者，为连带债权人，得行其权利。"第500条规定："债务人于连带债权人之一人提起给付之诉后，仍得随意选定连带债权人给付之。"第501条规定："就连带债权人之一人所生事项，其利益或不利益于他债权人不生效力。但后五条规定之事项，不在此限。"第502条规定："连带债权人之一人请求给付者，为他债权人之利益，亦生效力。"第503条规定："连带债权人之一人有迟延者，对于他债权人亦生效力。"第504条规定："连带债权人之一人与债务人有更改契约者，就该债权人所有之债权部分，为债务人之利益，发生效力。前项规定，于连带债权人之一人与债务人免除者，准用之。"第505条规定："连带债权人之一人与债务人有混同时，他债权人对于债务人之债权，亦消灭。"第506条规定："第四百八十八条、第四百八十九条及四百九十二条之规定，于连带债权准用之。"第507条规定："连带债权人相互之关系，无特别订定者，以平等比例享有权利。"

制自此与大陆法系结下不解之缘，"打破了延续几千年的中华法系旧传统，更由于西方法制的影响，使民事法律取得独立的地位并成为主要的决定性的法律渊源。开创了中国编纂民法典的新的历史时期"。①其次，"通过这一民法典草案，大陆法系民法尤其是德国民法的编纂体例及法律概念、原则、制度和理论被引入中国，对现代中国的民事法和民法理论产生了深远的影响"，开创了中国法制现代化之路，抛弃了中华法系几千年的诸法合体，重刑轻民的传统，催生了中国的法律教育与法学研究。②再次，通过民法典的酝酿起草，"对广大民众的私权观念也进行了一次普及性的启蒙教育，并且成为以后北洋政府民事立法的基础"。③使广大知识分子认识到必须由以人治国转变为依法治国，才能拯救国运，坚信"法治主义，为今日救时唯一之主义"。④最后，民国成立后，百废待兴，编纂民法典于短期内殆无可能，于是大总统通令全国："所有从前施行之法律，除与民国国体抵触各条，应失效力外，余均暂行援用，以资遵守。"实际上，《大清民律草案》的大部分内容得以沿用，对中国的民事生活与民事司法实践均产生了深远的影响。⑤

旧中国民法典总体上继承了《大清民律草案》对于连带债权之规定，仅仅作了局部之增删。⑥主要表现为：其一，删除了"债务人于连带

① 余能斌：《中国民法法典化之溯源与前瞻》，载杨振山、［意］斯奇巴尼主编：《罗马法·中国法与民法法典化》，中国政法大学出版社 1995 年版，第 151 页。
② 梁慧星：《民法总论》，法律出版社 2001 年版，第 21 页。
③ 张晋藩主编：《中国法制史》，高等教育出版社 2003 年版，第 303 页。
④ 梁启超：《中国法理学发达史论》，载梁启超：《饮冰室文集》（卷八），中华书局 1989 年版，第 264 页。
⑤ 谢振民编著：《中华民国立法史》（上册），中国政法大学出版社 2000 年版，第 54~56 页。
⑥ 旧中国民法典总计有 9 个条文涉及连带债权制度，具体内容如下：第 283 条规定："数人依法律或法律行为，有同一债权，而各得向债务人为全部给付之请求者，为连带债权。"第 284 条规定："连带债权之债务人，得向债权人中之一人，为全部之给付。"第 285 条规定："连带债权人中之一人为给付之请求者，为他债权人之利益，亦生效力。"第 286 条规定："因连带债权人中之一人，已受领清偿、代物清偿、或经提存、抵销、混同，而债权消灭者，他债权人之权利，亦同消灭。"第 287 条规定："连带债权人中之一人，受有利益之确定判决者，为他债权人之利益，亦生效力。连带债权人中之一人，受不利益之确定判决者，如其判决非基于该债权人之个人关系时，对于他债权人，亦生效力。"第 288 条规定："连带债权人中之一人，向债务人免除债务者，除该债权人应享有之部分外，他债权人之权利，仍不消灭。前项规定，于连带债权人中之一人，消灭时效已完成者，准用之。"第 289 条规定："连带债权人中之一人有迟延者，他债权人亦负其责任。"第 290 条规定："就连带债权人中之一人所生之事项，除前五条规定或契约另有订定者外，其利益或不利益，对他债权人不生效力。"第 291 条规定："连带债权人相互间，除法律另有规定或契约另有订定外，应平均分受其利益。"

债权人之一人提起给付之诉后，仍得随意选定连带债权人给付之"。其二，增加规定"连带债权人中之一人，受有利益之确定判决者，为他债权人之利益，亦生效力。连带债权人中之一人，受不利益之确定判决者，如其判决非基于该债权人之个人关系时，对于他债权人，亦生效力"。其三，增加规定"连带债权人中之一人，向债务人免除债务者，除该债权人应享有之部分外，他债权人之权利，仍不消灭。前项规定，于连带债权人中之一人，消灭时效已完成者，准用之"。

1949 年之后，旧中国民法典在中国大陆地区被废止。此后将近 40 年时间里，我国民事立法一直未能建立系统的连带债权制度。1978 年改革开放后，最早涉及连带债权制度的立法为 1987 年 1 月 1 日施行的《民法通则》，该法第 87 条规定："债权人或者债务人一方人数为二人以上的，依照法律的规定或者当事人的约定，享有连带权利的每个债权人，都有权要求债务人履行义务；负有连带义务的每个债务人，都负有清偿全部债务的义务，履行了义务的人，有权要求其他负有连带义务的人偿付他应当承担的份额。" 2017 年 10 月 1 日起施行的《民法总则》第 67、75 条对于连带债权制度亦有所涉及，该法第 67 条第 2 款规定："法人分立的，其权利和义务由分立后的法人享有连带债权，承担连带债务，但是债权人和债务人另有约定的除外。"第 75 条第 1 款规定："设立人为设立法人从事的民事活动，其法律后果由法人承受；法人未成立的，其法律后果由设立人承受，设立人为二人以上的，享有连带债权，承担连带债务。"

2021 年 1 月 1 日起施行的《民法典》继承了上述《民法总则》第 67、75 条之规定，同时增加规定了以下 3 条内容：因共有的不动产或者动产而产生的债权债务关系（《民法典》第 307 条）、连带债权及连带债务之概念（《民法典》第 518 条）、连带债权人之份额确定以及连带债权参照适用连带债务之规定（《民法典》第 521 条）。

（四）连带债权的对内效力

所谓连带债权的对内效力，是指各连带债权人就该连带债权所生事项，相互之间所具有的法律效力或者所发生的法律关系。综合我国《民法典》对于连带债权之规定，并结合大陆法系连带债权之基本法理，本书认为，我国连带债权的对内效力或者对内法律关系主要包括：

1. 对于依照契约所发生之连带债权，各连带债权人最终所享有之债权份额，依照契约自由原则确立（《民法典》第 5、464、518 条）。

2. 因财产共有关系而发生的连带债权，在共有人内部关系上，除共有人另有约定外，按份共有人按照份额享有债权、承担债务，共同共有人共同享有债权、承担债务（《民法典》第 307 条）。

3. 连带债权人之间的份额难以确定的，视为份额相同（《民法典》第 521 条）。

4. 实际受领债权的连带债权人，应当按比例向其他连带债权人返还（《民法典》第 521 条）。债务人作为清偿或者代物清偿之给付不可分而连带债权人中有数人欲保有该给付时，应当协议作价、出售或者竞价处理之，保有给付标的者应当按照其他连带债权人所享有之份额给付其相应价款。

5. 部分连带债权人免除债务人的债务，对于其他连带债权人发生怎样的影响，对此问题我国《民法典》无明文规定。本书认为，部分债权人虽然有权请求债务人履行全部债务（《民法典》第 518 条），但是请求履行债务属于保存、增加财产之积极行为，无须其他连带债权人之授权或者同意。而免除债务人债务之行为，属于减损财产之消极行为，如果部分连带债权人免除债务人债务之行为并未征得其他连带债权人之同意，则其免除行为在其自己所享有的债权份额内有效，超出其债权份额之部分，构成对于其他连带债权人享益份额之无权处分，属于效力未定之行为。其他连带债权人追认该免除行为的，免除行为有效，否则无效。债务人之给付标的不可分的，其他连带债权人有权请求债务人完全给付。债务人完全给付后，有权请求作出免除意思表示之债权人返还其所分得之给付利益。

6. 债权人对部分连带债务人的给付受领迟延的，对其他连带债务人发生效力（《民法典》第 520 条第 4 款）。也就是说，为了其他连带债务人之利益，此情形下，所有连带债权人一同陷入受领迟延。本书认为，如果债务人为一人，部分连带债权人对债务人的给付受领迟延的，那么其他连带债权人同样陷入受领迟延。

7. 部分连带债权人之债权完成诉讼时效的，对于其他连带债权人之债权发生怎样的影响，对此主要存在两种不同立法例。其一，债务人对于其他未完成诉讼时效的连带债权人，仍然负全部给付之义务，例如《德国民法典》第 429、425 条等。其二，债务人对于其他未完成诉讼时效的连带债权人，仅负未完成诉讼时效部分所对应之给付义务，例如旧中国民法典第 288 条第 2 款等。对此问题我国《民法典》无明文规定。

本书认为，以采旧中国民法典之立法例为当。诉讼时效制度的立法目的在于督促权利人及时行使权利，尽管连带债权人对外均享有请求债务人履行全部债务之权利，但是对内必有其享益份额，连带债权人之间的份额难以确定的，视为份额相同（《民法典》第 521 条第 1 款）。因此，债务人对于其他未完成诉讼时效的连带债权人，仅负未完成诉讼时效部分所对应之给付义务，对于诉讼时效已完成及未完成之债权人，难谓不公。

8. 其他未尽事项，连带债权参照适用连带债务的有关规定（《民法典》第 521 条）。

（五）连带债权的对外效力

所谓连带债权的对外效力，是指各连带债权人就该连带债权所生事项，与债务人之间所具有的法律效力或者所发生的法律关系。综合我国《民法典》对于连带债权之规定，并结合大陆法系连带债权之基本法理，本书认为，我国连带债权的对外效力或者对外法律关系主要包括：

1. 债务人为一人的，部分或者全部连带债权人均可以请求债务人履行债务（《民法典》第 518 条）。

2. 部分连带债权人向债务人请求履行或者提起给付之诉后，其他连带债权人仍然有权向债务人请求履行或者提起给付之诉，也就是部分债权人不必以全体债权人之名义请求履行或者提起给付之诉（《民法典》第 518 条）

3. 部分连带债权人向债务人请求履行或者提起给付之诉后，债务人可否向其他连带债权人为履行，对此问题我国《民法典》无明文规定。本书认为，既然"部分或者全部债权人均可以请求债务人履行债务"（《民法典》第 518 条），也就是部分或者全部债权人均有权受领债务人之给付，而债权人此项权利并不因为其他债权人向债务人请求履行或者提起给付之诉而丧失，因此债务人并非必须向请求履行或者提起给付之诉的债权人为履行，债务人仍可向其他连带债权人为履行。①

4. 因为连带债权人之行为，导致债务人方面丧失保证或者丧失原本可以通过行使代位权而挽回之损失，对于此类问题如何处理，我国《民法典》无明文规定。大陆法系有些国家（地区）在立法上予以明文规定，例如加拿大魁北克省（州）的《魁北克民法典》规定，②在此情形下债务人有权在丧失保证或者在丧失权利的价值范围内，免除对待给付义务，该规定值得我国借鉴。

①《德国民法典》第 428 条规定："……债务人可以任意向任一连带债权人为给付，即使连带债权人之一业已提起给付之诉，亦同。"

② 参见《魁北克民法典》第 1531 条等。

5. 给付可分的，债务人可否分割履行，对此问题我国《民法典》无明文规定。本书认为，从《民法典》诚信原则出发，给付可分且债务人分割履行不影响履行效果的，债务人可向不同连带债权人同时或者先后为部分履行。

6. 债务人为二人以上，多数债务人相互之间承担连带责任的，则部分或者全部债权人可以请求部分或者全部连带债务人履行全部债务（《民法典》第518条）。

7. 部分连带债务人履行、抵销债务或者提存标的物的，其他债务人对债权人的债务在相应范围内消灭；该债务人有权向其他债务人追偿（《民法典》第520条第1款）。但是，在连带责任保证中，主债务人作为连带债务人为履行、抵销债务或者提存标的物的，无权向承担连带责任之保证人追偿。

8. 部分连带债务人的债务被债权人免除的，在该连带债务人应当承担的份额范围内，其他债务人对债权人的债务消灭（《民法典》第520条第2款）。

9. 部分连带债务人的债务与债权人的债权同归于一人的，在扣除该债务人应当承担的份额后，债权人对其他债务人的债权继续存在（《民法典》第520条第3款）。

10. 债权人对部分连带债务人的给付受领迟延的，对其他连带债务人发生效力（《民法典》第520条第4款）。债务人为一人的，部分债权人对债务人的给付受领迟延的，其他债权人同样陷入受领迟延。

11. 债务人为二人以上，多数债务人相互之间不承担连带责任，给付可分的，债务人只需承担可分之债或者按份之债（《民法典》第517条）。例如A和B作为债务人按照30%、70%之份额基于同一份买卖合同负担交付铁矿石100万吨给债权人甲之按份之债，合同订立后甲（法人）分立为乙、丙两个法人，此时乙、丙两个法人对于A和B两个债务人请求交付100万吨铁矿石之债权，即为连带债权，而A和B并无须承担连带责任（《民法典》第67条第2款），而是承担按份之债、可分之债，债权人和债务人另有约定者除外。

12. 债务人为二人以上，多数债务人相互之间虽不承担连带责任，但是给付不可分的，任一债务人均须承担全部、完全之给付义务。任一连带债权人有权请求任一不可分债务人为全部之给付。

13. 其他未尽事项，连带债权参照适用连带债务的有关规定（《民法典》第521条）。

二、连带债务

（一）概念及特征

所谓连带债务，是指当债务人为两人以上时，各债务人之债务不分大小、彼此和先后顺序，每一债务人均负有全部清偿之义务，债权人有权请求部分或者全部债务人为全部之给付，任一债务人为全部给付后，其他债务人之债务亦归于消灭之多数人之债。

连带债务具有下列特征：

1. 连带债务的债务人为二人以上，债权人则可以是一人，也可以是数人。例如我国《民法典》第 1168 条、《合伙企业法》第 2 条第 2 款之规定等。

2. 各债务人之债务不分大小、彼此和先后顺序，任一债务人均负有全部清偿之义务。连带债务并非按份之债，每一债务人并非仅就特定份额负担清偿义务。连带债务的各个债务人之间，不存在履行的先后顺序。因为承担一般保证责任之保证人，有权行使检索抗辩权，也就是一般保证人与主债务人之间存在给付顺序，因此，承担一般保证责任的保证人与主债务人之间并不产生连带债务关系（《民法典》第 687 条第 2 款）。

3. 任一债务人均具有潜在的全部清偿能力，也就是只要客观上具有给付能力并且主观上愿意，每一个债务人无须其他债务人协作即能够作出完全清偿，这是连带债务与协同债务的本质区别。对于协同债务，离开其他债务人之协作与协力，任一债务人均不具有全部清偿之能力。

此所谓"全部清偿能力"是一个主观概念和相对概念，不可作绝对化理解。对于基于法律行为而产生之连带债务，尚存在所谓部分连带之问题（Teil-Gesamtschuldnerschaft）。例如，在某一连带责任保证法律关系中，甲是债权人，乙是债务人，丙是承担连带责任之保证人。甲乙之间的债权债务总额为 3000 万元，丙在保证书（保证条款）中承诺愿意在 1000 万元以内和乙承担连带偿还责任。此时丙之连带责任学说上称为部分连带责任，主债务为 3000 万元，但是保证责任仅为 1000 万元。对于这 1000 万元的连带保证责任，丙后来亦无力承担，因为丙经营的公司破产，个人财务事实上亦陷入破产境地。由此不难看出，"全部清偿能力"是一个主观概念和相对概念，仅仅表示一个相对范围内之主观可能性而已，也就是"潜在的全部清偿能力"。我国《民法典》第 688 条第 2 款规定连带责任保证人仅仅在"其保证范围内承担保证责任"，表明我国现行法亦不禁止"部分连带"。再例如，按照《德国航空法》第 37 条、

第 41 条之规定，数个责任人对于航空事故承担连带赔偿责任的，数个责任人只在其各自最高赔偿限额内承担连带责任，而并非对于某起航空事故所造成的全部损害承担连带赔偿责任，该规定同样属于部分连带之范畴。

4. 债权人方面只能请求完整受偿一次。对于连带债务，尽管任一债务人均负有全部清偿之责，但是债权人方面无权受领叠加的数倍清偿，也就是债务人方面只需完整地清偿一次即可。

5. 给付具有同一性。所谓给付具有同一性，主要是指给付的标的具有同一性。从私法史上来看，对于连带债务给付同一性问题之理解，曾经产生过多种学说和争论，例如给付目的同一性说、给付原因同一性说、给付义务同一层次说以及给付标的同一性说等，本书认为以采给付标的同一性说为宜。即使数个债务人之给付地点互不相同，给付义务的诉讼时效各异，有些给付义务附加条件，有些给付义务则非必附加条件，有些给付义务附加期限，有些给付义务则非必附加期限，并不影响给付之同一性，仍可成立连带之债。[1]另外，按照《法国民法典》第 1201 条之规定，数个连带债务人其中一人之清偿方法与其他连带债务人之清偿方法不同者，亦不妨碍连带债务之成立。

给付具有同一性乃连带债务成立之必要条件，而非充要条件。给付不具有同一性，连带债务难以成立，给付具有同一性，连带债务亦非必成立。例如，债权人有权请求某甲交付某物，因为债权人与某甲签约，购买了该物。债权人亦有权请求某乙交付该物，因为某乙与债权人之被继承人订立买卖合同，将该物出售给债权人之被继承人，债权人现作为唯一继承人全部继承了被继承人的遗产。甲、乙尽管同时负有向债权人交付某物之义务，但是甲和乙无论如何并非连带债务人。[2]在某一特定物之一物数卖或者数人同卖一物（特定物）之情形，当事人之间所签订的数份买卖合同均为有效，数份买卖合同的给付义务也具有同一性，例如同一所住宅等，但是数个不同主体的债权人并非连带债权人，数个不同主体的债务人也并非连带债务人。对此问题，详见下文连带债务之本质部分的阐述。

关于给付同一性的时间范围、时间限度问题，大陆法系只有少数国家（地区）在立法上予以明文规定，例如《法国民法典》以及加拿大魁

---

① 例如《魁北克民法典》第 1524 条对此具有明文规定，参见孙建江、郭站红、朱亚芬译：《魁北克民法典》，中国人民大学出版社 2005 年版，第 191 页。

② Enneccerus, Lehmann, Recht der Schuldverhältnisse, Mohr Siebeck Tübingen, 1958, S. 361.

北克省（州）的《魁北克民法典》等，①我国《民法典》对此问题未作规定。所谓给付同一性的时间限度，是指确定连带债务大小及范围的截止时间。因为当事人之间的债务关系可能处于不断运动变化之中，具有相对不确定性，使得债务范围表现为某种变量的结果。例如，某一债务人在履行中发生了加害给付或者产生了其他侵权损害赔偿义务等。再例如，给付标的因为一个或者数个债务人之过失而发生毁损灭失、给付标的在一个或者数个债务人给付迟延后发生毁损灭失等。那么其他连带债务人对此后发的、扩大的"额外损害"有无连带给付义务？对于迟延履行期间所发生的违约金、利息、罚息、保管费用、拍卖费用、实行费用等，当其仅可归责于某一连带债务人时，其他连带债务人对此有无连带给付义务。②该问题值得探讨，本书认为：对于给付同一性的时间范围、时间限度问题不可一概而论。判断后发费用、扩大费用以及"额外损害"等是否处于连带债务的时间限度以内，从而确定其应该由全体连带债务人承担抑或应该由直接导致该费用产生的部分连带债务人承担，应该着重考量以下几点因素：其一，当事人对此是否存在约定；其二，上述费用是否基于原先的整体连带关系而发生；其三，造成损害之行为人是为了个人利益而行为抑或为了全体连带债务人之整体利益而行为；其四，该费用是否可以避免，造成损害之行为人是否具有故意或者重大过失；其五，其他连带债务人对此是否具有故意或者重大过失等。

6. 任一债务人完全清偿后，其他债务人之债务亦同时消灭。

（二）立法模式

目前，对于连带债务之成立，大陆法系各国（地区）主要存在着两种不同的立法模式：

其一，采纳法定连带除外的主观目的共同说。按照该立法模式，连带债务之成立以法律具有明文规定或者当事人具有明确约定为限，法定连带债务不以当事人具有承担连带债务的共同目的为条件，法定连带债务以外的连带债务的成立，以当事人具有明确约定者为限，明确约定即表明承担连带债务的共同目的，因此学界称之为法定连带除外的主观目的共同之成立模式。目前，采纳该模式的立法主要包括《葡萄牙民法典》第513条、《阿根廷民法典》第701条、《巴西民法典》第265条、《瑞士联邦债法》第143条以及旧中国民法典第272条等。我国民法亦采

---

① 参见《法国民法典》第1205条、《魁北克民法典》第1527条等。

② 例如，我国《民法典》第389条对于担保物权所担保之债权范围即作出了明确规定。

纳该种立法模式，《民法典》第 518 条第 2 款规定："连带债权或者连带债务，由法律规定或者当事人约定。"

其二，采纳准则主义。按照该立法模式，立法上只规定连带债务的概念或者构成要件，符合连带债务的概念或者构成要件即可成立连带债务，而不以法律具有明文规定或者当事人具有明确约定作为连带债务的成立要件。例如按照《德国民法典》第 421 条，连带债务的构成要件主要包括：（1）债务人为复数；（2）任一债务人都有义务履行全部债务；（3）给付具有同一性；（4）债权人只可以要求一次完全给付；（5）任一债务人为完全给付之后，其他债务人的债务即消灭等。

目前，采纳准则主义模式的立法主要包括《德国民法典》第 421 条、《意大利民法典》第 1292 条、《荷兰民法典》第六编"债法总则"第 7 条、《韩国民法典》第 413 条等。采纳准则主义立法的国家，在连带债务的发生上比较灵活，除了法律规定和当事人明确约定的连带债务以外，符合连带债务构成要件的多数人之债通常即为连带债务，司法裁判上也可以确立连带债务，这可以克服立法的滞后性问题，有利于维护成文法的稳定性。而在立法上采纳法定连带除外的主观目的共同说的国家（地区），比如瑞士和我国台湾地区，近年以来在司法实践中对于该原则已经有所突破，事实上已经承认在某些情况下，即使没有法律的规定和当事人的约定，也可以成立连带之债。

（三）连带债务之本质

1. 原因同一说。该说由德国法学家 Eisele（旧译阿依舍雷，按照德语正音今译艾泽勒）所提出，[1]艾泽勒（Eisele）认为，真正连带债务与不真正连带债务的主要区别在于，债务人方面的给付原因是否具有同一性。对于真正连带债务，债务人方面的给付原因一定具有同一性，而不真正连带债务债务人方面的给付原因通常不具有同一性。[2]该学说对于解释共同侵权行为以及债务人以合同约定其相互之间对外承担连带责任之情形固无问题，但是对于连带责任保证等情形则无法提供合理解释。因为对于连带责任保证，主债务人承担给付义务是因为借款法律关系这个主行为，而保证人承担给付义务则是因为保证法律关系这个从行为，二者明显具有不同原因和目的（《德国民法典》第 769 条、我国《民法典》第 688 条）。再例如法人人格否认时股东与公司法人须对外承担连带责

---

① Eisele, Korrealität und Solidalität, AcP, 77, 1891, S. 374-481.

② Eisele, Korrealität und Solidalität, AcP, 77, 1891, S. 459ff.

任，另外按照《德国民法典》第 42 条以及第 53 条，董事会迟延申请破产给债权人造成损害时须与社团法人对外承担连带责任，清算人违反法定义务或者在债权人得到清偿以前将财产分配给出资人，对于债权人因此所受到的损害须与社团法人对外承担连带责任，等等。上述情形下，社团法人对外承担给付责任多基于合同、侵权行为等原因，而法人的股东、意思机关以及清算人等主体对外承担给付责任往往并非基于同一合同或者其他同一法律关系，各国学理以及立法对于法人本质在认识上以及具体规范层面亦存在很大差异，原因同一说对于解释上述情形下当事人之间的连带责任甚为勉强。

2. 目的共同说。该说由德国法学家恩内克鲁斯（Enneccerus）所提出，[1] 恩内克鲁斯认为，连带债务关系均以一个共同的目的为基础，所有债务均为服务于实现一个共同目的之工具，即为债权之担保和债权之实现而服务。如果欠缺这样的共同目的，这些债务人对债权人毋宁是承担没有相互关系的、偶然的给付责任，不能成立连带债务。比如纵火者与保险人，甚至小偷与因为过错而致使占有物被盗之承租人或借用人，虽然他们对同一损害承担给付责任，但他们之间并不发生连带责任，因为上述行为人之间欠缺给付之共同目的。恩内克鲁斯的目的共同说被学界称为客观目的共同说。与之相对应，克林米勒（Klingmüller）则认为，每个债务人相互知道其他债务人之存在，并且知晓自己的给付也对其他债务人发生效力，才能成立真正的连带债务，否则无法成立真正的连带债务。而在不真正连带债务的情况下，数债务人则是偶然的、无意思联络的、互不相干的同时对债权人方面负担同一之给付义务。对于法律所明确规定的连带债务，即使当事人相互之间并不知晓对方的存在，亦可认为当事人之间拟制性存在主观目的之共同。克林米勒的目的共同说被学界称为主观目的共同说。[2] 目的共同说与《德国民法典》第 421 条对于连带债务之定义性规定直接冲突，没有成文法依据，对于存在意思联络之数人共负一债务之情形，尚能够提供合理解释，但是对于解释法律所直接规定的、不存在意思联络之数人共负一债务之情形，则未免牵强。

尽管目的共同说对于解释立法上采纳准则主义立法模式国家（地区）的连带债务之成立问题，存在一些无法自圆其说之成分，但是该说对于解释立法上采纳法定连带除外的主观目的共同说国家的连带债务问

---

① Enneccerus, Das Bürgerliches Gesetzbuch, Marburg 1910, S. 230-239.

② Klingmüller, Unechte Gesamtschuldverhältnisse, Jherings Jahrbücher für die Dogmatik des bürgerlichen Rechts, 1914, S. 63-74.

题，无疑具有令人信服之说服力和解释力，值得进一步思考和探究。各国立法者出于价值判断和利益衡量，在成文法中明文规定了一些法定的连带债务，其立法目的或出于弱势群体等特定债权人利益之保护，或出于加重特定行为人之责任，或出于立法者所追求之公平、正义，甚或出于法律关系之稳定、快速解决纠纷等目的，不一而足。探寻法定连带债务之本质，殊为困难。但是对于当事人以契约约定承担连带责任之情形，认为当事人具有目的之共同，无疑具有现实基础和逻辑基础，符合当事人之本意。

3. 清偿共同说。①该说由德国法学家莱昂哈德（Leonhard）所提出，他认为，连带债务之本质在于清偿共同，有清偿共同即有连带债务。通过清偿共同，即任一债务人之给付，使得其他债务人亦于该给付范围内同时免责，即可确定连带债务之存在。该说否定真正连带债务与不真正连带债务之区分，认为此前德国判例及学理上所确认的不真正连带债务之案型，多可归入真正连带债务之列。比如纵火人与保险人对受害人之给付义务，并非不真正连带债务，而是真正连带债务，完全符合《德国民法典》第 421 条对于连带债务之界定，即全部债务人只需完整给付一次，债权人方面只能请求一次完整给付，债权人无法请求倍数的、叠加的给付，任一债务人之给付导致其他债务人之给付义务同归于消灭。②

相较于原因同一说以及目的共同说，清偿共同说对于连带债务之范围作了较大拓展，并因此而否认不真正连带债务之存在。原因同一说以及目的共同说，将多数债务人之连带关系按照是否具有相同之发生原因或者是否具有共同之目的，区分为真正连带债务和不真正连带债务，清偿共同说明显抛弃了在连带债务内部寻求区分标准之做法，对于连带债务本质问题之探索向前跨出一大步。但是，该说所主张之"有清偿共同即有连带债务"，乃《德国民法典》第 421 条所明文规定，因此该说并未能够明确提出连带债务情形下之共同清偿与其他请求权竞合情形下之共同清偿之区分标准。况且清偿共同实际上是连带债务的一个后果，不应该将之作为判断连带债务存在与否之标准，实际上并未说明在什么条件下存在清偿共同，因此存在倒果为因之嫌。③

4. 同一层次说。该说由德国法学家拉贝尔（Rabel）和拉伦茨（Larenz）等所倡。拉贝尔在研究真正连带债务与不真正连带债务时提出，发

---

① Leonhard, Allgemeines Schuldrecht des BGB, München und Leipzig, 1929, S. 735-739.

② Leonhard, Allgemeines Schuldrecht des BGB, München und Leipzig, 1929, S. 735-736.

③ 张定军：《论不真正连带债务》，载《中外法学》2010 年第 4 期，第 509~510 页。

生某一损害，而各责任人对于损害之发生居于不同层次时，由距离损害较近之责任人——终局责任人承担最终之损害结果，显然较为合理。①例如保管人因为管理不善致使受托保管之物被盗，所有权人作为委托人基于保管合同对于保管人有权请求返还原物或者损害赔偿，所有权人基于其所有权对于窃贼亦享有返还原物请求权，或者在原物发生毁损灭失情形下享有损害赔偿请求权，此情形下发生请求权竞合，所有给付关系均服务于相同之给付利益，给付具有同一性。《德国民法典》第 255 条、旧中国民法典第 228 条所规定之赔偿请求权让与，各赔偿义务人往往居于不同之责任层次。拉伦茨则认为，某人之行为自身并不具有直接性之损害，而只是给予第三人加害之机会或者可能性并且由此发生了损害，则该人距离损害较远，第三人（加害人）距离损害较近。此情形下因为各责任人处于不同责任阶层，由此不发生连带债务。连带债务中所有义务均应具有同阶层性，并无任一债务人自始即为主债务人从而须承担终局责任，所有债务人均须终局负责，任一债务人为完全给付后，各债务人之间应该具有求偿关系。②对于如何判断各责任人是否居于同一层次之问题，拉伦茨认为并无简单公式可资鉴别。对于法律未作规定而依法律行为形成之义务，应依义务之内容或其可识别之意义及目的决之；对于法律上之义务，则可借由类推适用为之。但是保证人及主债务人间则非连带债务人，因主债务人应最终负责；反之，共同保证人则具同阶层性而为连带债务人。再例如教堂火灾案，加害人之赔偿义务与财政机关之维修义务，不具同一阶层性而非连带债务，加害人应最终负责，财政机关出资修复重建只具有预付性质（Vorschuss）。③对于责任是否具有同阶性之问题，泽尔伯（Selb）认为，如果立法上明确规定为连带债务，或者当事人明示约定为连带债务，无疑存在责任之同阶性。如果某一债务人只是承担另一债务人无法清偿债务之危险，则其债务具有辅助性、次位性（Subsidiarität），其给付具有预付性质。④

同一层次说对于解释多数债务人中应该由谁承担终局责任具有积极

---

① Rabel, Ausbau oder Verwischung des Systems, Zeitschrift für Zivil- und Prozessrecht 10 1919/ 1920, S. 89ff.

② Larenz, Lehrbuch des Schuldrechts, Band 1, 14. Aufl. C. H. Beck München, 1987, S. 557、560ff. Walter Selb, Mehrheiten von Gläubigern und Schuldnern, Paul Siebeck Tübingen, 1984, S. 40-43.

③ Larenz, Lehrbuch des Schuldrechts, Band 1, 14. Aufl. C. H. Beck München, 1987, S. 635ff.

④ Walter Selb, Mehrheiten von Gläubigern und Schuldnern, Paul Siebeck Tübingen, 1984, S. 42.

的建构意义，提供了不同的观察、判断和思考角度。该说的不足之处在于，未能给出统一的、明确的判断各责任人是否居于相同责任层次之标准。对于立法上所明确规定之连带债务，何以天然即具有同阶性问题之回答，同样无法令人信服，往往只能避而不答或者将其归入例外情形。[1]另外，对于连带责任保证，仅仅因为主债务人应该最终负责，即否定保证人与主债务人之间存在连带关系和连带债务，无论论者如何解释，总是前后矛盾、顾此失彼。

综上，原因同一说、目的共同说、清偿共同说、同一层次说等学说，对于民商事领域普遍存在的连带债务问题，各自提供了不同的观察视角、解释方法和方法论思考，对于认识和理解某些连带债务现象具有助益。上述理论各有所长亦各有所短，或立于主观，或立于客观，或侧重于当事人目的之探求，或侧重于外在法律关系、给付关系之分析。我国自 20世纪 20 年代颁行民法典以来，对于连带债务之发生，均强调须法律具有明文规定或者当事人具有明确约定，立法上明确采纳了法定连带除外之主观目的共同说。对于法定的连带债务，是否具有相同的发生原因或者基于同一之法律关系，当事人是否具有共同目的，当事人对于损害之发生是否居于同一责任层次，当事人之间是否具有追偿权等，均须让位于立法者之价值判断和利益衡量，非必成为确定法定连带债务时须首位考量或者主要考量之因素。但是，考虑到工业革命以来个人独立以及自己责任已然成为市场经济和个人自由之基石，连带债务毕竟突破了自己责任之边界，时常导致为他人行为担责后果，属于加重的民事责任。因此，除了法定连带之外，其他连带债务之发生，应以当事人具有明确约定为限，以此捍卫自己责任之原则。

我国《民法典》第 518 条第 1 款前半句定义了连带债权，后半句定义了连带债务。按照连带债务的立法定义，其核心内涵只包括两个要素：其一，债务人为二人以上；其二，每一个债务人均负有部分或者全部履行之义务。可见，我国连带债务之内涵，远较大陆法系许多国家（地区）立法上对于连带债务内涵之规定为简单。如果采纳准则主义的立法模式，只要符合这两个要素的多数人之债即为连带债务，那么中国大陆学者们所归纳和总结出来的不真正连带债务，应该都可以纳入（真正）连带债务当中。但是，按照我国《民法典》第 518 条第 2 款之规定，连带债务之发生只能基于法定或者约定。如何理解和解释该款所谓的"法

---

① 陈聪富：《论连带债务》，台湾大学 1989 年硕士学位论文，第 26 页。

律规定"则不无疑义，主要存在两种解释路径：其一，只采纳形式主义的解释方法，法定连带债务之成立，必须法条中明确使用或者出现了"连带"二字，例如"连带责任""连带负责""连带债务""连带关系"等；其二，同时采纳形式主义加内涵主义、实质主义的解释方法，法定连带债务之成立，除了法条中明确使用或者出现了"连带"二字之情形外，只要符合《民法典》第518条第1款后半句对于作为连带债务核心内涵的两个要素之规定，即为符合"法律规定"，亦能成立法定连带债务。

（四）连带债务的产生原因

连带债务的产生原因，在不同的立法模式、不同的法系下，主要包括以下几个方面：

1. 法律规定。在成文法国家，立法上或多或少均规定有一些法定的连带债务，例如共同侵权行为、连带责任保证、普通合伙人责任、法人人格否认（刺破公司面纱）等。其立法目的，或在于自然理性，或在于社会公平正义，或在于阻遏某些行为之发生，或在于保护特殊群体受害人，或在于便利诉讼等，不一而足。

除了法律明文规定的连带债务外，还存在法定准用连带债务之情形，比较典型者例如对于共同负担某一项不可分给付的数个债务人，须作为连带债务人承担责任（旧中国民法典第292条、《德国民法典》第431条、《日本民法典》第430条、《意大利民法典》第1317条、《智利民法典》第1527条、《秘鲁民法典》第1181条等）。此类法定准用连带债务之情形，属于法定连带债务之变种，法律性质上尽管同属于连带债务之范畴，但是与法律直接规定、明文规定的连带债务并非完全一致。主要的区别在于，一旦不可分给付转化为可分给付或者转化为损害赔偿之债，则其往往转化为可分之债、按份之债。①允许转化的原因在于，立法者认为此类债务并非本源上即属于连带债务，唯其给付不可分，准用连带债务之规定实乃便宜之计，从而简化当事人之间的法律关系。既然不可分给付业已转化为可分给付或者转化为损害赔偿之债，便无必要继续维持当事人之间的连带关系，应该允许该债务转化为按份之债，使得本不具有连带关系的当事人有机会从连带关系中解脱出来，以彰显法律的公平和正义。

---

① Siehe Münchener Kommentar zum bürgerlichen Gesetzbuch, Band 2, 6 Aufl. Verlag C. H. Beck München, 2012, S. 2934-2935.

2. 当事人约定。当事人约定承担连带责任，有利于提升整体信用，增加责任财产，从而增加交易机会。按照契约自由原则，当事人以契约约定相互之间负担连带给付责任，只要其约定不违反公共利益，不违反公序良俗，不损害他人利益等，其约定自属有效，法律没有必要予以禁止。

3. 类推适用（Analogiefälle；die analoge Anwendung）。在对于连带债务之成立采纳准则主义立法模式的国家，司法实践中亦不鲜见（nicht selten）以类推之方法，确认当事人之间连带债务之成立，以弥补成文法对于连带债务构成要件硬性规定之缺漏（lückenhaft），最大限度实现个案当中的公平和正义。①

4. 请求权竞合。目前，大陆法系德、意、荷、韩等国家（地区）对于连带债务之发生采用准则主义立法模式，符合法律所规定的连带债务的概念或者构成要件，即在当事人之间产生连带债务，而不以法律具有明文规定或者当事人具有明确约定作为连带债务的成立要件。按照该立法模式，除了法律明文规定以及当事人明确约定的连带债务外，实践中大量存在的请求权竞合情形，其法律后果只要符合法律所规定的连带债务的概念或者构成要件，当事人之间也同样发生连带债务。这些法定的连带债务之构成要件主要包括：债务人为复数；任一债务人都有义务履行全部债务；给付具有同一性；债权人只可以请求一次完全给付；任一债务人为完全给付之后，其他债务人的债务亦同时消灭等。

5. 法院的司法判决。因法院的司法判决而产生连带债务，在英美法系上较为普遍。近年来，在立法上采纳法定连带除外的主观目的共同说的国家（地区），比如瑞士和我国台湾地区，司法实践中对于该原则已有所突破。事实上已经承认在某些情况下，即使没有法律规定和当事人约定，司法判决中也可以确立连带责任，这可以克服成文法的滞后性问题，有利于维护成文法的稳定性，实现个案的公平和正义。问题在于如何控制和平衡，否则物极必反，反而破坏了成文法的稳定性和公信力。

（五）连带债务制度在我国的历史演进

我国从春秋战国时代开始出现成文法，直到清朝灭亡为止，历朝历代的法律中并未确立或者存在过系统的连带债务制度，只是自隋唐的法

---

① 例如德国《铁道责任法》（HaftPflG）第 13b 条，《航空法》（LuftVG）第 41 条，《道路交通法》（StVG）第 17 条，《产品责任法》（ProdHaftG）第 5 条等，在德国连带债务类推适用的司法实践中，即扮演着重要角色。Siehe Münchener Kommentar zum bürgerlichen Gesetzbuch, Band 2, 6 Aufl. Verlag C. H. Beck München, 2012, S. 2856.

律开始，立法中零星存在过牙保代偿之规定，但其内容并不明确和固定。所谓牙保代偿，是指债务人不履行债务时，由作为第三方附署之牙保代为偿债之意。担保人最主要的作用是保证契约的履行。首先对义务人有督促责任，在义务人无法履行义务的情况下，保人才承担连带责任，代为履行契约义务。保人负担连带责任是由民间惯例决定的，何种情况下才由保人无条件代为履行契约义务，因人因地而异，并无明确规则可循。①至于发生于任一债务人之履行不能、履行迟延、拒绝履行、时效完成、抵销、免除、混同，以及债权人受领迟延等情形，对于其他债务人或者保人发生怎样之效力，更加无从谈起。

《大清民律草案》系统引入了连带债权债务制度，在第二编第一章"债权通则"部分设立专节规定"多数债权人及债务人"，其中总计有 18 个条文涉及连带债务制度，②其立法要点包括：

---

① 叶孝信主编：《中国民法史》，上海人民出版社 1993 年版，第 261、344、473、535~536 页。
② 这 18 个条文分别是：

第 483 条规定："数人担负债务各任清偿之责，并约定一债务人清偿债务他债务人对于债权人亦得免其债务者，为连带债务人，而任连带之责。"

第 484 条规定："债权人得向连带债务人之一人，或同时，或依次向总债务人请求其全部或一部之给付。"

第 485 条规定："就连带债务人之一人所生事项，其利益或不利益于他债务人不生效力。但后七条规定之事项，不在此限。"

第 486 条规定："向连带债务人之一人请求给付者，他债务人亦生效力。"

第 487 条规定："债权人对于连带债务人之一人有迟延时，为他债务人之利益亦生效力。"

第 488 条规定："连带债务人之一人向债权人为清偿者，为他债务人之利益亦生效力。其为提存及代物清偿者，亦同。"

第 489 条规定："连带债务人之一人对于债权人有债权而为抵销者，为他债务人之利益，亦生效力。他债务人不以前项债权为抵销。"

第 490 条规定："连带债务人之一人与债权人有更改契约者，他债务人亦免义务。"

第 491 条规定："向连带债务人之一人免除其债务者，为他债务人利益亦生效力。但债权人对于他债务人无消灭其债权之意思者，不在此限。前项但书情形，债权人非扣去免除债务人所担负部分之债权额，不得向他债务人请求给付。"

第 492 条规定："连带债务人之一人与债权人混同者，惟就其债务人所担负部分，为他债务人之利益亦生效力。"

前项规定，于连带债务人之一人时效已完成者，准用之。"

第 493 条规定："数人因契约而共同担负可分给付者，任连带债务人之责。但有特别之意思表示者，不在此限。"

第 494 条规定："连带债务人相互之关系，若无特别订定者，以平等比例担负义务。"

第 495 条规定："连带债务人之一人以清偿债务或其他行为而免共同之责者，向他债务人就其各自担负部分，有求偿权。前项求偿，包有清偿日或其他免责日以后之法定利息、必要之费用及其他损害。"

1. 关于连带债务之概念，强调当事人之间对于清偿行为具有约定，也就是："数人担负债务各任清偿之责，并约定一债务人清偿债务他债务人对于债权人亦得免其债务者，为连带债务人，而任连带之责。"

2. 债权人得向连带债务人之一人、数人或者全体，同时或依次请求全部或部分之给付。

3. 就连带债务人之一人所生事项，其利益或不利益于他债务人不生效力。但是请求给付、债权人迟延、清偿、提存、代物清偿、抵销、更改契约、免除、混同、时效完成，为他债务人利益，亦生效力。

4. 数人因契约而共同担负可分给付者，任连带债务人之责，另有约定者除外。

5. 连带债务人相互之间对于债务之分担额，按平等比例分配，另有约定者除外。承担债务超出自己应该承担之份额者，有权向其他连带债务人追偿。连带债务人中有无偿还资力者，其不能偿还部分，求偿人及他之有资力人各按担负部分分任之。但求偿人有过失时，不得向他债务人请求分担。

6. 连带债务人之一人清偿债务者，债权人对他债务人之债权，于求偿目的之范围内，移转于该清偿人。但其移转有害于债权人之利益者，不得主张之。

7. 连带债务人之一人受连带之免除，他债务人中若有无清偿资力者，债权人就无资力人不能清偿之部分，应担负受连带免除所担负之部分。

8. 债务人于连带债权人之一人提起给付之诉后，仍得随意选定连带债权人为给付。

（接上页）第 496 条规定："连带债务人中有无偿还资力者，其不能偿还部分，求偿人及他之有资力人各按担负部分分任之。但求偿人有过失时，不得向他债务人请求分担。"

第 497 条规定："连带债务人之一人清偿债务者，债权人对他债务人之债权，于求偿目的之范围内，移转于清偿人。但其移转有害于债权人之利益者，不得主张之。前项规定，于连带债务人中一人因清偿以外之行为而免共同之责者，准用之。"

第 498 条规定："连带债务人之一人受连带之免除，他债务人中若有无清偿资力者，债权人就于无资力人不能清偿之部分，应担负受连带免除所担负之部分。"

第 500 条规定："债务人于连带债权人之一人提起给付之诉后，仍得随意选定连带债权人给付之。"

第 508 条规定："数人担负不可分给付者，准用连带债务之规定。但第四百八十五条但书及第四百八十六条至第四百九十二条之规定，不在此限。债权人已对于不可分债务人之一人为更改或免除，若从他债务人受债务全部清偿者，须将已更改或免除之债务人所担负部分，偿还于该债务人。"

9. 数人担负不可分给付者，准用连带债务之规定，法律另有规定者除外。债权人已对于不可分债务人之一人为更改或免除，若从他债务人受债务全部清偿者，须将已更改或免除之债务人所担负部分，偿还于该债务人。

清朝灭亡之后，《大清民律草案》的大部分内容得以沿用，对当时中国的民事生活与民事司法实践均产生了深远的影响。[①]此后，1929—1931 年间，旧中国民法典各编陆续颁行，旧中国民法典总体上继承了《大清民律草案》对于连带债务之规定，但是作了局部增删调整。[②]主要表现在下列几个方面：

1. 除约定连带债务外，增加规定了法定连带债务（第 272 条第 2 款）。

2. 增加规定："连带债务未全部履行前，全体债务人仍负连带责任。"（第 273 条第 2 款）

3. 增加规定："连带债务人中之一人，受确定判决，而其判决非基于该债务人之个人关系者，为他债务人之利益，亦生效力。"

4. 将"一连带债务人不得以他连带债务人对于债权人所享有之债权向债权人主张抵销"，修改为"他债务人以该债务人应分担之部分为限，得主张抵销。"（第 277 条）

5. 删除《大清民律草案》第 493 条："数人因契约而共同担负可分给付者，任连带债务人之责。但有特别之意思表示者，不在此限。"

6. 删除《大清民律草案》第 500 条："债务人于连带债权人之一人提起给付之诉后，仍得随意选定连带债权人给付之。"

7. 将消灭时效准用"连带债务人之一人与债权人混同"之规定，修改为准用"债权人向连带债务人中之一人免除债务"之规定（第 276 条）。

8. 将《大清民律草案》第 498 条之规定："连带债务人之一人受连带之免除，他债务人中若有无清偿资力者，债权人就于无资力人不能清偿之部分，应担负受连带免除所担负之部分。"修改为："连带债务人中之一人，不能偿还其分担额者，其不能偿还之部分，由求偿权人与他债务人按照比例分担之。但其不能偿还，系由求偿权人之过失所致者，不

---

① 谢振民编著：《中华民国立法史》（上册），中国政法大学出版社 2000 年版，第 54~56 页。
② 旧中国民法典总计有 12 个条文涉及连带债务制度，分别为第 272 条、第 273 条、第 274 条、第 275 条、第 276 条、第 277 条、第 278 条、第 279 条、第 280 条、第 281 条、第 282 条、第 292 条。

得对于他债务人请求其分担。前项情形，他债务人中之一人应分担之部分已免责者，仍应依前项比例分担之规定，负其责任。"（第 282 条）

1949 年之后，旧中国民法典在中国大陆地区被废止。此后的三十多年时间里，我国民事立法一直未能建立系统的连带债务制度。1978 年改革开放之后，大陆地区的民事立法逐步得到恢复，其中最早规定连带责任的规范性文件为 1982 年 7 月 1 日起实施的《经济合同法》第 15 条，[①]以及 1984 年最高人民法院颁布施行的《最高人民法院关于贯彻执行民事政策法律若干问题的意见》第 73 条。[②]

此后，1987 年 1 月 1 日施行的《民法通则》中总计有 8 个法条涉及连带责任问题，[③]其中第 87 条属于对于连带债权和连带债务的基本规定和基本规则。自《民法通则》之后，《担保法》《合同法》《物权法》《侵权责任法》《公司法》《票据法》《证券法》《海商法》《企业破产法》《合伙企业法》《信托法》《民法总则》《民法典》以及众多的民商事司法解释当中，均规定了连带责任制度。《民法典》可谓集大成者，《民法典》总计有 33 个法条涉及连带责任，[④]其中《民法典》第 178、518、519、520、521 条之规定，为我国目前连带责任之基本规则，基本上确立了连带责任对内对外的主要效力。可以说，经过长期的法律继受以及对于我国有关实践经验之总结，中国大陆地区的连带责任制度终于重新建立起来了。

（六）连带债务的对内效力

所谓连带债务的对内效力，是指各连带债务人就该连带债务所生事项，相互之间所具有的法律效力或者所发生的法律关系。综合我国《民法典》对于连带债务之规定，并结合大陆法系连带债务之基本法理，本书认为，连带债务的对内效力主要包括以下几个方面：

1. 关于责任份额。连带责任人的责任份额根据各自责任大小确定；难以确定责任大小的，平均承担责任，视为份额相同（《民法典》第 178 条第 2 款第 1 句、第 519 条第 1 款）。

---

① 该条规定："……被保证的当事人不履行合同的时候，由保证单位连带承担赔偿损失的责任。"

② 该条规定："……部分共同致害人无力赔偿的，由其他共同致害人负连带责任。"

③ 这 8 个法条分别是：第 35 条第 2 款、第 52 条、第 65 条第 3 款、第 66 条第 3 款和第 4 款、第 67 条、第 87 条、第 89 条第 1 项、第 130 条。

④ 这些法条为：第 67、75、83、164、167、178、307、518、519、520、521、552、686、688、693、694、786、791、834、932、973、1168、1169、1170、1171、1195、1197、1211、1214、1215、1241、1242、1252 条。

2. 关于追偿权。实际承担责任超过自己责任份额的连带责任人，有权向其他连带责任人追偿（《民法典》第178条第2款第2句、第519条第2款）。部分连带债务人履行、抵销债务或者提存标的物的，其他债务人对债权人的债务在相应范围内消灭；该债务人有权向其他债务人追偿（《民法典》第520条第1款）。部分连带债务人代物清偿的，与履行同其效力。

关于连带债务人相互之间追偿权的权利来源或者请求权基础问题，有些国家（地区）明确规定为权利继受，意即来自于原债权人所享有债权之法定让予或者代位权，也就是任一连带债务人为清偿或者为其他与清偿等效行为之后，以该连带债务人有追偿权为限，并且在其有权追偿之限额范围内，债权人针对其余连带债务人之债权，转移给为清偿或者为其他与清偿等效从而使原债务消灭之债务人（例如《德国民法典》第426条第2款、《瑞士联邦债法》第149条第1款、《法国民法典》第1251条第3项、《智利民法典》第1522条、《魁北克民法典》第1536条、旧中国民法典第281条第2款等）。也有一些国家（地区）立法上只是规定了追偿权，但是并未明确规定该追偿权来源于权利移转或者代位，例如《西班牙民法典》等。我国《民法典》第519条第2款明确规定，任一连带债务人为清偿或者为其他与清偿等效行为之后有权享有债权人之权利，明确了债务人之追偿权权源系来自原债权人。既然债务人是在行使原债权人之权利，那么其他债务人针对原债权人之抗辩，仍得以对行使追偿权之债务人行使。

3. 关于抗辩权。实际承担债务超过自己份额的连带债务人，有权就超出部分在其他连带债务人未履行的份额范围内向其追偿，并相应地享有债权人的权利，但是不得损害债权人的利益。其他连带债务人对债权人的抗辩，可以向该债务人主张（《民法典》第519条第2款）。

4. 关于损害赔偿。任一连带债务人，因为不行使全体债务人均有权行使之抗辩权，应该独立承担由此造成之不利后果。给其他连带债务人造成损害的，应负赔偿责任。例如，连带债务已过诉讼时效，某一连带债务人在债权人请求下仍为履行，则其应该独立承担由此而造成之不利后果，无权请求其他连带债务人分摊其给付。这是《民法典》第6条、第7条所规定公平原则、诚信原则之必然要求。再例如，某一连带债务人对于已过诉讼时效债务之承认或者承诺，对于其他连带债务人不应该有效。因为，除非法律另有规定或者当事人另有约定，任一连带债务人不得以其个人行为恶化其他债务人之法律地位。①

5. 关于部分连带责任人无资力。任一连带债务人为清偿或者为其他与清偿等效行为之后，就超出自己份额之给付，有权向其他连带债务人追偿。被追偿的连带债务人不能履行其应分担份额的，其他连带债务人应当在相应范围内按比例分担（《民法典》第519条第3款）。但是，部分连带责任人无资力，系由求偿权人之过失所导致者，求偿权人不得请求其分担。任一连带债务人应分担之部分已获免责者，对于其他连带责任人无资力负担者，仍然应当在相应范围内按比例分担。

6. 关于连带债务人之抵销。通常情形下，一连带债务人不得以其他连带债务人对于债权人所享有之债权向债权人主张抵销。但是，一连带债务人以其他连带债务人应分担之部分为限向债权人主张抵销的，应该允许，此举有利于简化当事人之间的法律关系，提高连带债务的清偿效率。

7. 关于确定判决。连带债务人中之一人，受确定判决，而其判决非基于该债务人之个人关系者，对于其他连带债务人同样发生效力。

8. 关于其他事实之效力。除上述履行、代物清偿、抵销、提存、确定判决等事实外，其他发生于任一连带债务人之事实，诸如给付不能、混同、时效中断、时效完成、时效重新开始计算等，只对发生上述事实之连带债务人自己发生效力，对于其他连带债务人不发生效力。例如，任一连带债务人发生给付不能，不能据此认为其他连带债务人亦给付不能。任一连带债务人发生债之混同，其他连带债务人并不因此而发生债之混同。任一连带债务人因同意履行债务而发生时效中断，针对其他连带债务人之诉讼时效并不因此而中断。针对任一连带债务人之时效完成，并不意味着对于其他连带债务人之诉讼时效亦同时完成。任一连带债务人于诉讼时效完成之后又向债权人表示同意履行债务，从而导致诉讼时效重新开始计算的，对于其他连带债务人之诉讼时效并不重新开始。

（七）连带债务的对外效力

所谓连带债务的对外效力，是指各连带债务人就该连带债务所生事项，与债权人之间所具有的法律效力或者所发生的法律关系。综合我国

---

① 《瑞士联邦债法》第145条第2款规定："连带债务人中之一人，不行使全体债务人均得行使之抗辩权者，对于其他连带债务人，应负责任。"第146条规定："除另有规定外，各连带债务人不得以其个人行为恶化其他债务人之地位。"另外，《秘鲁民法典》第1199条也具有类似规定，值得参考借鉴。参见徐涤宇译：《秘鲁共和国新民法典》，北京大学出版社2017年版，第233页。

《民法典》对于连带责任之规定，并结合大陆法系连带债务之基本法理，本书认为，连带债务的对外效力主要包括：

1. 债权人为一人。债权人有权请求部分或者全部连带责任人承担责任（《民法典》第 178 条第 1 款、第 518 条第 1 款）。

2. 债权人一方为连带债权人。部分或者全部连带债权人均可以请求部分或者全部连带责任人履行债务（《民法典》第 518 条第 1 款）。

3. 部分连带债务人为给付等。部分连带债务人履行、抵销债务或者提存标的物的，其他连带债务人对债权人的债务在相应范围内消灭（《民法典》第 520 条第 1 款）。

4. 任一连带债务人对于债权人享有适宜抵销之债权而不欲抵销的，其他连带债务人有权以该债务人应分担之债务部分为限，向债权人主张抵销。

5. 部分连带债务人的债务被免除。部分连带债务人的债务被债权人免除的，在该连带债务人应当承担的份额范围内，其他债务人对债权人的债务消灭（《民法典》第 520 条第 2 款）。

6. 部分连带债务人的债务与债权人的债权混同。部分连带债务人的债务与债权人的债权同归于一人的，在扣除该债务人应当承担的份额后，债权人对其他债务人的债权继续存在（《民法典》第 520 条第 3 款）。

7. 债权人受领迟延。债权人对部分连带债务人的给付受领迟延的，对其他连带债务人发生效力（《民法典》第 520 条第 4 款）。

8. 请求权法定移转。实际承担债务超过自己份额的连带债务人，有权就超出部分在其他连带债务人未履行的份额范围内向其追偿，并相应地享有债权人的权利，但是不得损害债权人的利益（《民法典》第 519 条第 2 款）。

第四章

真正连带与不真正连带

一、连带债务与不真正连带债务的罗马法溯源

不真正连带债务的思想、理论以及实践均起源于德国民法，而该理论的源头却可以上溯至罗马法时期的争点决定制度（Litis contestatio、Streitbefestigung，中国大陆学者有翻译为"证讼"的，我国台湾地区学者有翻译为"诉讼拘束"的）。①因此，研究不真正连带债务思想，应该对与罗马法的有关内容进行考察。

罗马法时期已经建立了一套较为完备的债权债务制度。在法律意义上，债是指具有法律强制性的约束和纽带，它产生于一方当事人应向另一方当事人承担的法律义务。优士丁尼在《法学阶梯》中说："债为法锁，据之我们有必要被强迫根据我们城邦的法偿付某物。"②在债的关系中，债权人和债务人均为一人时，称为单数主体之债，债权人或者债务人的一方或者双方为二人以上时，称为多数（复数）主体之债。在罗马法上，复数主体之债按照主体之间的层级关系的区别，可以区分为不同层次的复数主体之债与同一层次的复数主体之债。不同层次的复数主体之债是指存在着主债权人、副债权人或者主债务人、副债务人情形的债。副债权人是主债权人的信托人，按照主债权人的委托收取债权，副债权人请求给付的范围不得大于主债权人所享有的权利范围；副债权人的请

---

① Salkowski, Institutionen des Römischen Privatrechts, 8. Aufl. Verlag von Bernhard Cauchnitz, Leipzig, 1902, S. 334；Baron, Pandekten, 9. Aufl. Verlag von Duncker & Humblot, Leipzig, 1896, S. 456；周枏：《罗马法原论》（下册），商务印书馆1994年版，第814页；陈聪富：《论连带债务》，台湾大学1989年硕士学位论文，第12页注释［11］。

② Justinian, Institution. 3, 13pr. 转引自黄风：《罗马私法导论》，中国政法大学出版社2003年版，第251页。

求权与其人身紧密相连，不能由副债权人的继承人予以继承；副债权人丧失行为能力时该债权也不转移给其监护人。副债权人可以免除债务人的债务，但是免除行为以损害主债权人利益为目的的，副债权人按照阿奎利亚法（Lex Aquilia）的规定须承担损害赔偿责任。而副债务人则为主债务的补充义务人，比如债务担保人通常即为副债务人，对于担保债务通常只承担次要和补充的责任。①

同一层次的复数主体之债可以区分为可分之债、累积之债与连带之债。对于可分之债，债的标的（给付）可以分割为数个相互独立的部分，债权人只能请求属于自己部分的给付，债务人只需履行自己所应承担部分的给付。罗马法上的复数主体之债，原则上为可分之债。对于累积之债，每个债务人都负有清偿全部债务的义务，其情形如同债务人只此一人，每个债务人的债务各自独立，因各个债务人全部作出清偿而消灭，债权人根据债务人的人数获得倍数叠加的给付。累积之债明显不同于连带之债，累积之债不具有消极继承性，债务人死亡以后其继承人不受累积之债约束，累积之债通常因私法上的罚金之诉（actio poenalis）而产生。比如三个窃贼共同偷盗百元，每个窃贼都可能被处罚金二百元，这样被害人总共可得六百元罚金赔偿；再比如两个人共同杀死了他人价值百元之马一匹，则每个侵权人均有可能被处罚金百元，如同每个侵权人独立实施了该侵权行为一样，债权人可以获得总共两百元的罚金赔偿。②按照早期罗马法，对于盗窃、损毁财物等侵权行为，受害人可以分别提起私法上的罚金之诉或者损害赔偿之诉，或者同时提起这两种诉讼，受害人对此享有选择权，损害赔偿之诉的赔偿范围以实际损害为准，包括直接损失和间接损失。累积之债在优帝法典中仍然存在，但是帝国时期的法律已经严格区分侵权之债和合同之债，侵权罚金的总和参照损害赔偿之诉予以确定。③

连带之债可以分为连带债权和连带债务，连带债权又称为积极连带，连带债务又称为消极连带。对于连带债权，每一个债权人都有权要求债务人向自己为全部的给付，但是债务人只需完整地履行一次；对于连带债务，债权人有权要求一个、数个或者全体债务人为全部或者部分的给付，但是债务人方面只需完整地履行一次。关于罗马法上连带之债的起

① Max Kaser, Das Römische Privatrecht, C. H. Beck München, 1955, S. 552.

② Savigny, Das Obligationenrecht als Theil des heutigen Römischen Rechts, Band 1, Berlin, 1851, S. 141、119、200.

③ D. 9, 2, 51, 1; D. 9, 2, 11, 2; D. 47, 2, 21, 9.

源，目前学界通说认为系产生于古典时期的问答契约（stipulatio），由数债权人对于债务人一同发问，债务人则对于全体债权人作出回答（utrique vestrum dare spondeo）；或者由债权人对于数债务人发问，数债务人共同对债权人作出愿意承担连带责任的回答（Maevi, quinque dare spondesne; Sei, eosdem quinque dare spondesne）。①

在罗马法上，连带债权人与连带债务人被一同称作"duo rei"，为了将连带债权人与连带债务人区别开来，连带债权人后来被称为"duo rei-icredendi"，而连带债务人则被称为"duo rei debendi"。因为问答契约是连带之债产生的最主要原因，所以连带债权人与连带债务人又常常被称作"duo rei stipulandi""duo rei promittendi"。罗马法学家乌尔比安使用"Correus"（一作 Conreus）这个词表示连带之债，"Correus"这个名词主要见于乌尔比安所著《学说汇编》当中。Correus 由 Co（r）和 reus 组合而成，词根 Co（r）有联合、相互和共同的意思，reus 是指被告、被控告者的意思，乌尔比安用 Correus 指称共犯、共同债务人或者连带债务人。此外，罗马法上的连带之债也使用"in solidum obligari"的表达方式，而 Solidum 的原意为全部、整体的意思。②按照德国 19 世纪普通法上的连带债务二分法，连带债务被分为共同连带和单纯连带，其共同连带关系的概念 Korrealität 脱胎于罗马法上的 Correus，而单纯连带关系的概念 Solidalität 则脱胎于罗马法上的 Solidum。③

罗马法时期连带债务有无共同连带和单纯连带之分？对此问题，德国学界通说持否定见解，该分类肇始于德国普通法时期，此前无论是德国法还是罗马法，均不存在此种分类方法。人们所谓的连带债务仅仅是指共同连带，意思是指同一项债务而其主体为复数。中国学者对此问题的看法存在分歧，有持这种分类源自罗马法的主张，也有认为罗马法时期不存在这种分类，这种分类源于 19 世纪的德国普通法，为凯勒（Keller）氏所创，由里宾特洛甫（Ribbentrop）氏完成。④本书对此问题倾向于否定见解，现有文献尚无法证明罗马法时期对于连带债务存在着

---

① Hellmuth Mönch, echte und unechte Gesamtschulden, Buchdruckerei Curt Mittag, Dresden, 1932, S. 549、550.

② Savigny, Das Obligationenrecht als Theil des heutigen Römischen Rechts, Band 1, Berlin, 1851, S. 139、140.

③ Savigny, Das Obligationenrecht als Theil des heutigen Römischen Rechts, Band 1, Berlin, 1851, S. 139.

④ 郑玉波：《民法债编总论》，中国政法大学出版社 2004 年版，第 389 页。

共同连带和单纯连带的分类方法。将连带债务划分为共同连带和单纯连带，系德国普通法时期的法学家对存在于古典罗马法时期的争点决定制度进行分析、归纳和阐释以后才提出的连带债务分类思想。

所谓争点决定，是争讼双方在大法官面前（vor dem Prätor）以意思表示确认各以其本人进行诉讼为已足的行为，争点决定在古典罗马法时期整体上属于诉讼制度的范畴。①其对于连带之债的意义在于：对于连带债权，债的标的不仅因为任一债务人的一次完全给付而消灭，而且亦因为对于任一债权人的争点决定而使得其他债权人的诉权归于消灭，无论起诉的债权后来是否获得清偿；对于连带债务，债的标的不仅因为任一债务人的一次完全给付而消灭，而且亦因为对于任一债务人的争点决定而排除针对其他债务人的诉讼，无论被选中的债务人是否具有清偿能力。在此情况下，对于连带债务，选择有给付能力的债务人进行诉讼就尤为重要，一经争点决定对其他债务人即不得再行起诉，这种法律效果使得争点决定制度几乎类似于赌博，取得或者失去财产具有一定的偶然性，没有什么内在的原因。当然，这种结果体现的只是法学上的逻辑必然，不能表现这项制度的真实规范意义和社会目的，实践中当事人可以通过人身信赖或者保护性从属合同，避免这种结果的发生。争点决定制度的产生原因主要有两个：一则罗马人坚持"相同诉讼标的不得有两个诉权"（bis de eadem rem ne sit actio，exceptio rei judicatae）的原则，该原则发展成为后世民事诉讼法上的一事不再理原则。②二则该制度与罗马人对于债的观念有关，古典罗马法时期人们将债的实行视为对人的处罚，人们想要避免双重（多重）处罚结果的出现，只能允许针对同一债务的一次诉讼，别无他法。③

争点决定制度并非适用于所有的连带债务，该制度主要适用于基于同一个法律行为所产生的连带债务，包括问答契约（stipulation）、文书契约（literalcontract）、遗嘱债务等，以及裁判法上的连带债务（德国普通法时期称这些债务为共同连带债务），而不适用于因共同侵权行为而产生的连带债务以及诚意诉讼（bonae fidei iudicia）中的连带债务（德国普

---

① Die Litiscontestatio ist zu jener Zeit eine Verhandlung der streitenden Parteien vor dem Prätor, worin beide den Streit durch gegenseitige Erklärungen dergestalt feststellen, dass derselbe zum übergang an den Iudex reif wird. Savigny, System des heutigen römischen Rechts, Ⅵ, 1847, S. 9; Savigny, Das Obligationenrecht als Theil des heutigen Römischen Rechts, Band 1, Berlin, 1851, S. 180.

② Walter Selb, mehrheiten von gläubigern und schuldnern, J. C. B. Mohr Tübingen, 1984, S. 29.

③ Heinrich Honsell, Römisches Recht, Springer Verlag, Berlin, 1987, S. 283.

通法时期称这些债务为单纯连带债务）。①对于不适用争点决定的连带债务，以债务的完全清偿为债务消灭的原则，其他连带债务人只有在全部债务获得清偿以后方得以免责，债权人在债权未获完全清偿以前，有权起诉任何连带债务人。

古典罗马法上的争点决定制度一直存续到罗马皇帝优士丁尼时期，优帝一般性地排除了该制度的适用，以清偿竞合（Solutionskonkurrenz）取代诉权用尽竞合（Konsumptions-konkurrenz）。只有任一连带债务人的完全清偿方才免除其他连带债务人的债务，在连带债务未获完全清偿前，债权人对于任一连带债务人的诉讼不再排除债权人对于其他连带债务人以相同给付为目的的诉讼。②但是，《优帝学说汇编》的编写者也许是过于注重历史，也许是疏忽，将古典时期的一些制度未经更改地保留了下来，其中即包含争点决定制度。同时期的《法律汇编》（Corpus iuris）也仅仅部分地贯彻了优帝对于争点决定制度的改革，古典时期的争点决定制度仍然得以部分保留，这就是 19 世纪德国普通法上区分共同连带和单纯连带的历史和理论渊源。③

按照罗马法，除了争点决定制度对于所有的债务人和债权人产生总括效果外，发生于任一债务人的履行、免除（acceptilatio）、偶然的履行不能、债的更改（novation）等事实，亦发生总括效果。而混同（confusio）、人格减等（capitis deminutio）、不提出请求之简约（pactum de non petendo）、迟延（verzug）、可归责于债务人的履行不能（vom Schuldner zu verantwortendes Unmöglichwerden）等事实，则对就发生该事实的债务人或者债权人个人产生有利或者不利的效果，对于其他当事人，不发生总括效果。④

对于求偿权，从罗马法连带之债的规范中，不能当然得出连带债权人之间或者连带债务人之间存在着债权的分享或者债务的分配关系。因为罗马法连带之债规范的主要目的在于确定任一连带债权人有权以自己的名义请求债务人为全部给付，任一连带债务人有义务为全部给付，而连带债权人以及连带债务人之间债权的共享或者债务的分担则不在连带之债规范目的之内。至于其他连带债权人能否请求分享任一债权人所受

---

① Heinrich Honsell, Römisches Recht, Springer Verlag, Berlin, 1987, S. 283.

② Ribbentrop, Lehre von den Korrealobligation, Göttingen 1831, S. 3.

③ Paul. D. 11，1，8；20 PR.；Scaev. D. 13，1，18；Ulp. D. 14，1，1，24；46，1，5；Iav. D. 45，2，2；Gai. eod. 16.

④ Max Kaser, Das Römische Privatrecht, C. H. Beck München, 1955, S. 551.

领的全部给付，以及已为全部给付的任一连带债务人能否请求其他连带债务人分担其给付，则应依其相互之间的法律关系予以确定。根据债务人之间不同的法律关系，已为全部给付的任一连带债务人可能不能请求其他连带债务人分担其给付，也可能可以请求部分分担甚至全部返还。①对于保证人、受托人（actio mandate contraria）、合伙人（actio pro socio）以及共同继承人（action familiae erciscundae）之间的连带之债，罗马法上通常认许求偿权的存在，②而对于非依法律行为而发生的连带之债，例如侵权之债，只在例外情形下才认许求偿权的存在。③

关于连带之债性质上属于单数之债还是复数之债，罗马法学家的论述不尽一致，有以单数的形式（una obligatio）进行表达和论述的，也有以复数（plures obligationes）的形式进行表达和论述的。在同一个法学家的著作当中，连带之债有时以单数表达，有时又以复数表达。后世法学家中有人认为古典时期的罗马法以连带之债性质上为单数居于通说地位，而自优帝法典起，复数说则居于支配地位，但是对于该说学界尚存在不同意见。总体上说，罗马法时期的各大法学家对于连带之债的单复数问题并没有予以太多的关注和论述。④也未提出这个充其量徒具理论趣味的论题，该问题为典型的潘德克顿法学的产物。⑤

二、德国 19 世纪普通法时期的连带债务二分法思想

大陆法系中所谓的普通法（Ius Commune），是指自中世纪末期开始至法国大革命时期，通行于西欧以及中欧，跨越不同国家和民族的普遍适用的法律，其内容主要是继受罗马法，亦包括部分天主教教会法规范。随着 19 世纪西欧和中欧各民族国家的法典化运动，普通法的解释和适用，最终为各个民族国家的法律所取代，从而最终退出了历史舞台。

以 1827 年德国法学家凯勒出版《论古典罗马法上的争点决定与裁判》一书，以及 1831 年德国法学家里宾特洛甫出版《共同连带债务理论》一书为标志，德国普通法时期连带债务二分法理论初步形成。凯勒

---

① Windscheid, Lehrbuch des Pandektenrechts, Band 2, 9. Aufl. Frankfurt am Main, 1906, S. 207.
② Max Kaser, Das Römische Privatrecht, C. H. Beck München, 1955, S. 552.
③ Heinrich Honsell, Römisches Recht, Springer Verlag, Berlin, 1987, S. 284.
④ Eisele, Korrealität und Solidarität, AcP 77, 1891, S. 376、377.
⑤ In Wahrheit haben sie sich diese Frage, die allenfalls von theoretischen Interesse ist, gar nicht gestellt. Die Fragestellung ist ein typisches Produkt der Pandektistik. Heinrich Honsell, Römisches Recht, Springer Verlag, Berlin, 1987, S. 281.

和里宾特洛甫认为：是否因为针对任一连带债务人的争点决定而消灭其他连带债务人的债务，构成共同连带与单纯连带最明显、最稳妥的区别特征。①凯勒认为，对于共同连带，当事人之间只存在着单一之债，而对于单纯连带，则存在着复数之债。凯勒还认为，应该对于连带债务的客观构成和主观构成进行区分，共同连带在客观构成上表现为一个债务，但是具有复数的主体关系；而单纯连带在客观构成上表现为复数的债务，通过给付的同一性联系起来。这就是流行于 19 世纪前半期德国普通法上的"共同连带为具有复数主体的单一之债"的连带思想。②由凯勒首创，经里宾特洛甫发扬光大，将共同连带的本质界定为"主体关系为复数的单一之债"（Einheit der Obligation, Mehrheit der subjektiven Beziehungen）的思想，提出之后即风靡于学界，一度成为当时的通说。因为该学说不仅能够非常容易地解释为什么争点决定对于全体债权人或者债务人发生总括的效力（因为债务只有一个！），而且还为区分共同连带与单纯连带提供了明确的界限。但是，自十九世纪五十年代中期开始，否定的声音不断涌现。事实上，十九世纪德国普通法上关于共同连带与单纯连带的单复数之争，最早可以追溯到德国法学家哈塞（Hasse）的有关论述。哈塞在 1808 年即提出，共同连带本质上为"权利的单一性与债务的复数性（消极连带），或者债务的单一性与权利的复数性（积极连带）"。

自从凯勒和里宾特洛甫提出共同连带为单一之债而单纯连带为复数之债的观点以后，德国学界围绕着共同连带债务的单复数问题，展开了激烈的争论（对于单纯连带为复数之债的观点未见争论），学者们提出了许多不同的观点，不可一一而足，举其要者，比如贝克尔（Bekker）认为：共同连带本质上为"债的单一性与诉的复数性"（Einheit der Obligationbei Mehrheit der Aktionen），或者请求权的单一性与诉的复数性（Einheit des Anspruchs bei Mehrheit der Aktionen）。佩尔尼茨（Pernice）认为：共同连带本质上为"诉的单一性与请求权的复数性"（Einheit der actio bei Mehrheit der Ansprüche）。巴龙（Baron）认为：共同连带本质上"对于任一债权人与债务人为复数债，而对于债权人与债务人整体则为单一债"（Mehrheit der Obligationen für die einzelnen Gläubiger und Schuldner, eine einige Obligation für ihre Gesamtheit）。翁格尔（Unger）认为：共同连

---

① Keller, Ueber Litis contestation und Urteil nach class. Röm. Recht, 1827, S. 413、446ff.

② Die Korrealobligation ist eine einige Obligation mit einer Mehrheit der subjektiven Beziehungen. Windscheid, Lehrbuch des Pandektenrechts, Band 2, 9. Aufl. Frankfurt am Main, 1906, S. 201.

带本质上为"数个债务在观念上合而为一"（Die mehreren Obligationen sind in der Vorstellung zu einer Einheit zusammengefasst）。赫尔德（Hölder）认为："共同连带本质上是"将一债务人的债务拟制为他债务人的债务"（Die Obligationen des einen wird als die des anderen fingiert）。哈特曼（Hartmann）认为：共同连带的本质"原则上为复数债务，特殊情形下为单一之债"（Mehrheit der Obligation als Regel, in gewissen Fällen Einheit）。布拉肯赫夫特（Brackenhöft）认为：共同连带的本质"在积极方面表现为单一之债，而在消极方面则表现为复数之债"（Einheit bei der aktiven, Mehrheit Bei der passiven）。孔策（Kuntze）认为："共同连带在债务关系上为复数，而在债务内容上则为单数"（Mehrheit der Obligationen, Einheit des Obligationsinhalts）。德恩堡（Dernburg）认为：共同连带本质上为"数个债务结合为一个法律关系"（Die mehreren Obligationen sind zu einem Rechtsverhältnis vereinigt）。埃尔塔勒（Eirtanner）和菲廷（Fitting）认为：共同连带本质上为主体具有选择性的债，在当事人作出选择之前，债的主体尚不确定。①在争论过程中，共同连带为复数债务的思想逐渐取得了优势地位而为多数学者所采信，上述不同学派的争论一直持续到《德国民法典》的颁布，由于该法典没有区分共同连带与单纯连带，围绕这个论题的争论这才告一段落。

关于追偿问题，德国普通法时期已经形成了比较一致的观点，那就是：作出给付的任一连带债务人，可否向其他连带债务人追偿，取决于作为共同连带或者单纯连带产生基础的具体法律关系，已为清偿的任一连带债务人通常有权就超出自己应该承担的部分向其他连带债务人追偿。②

综合来看，十九世纪德国普通法时期学者们所归纳出来的共同连带与单纯连带的区别要点主要包括：

1. 共同连带因争点决定而消灭其他连带债权人的债权或者免除其他连带债务人的债务，而单纯连带则否，也就是说争点决定制度只适用于共同连带，而不适用于单纯连带。

2. 共同连带为单数债的多数人之债（Einheit der Obligation, Mehrheit der subjektiven Beziehungen），也就是一个债。而单纯连带则为复数债的多数人之债（Mehrheit der Obligation, Mehrheit der subjektiven Beziehun-

---

① Windscheid, Lehrbuch des Pandektenrechts, Band 2, 9. Aufl. Frankfurt am Main, 1906, S. 201、202.

② Ehmann, Die Gesamtschuld, Duncker & Humblot/Berlin, 1972, S. 31.

gen），也就是多个债。①单数债与复数债系是就债务关系本身而言，而单一主体之债与复数主体之债（多数人之债）系就债务主体数量而言，对此不应混淆。

3. 共同连带既包括积极连带，又包括消极连带，而单纯连带则只包括消极连带，不包括积极连带。

4. 共同连带关系通常由同一个法律行为产生，当事人之间具有紧密的联系，发生于任一连带债务人（债权人）的法律事实（清偿及代物清偿、提存、抵销、免除、债的更新、债权人迟延以及诉讼时效等），具有总括效力，对于整个债务关系均产生影响。而对于单纯连带，其产生具有不同的原因事实，仅仅任一债务人的清偿或者代物清偿行为能够发生免除其他债务人债务的效果，其他发生于任一债务人的法律事实，对于整个债务关系通常不产生影响。

5. 单纯连带可能具有最终的责任人，非最终责任人为给付以后，有权向最终责任人追偿，而共同连带通常不存在法律意义上的最终责任人。

三、不真正连带债务理论的提出背景、主要观点和德意志帝国法院的司法实践

1871 年德意志第二帝国建立，统一的德国需要统一的民法典，德国民法典的制定成为必要和可能。1874 年受命起草民法典的第一委员会宣告成立，13 年以后的 1887 年民法典草案完成。对于由凯勒和里宾特洛甫首创，流行于 19 世纪前半期德国普通法上的共同连带与单纯连带的区分思想，该草案持否定态度，草案没有将连带债务区分为共同连带和单纯连带。在此背景下，法学家米塔斯（Mitteis）于 1887 年发表《论消极连带债务关系》一文，②首次提出了不真正连带债务的思想。其后，法学家艾泽勒（Eisele）于 1891 年发表《论共同连带和单纯连带》一文，③进一步阐述和发展了不真正连带债务思想。在米塔斯和艾泽勒之前，耶林（Ihering）和哈特曼（Hartmann）在否定凯勒-里宾特洛甫的连带债务二分说的同时，即已提出连带债务从其成因上看，并非和谐的统一体，在其

---

① Keller, Über Litis contestation und Urteil nach class. Röm. Recht, 1827, S. 413、446ff.

② Mitteis, Zur Lehre von den passive Gesamtschuldverhältnissen, Grünhuts Zeitschrift für das privat-und öffentliche Recht der gegenwart, 14, 1887.

③ Eisele, Korrealität und Solidarität, AcP 77, 1891, S. 374-481.

内部结构上可以并且有必要加以细分的思想。①而德国历史法学派的著名代表人物萨维尼在其著作中已经将连带债务区分为共同连带（Correalschuld）和不真正共同连带（Unächte Correalschuld），尽管萨维尼所谓的不真正共同连带实际所指即单纯连带的意思，与后来的不真正连带债务并非同一个概念，但其所采用的"不真正"（Unächte）这个表达方式仍为艾泽勒所继受，这就是后来的不真正连带债务在思想和词源上的由来。

米塔斯关于不真正连带债务的思想要点主要包括：

1. 罗马法只存在一种连带债务，并没有区分共同连带和单纯连带，所谓的依争点决定制度是否适用为标准，将连带债务区分为共同连带和单纯连带，纯粹为后人添加附合（interpolationi）的结果，不足为证。在罗马法时期，后人所谓的共同连带和单纯连带的实践意义完全相同。因此，统一的《德国民法典》中没有必要将连带债务区分为共同连带与单纯连带。②

2. 凯勒-里宾特洛甫的连带债务二分说从来没有给出一个完整的、统一的连带债务的概念。事实上，连带债务从其发生原因上看并非一个和谐的整体（nicht als eine homogene Masse），存在着内在的区别。所谓的单纯连带从其发生原因上看，可以区分为法定的单纯连带（gesetzliche Solidarobligationen）和偶然的单纯连带（zufällige Solidarität），法定的单纯连带应该并入共同连带之中，这是真正的连带债务，而偶然的单纯连带则应该从连带责任的体系中分离出去，因为这些连带关系纯粹因为偶然的、毫无内在联系的法律关系而发生。③比如重复保险（die mehrfache Versicherung）、多重委托（das mehrfache Mandat），以及机构分立（das getrennte Konstitut）等情形。对于这些偶然的、无内在关联的连带债务，一个债务不受其他债务命运的影响，只是由于偶然产生的追偿（Regress）、债务承担契约（Expromission）以及恶意抗辩（exception doli）等原因，一债务人例外地主张其给付具有总括效力时才发生因一债务人的清偿而反射其他债务人的债务，使得其他债务人的债务因之而消灭的效果。

---

① Hellmuth Mönch, echte und unechte Gesamtschulden, Buchdruckerei Curt Mittag, Dresden, 1932, S. 10.

② Mitteis, Zur Lehre von den passive Gesamtschuldverhältnissen, Grünhuts Zeitschrift für das privat- und öffentliche Recht der gegenwart, 14, 1887, S. 419.

③ Mitteis, Zur Lehre von den passive Gesamtschuldverhältnissen, Grünhuts Zeitschrift für das privat- und öffentliche Recht der gegenwart, 14, 1887, S. 476.

3. 真正连带债务的产生具有相同的法律原因（eadem causa），比如同一个合同或者同一个侵权行为，而不真正连带债务的产生具有不同的法律原因，只是由于责任的偶然竞合，使得原来没有联系的债务发生了联系，服务于一个共同的目的。比如一方属于违约而另一方属于侵权，等等。①

艾泽勒在米塔斯的研究基础上，进一步提出：

1. 凯勒-里宾特洛甫所谓的"共同连带为具有复数主体的单一之债"的思想自相矛盾。无论是积极的共同连带（连带债权）还是消极的共同连带（连带债务），在每个债权人和债务人之间，事实上都存在着一个完整的债之关系。这些债权债务主体之间的关系并非虚空（inhaltsleer），而是具有符合债之本质的实实在在的内容，每个债权人均有权请求完全的给付，每个债务人均负担完全的给付义务。之所以产生共同连带为单一之债的假象（Schein），乃由于给付的同一性以及只可要求一次完整给付所造成，此外单一之债的理论能够相对合理地解释争点决定制度，但这些只不过是假象而已。凯勒-里宾特洛甫所谓的共同连带为单一之债而单纯连带为复数之债的认识法理依据不足，无论共同连带还是单纯连带，均属于复数之债。②

2. 争点决定制度自优帝时期开始事实上已被废除，只是由于《法律汇编》编纂者的添加附合，这一制度才不适当地保留了下来。这造成了第二个假象，似乎争点决定制度贯穿整个罗马法时期一直存续，也就是说罗马法一直以此为标准区分共同连带和单纯连带，而事实情况并非如此。随着后世对于《法律汇编》编纂过程中的各种添加附合行为的认识和研究，原先的假象已不复存在，争点决定制度在罗马法中后期事实上已经消亡。古典罗马法时期以及优帝时期并非如德国19世纪前半期普通法那样，区分共同连带和单纯连带。③

3. 单纯连带债务中那些具有给付同一性（Identität der Leistung）和原因同一性（Identität der causa）的真正单纯连带债务（echte Solidarität）与共同连带债务同其意义和性质，应该并入共同连带债务之中，比如共同侵权行为即应并入消极共同连带债务之中，而其他无法并入共同连带债务中的所谓的单纯连带的类型，艾泽勒暂时称其为不真正单纯连带

---

① Mitteis, Zur Lehre von den passive Gesamtschuldverhältnissen, Grünhuts Zeitschrift für das privat-und öffentliche Recht der gegenwart, 14, 1887, S. 477.

② Eisele, Korrealität und Solidarität, AcP 77, 1891, S. 458.

③ Eisele, Korrealität und Solidarität, AcP 77, 1891, S. 477.

（unechte Solidarität）。所谓的不真正单纯连带债务，是指数债务人分别对于债权人负担数个债务，因一债务人之完全给付，他债务人的债务亦因此而消灭，但是各债务之间无内在之关联，仅仅偶然地服务于债权人同一利益之满足之连带债务。比如就同一保险标的的重复保险行为，数个保险人之间即承担不真正单纯连带责任。再比如借用人因为过错遗失借用物，而第三人又非法毁损之，借用人与第三人之间同样产生不真正单纯连带责任。[①]艾泽勒认为此前普通法对于共同连带和单纯连带区分的理由，仅仅适用于不真正单纯连带的情形，艾泽勒赞同米塔斯的观点，认为现代的民法典不应该再区分共同连带和单纯连带。

《德国民法典》生效以后，因为该法典没有区分共同连带和单纯连带，而统一使用了连带债务的概念，艾泽勒笔下扩大了类型和适用范围的共同连带被德国学界称为真正连带债务（echte Gesamtschuld），而艾泽勒所谓的不真正单纯连带债务，则被德国学界称为不真正连带债务（unechte Gesamtschuld）。

4. 真正连带与不真正连带在法律效力上的唯一相同点是任一债务人的完全给付导致其他债务人的债务亦归于消灭。但是真正连带的产生系基于同一个原因事实，而不真正连带的数个债务各有其独立的发生原因，尽管数个债务服务于同一个给付利益，但是不真正连带债务关系中只存在给付利益的同一性，不存在债务发生原因的同一性。质言之，真正连带债务的产生具有相同的法律原因，而不真正连带债务的产生具有不同的法律原因。《德国民法典》正式施行以后，学者们据此提出《德国民法典》第421条以下，尤其是第426条所规定的追偿权，对于不真正连带债务应不适用。[②]

5. 尽管真正连带与不真正连带均因一债务人的给付而导致其他债务人的债务消灭，但其内在的法律过程完全不同。对于连带债务，一个债务人为给付导致其他连带债务人的债务消灭，因为一债务人与其他债务人负担同一之给付，所以一债务人之给付，亦为其他债务人之给付。而对于不真正连带债务，为给付的债务人仅仅为其自身所负担的给付，其他债务人的债务之所以得以免除，并非由于其债务亦被给付，而是由于全体债务所共同服务的利益不复存在，从而使得其他债务人的债务丧失了目的和客体（zwecklos und gegenstandslos），这一结果有时会导致其他

① Eisele, Korrealität und Solidarität, AcP 77, 1891, S. 464.
② Crome, Bürgerliches Recht Ⅱ, 1, S. 376；Dernburg, Bürgerliches Recht Ⅱ, 1, S. 450.

债务人的给付成为无过错的嗣后不能。①

6. 就不真正连带债务与当时正在起草的《德国民法典》第一草案当中所规定的连带债务的关系，艾泽勒认为：草案第 321 条第 2 款将共同连带与单纯连带作了同等化处理，即不再区分共同连带与单纯连带；而第 1 款则回避了连带债务的单复数问题，草案所采用的债务关系（Schuldverhältniss）的表达方式既能够包含单数的债务关系，又能够包含复数的债务关系。草案所确定的真正连带债务的构成要素有两个：排除给付的区分及给付的同一性（Ausschluss der Theilung und Einheit der Leistung）。这些内容同论文关于不真正连带债务的研究结论与最终建议不存在任何冲突。但是草案第 321 条以下关于连带债务的规定无法包含不真正连带债务的类型，因为尽管草案的这些条文中没有提及连带债务产生原因的同一性，但是连带债务产生原因的同一性事实上被隐含在"连带债务关系"（Gesamtschuldverhältniss）的表述当中了。因而，草案对于不真正连带债务问题没有涉及。

尽管正式通过的《德国民法典》对于不真正连带债务理论没有作出回应，但是米塔斯和艾泽勒的不真正连带债务理论在理论界和实务界产生了巨大影响，获得了许多学者的支持，其中不乏当时的法学名流。该理论对于帝国法院的司法裁判亦产生了重要影响。综合来看，德国学界和司法实务上曾经提出的不真正连带债务的具体案型主要包括：

1. 违约责任与侵权责任竞合型：比如借用人、保管人因过失而致借用物、保管物被盗，所有人对于借用人、保管人以及对于窃贼同时享有返还请求权。②

2. 侵权责任与保险责任竞合型：即侵权责任人与保险公司对于受害人均负有损害赔偿义务。③

3. 侵权责任与法定义务竞合型：比如侵权责任人对于被侵害的被抚养人、雇员的赔偿义务，与抚养义务人的抚养义务以及雇主的继续支付工资的义务竞合。④

4. 违约与侵权责任竞合，再与法定义务发生竞合型：比如在著名的富尔达（Fulda）教堂火灾案中，被告租用原告的教堂施放烟火，结果因为被告员工的过失而导致火灾，教堂被焚毁。本案中，被告因为过失对

① Eisele, Korrealität und Solidarität, AcP 77, 1891, S. 459、481.
② Horst Jürgens, Teilschuld-Gesamtschuld-Kumulation, Nomos Verlagsgesellschaft, 1988, S. 42.
③ Horst Jürgens, Teilschuld-Gesamtschuld-Kumulation, Nomos Verlagsgesellschaft, 1988, S. 42.
④ Horst Jürgens, Teilschuld-Gesamtschuld-Kumulation, Nomos Verlagsgesellschaft, 1988, S. 42.

于教堂的重建费用负给付义务，而国库作为教堂重建的法定义务人，对于教堂的重建费用亦负给付义务。①再比如军人因铁路运输事故身亡，其遗属对于铁道国库（Eisenbahnfiskus）以及对于军队国库（Militärfiskus）的请求权并存，二者对于遗属均负担给付义务。

5. 违约与侵权责任竞合，再与不当得利返还义务发生竞合型：比如借用人、保管人等合法占有人，将占有物无偿赠与第三人，借用人、保管人与第三人均负返还原物的义务。②

6. 侵权责任与不当得利返还义务发生竞合型：比如窃贼与无偿获赠赃物者对于所有人的返还义务。③

7. 违约与侵权责任竞合，再与返还原物请求权发生竞合型：这主要是指无权处分的情形，针对无权利人的处分行为，权利人有权要求无权处分人与恶意受让的第三人返还原物。

8. 侵权责任与违反法定义务竞合型：比如窃贼与买赃者对于权利人的返还义务等。④

9. 合同责任竞合型：比如对于购买行为、竞买行为（某一特定物）的多重委托，对于承揽（探测及打捞沉船）的多重委托，数个受托人、承揽人均负有同一之给付义务。某一受托人之完全给付，将导致其他债务人之给付成为无过错的嗣后不能。⑤再比如就同一保险标的的重复保险行为，数个保险人之间即承担不真正连带责任。⑥

10. 无主观联络的共同侵权行为的责任竞合型：比如在双方均有过错而致乘客以损害的交通事故中，造成损害的各方对于受害人均负担同一之给付义务，但是各方无意思联络，不存在共同目的，相同的给付义务仅仅因为偶然的原因而竞合，因而不发生真正连带。⑦

11. 有因债务与无因债务竞合型：比如第三人以抽象的债务约束契约（《德国民法典》第780条）对债权人承担给付买卖价款的义务，此情形下卖方对于买方和债务约束义务人均有权要求为给付，一债务人为给付以后，他债务人的债务亦因此而消灭。对于此类责任竞合究竟属于

---

① RGZ 82, S. 206ff.

② Walter Selb, mehrheiten von gläubigern und schuldnern, J. C. B. Mohr Tübingen, 1984, S. 143ff.

③ Walter Selb, mehrheiten von gläubigern und schuldnern, J. C. B. Mohr Tübingen, 1984, S. 148.

④ Walter Selb, mehrheiten von gläubigern und schuldnern, J. C. B. Mohr Tübingen, 1984, S. 148.

⑤ Eisele, Korrealität und Solidarität, AcP 77, 1891, S. 459、481.

⑥ Eisele, Korrealität und Solidarität, AcP 77, 1891, S. 461、462.

⑦ Werner Korintenberg, echte und unechte Gesamtschuld, Duisburg, 1931, S. 24.

真正连带还是不真正连带，帝国最高法院的见解迭有反复。帝国最高法院最先认为：此际债务人的债务不是真正的连带债务，而是不真正连带债务，因为无因的债务约束契约与有因的双务合同完全异其性质并且毫无牵连。然而没过多久，帝国最高法院即否定了该见解，认为此情形之下产生真正的连带债务。最后，帝国最高法院又恢复其原先的见解，认为此情形下产生不真正连带债务。[①]

12. 保证的情形：主债务成立后，保证人以保证合同承担保证责任的，债权人有权要求主债务人或者保证人履行债务，一债务人的履行导致他债务人债务的消灭，但是主债务人与保证人债务发生的原因不同，一为借款合同，一为保证合同，因此属于不真正连带债务。

综上，如果以债务产生原因的不同作为划分真正连带与不真正连带的标准，那么，正如德国学者霍斯特·于尔根斯所指出的那样，只要你愿意，你还可以任意列举出许多种不真正连带债务的案例类型出来。[②]

持不真正连带债务肯定说的学者认为：上述12类不真正连带债务的共同点为各债务人之间均不存在责任均等分担的问题，《德国民法典》第421条以下特别是第426条不能直接适用。根据债务发生的具体原因，已为给付的债务人可以要求最终责任人返还全部的给付，其请求权的基础可以是赔偿请求权的让与（《德国民法典》第255条），可以是法定的最终责任的承担（《德国民法典》第840条），也可以是与有过错（《德国民法典》第254条）、无因管理（《德国民法典》第677条以下）、不当得利（《德国民法典》第812条以下）或者诚实信用原则（《德国民法典》第242条），还可以类推适用《德国民法典》第426条法定追偿权的规定。例如在富尔达教堂火灾案中，帝国最高法院即认为国库支付教堂重建费用构成无因管理，本人（即被告、失火者）有义务返还管理人为此而支付的全部费用。

《帝国最高法院民事裁判集》第61卷当中首次采用艾泽勒的不真正连带债务思想，在一则判例中认为：尽管所有的个别债务服务于一个共同的目的，但是不应成立《德国民法典》第421条以下所谓的连带债务，因为数债务人的债务虽然具有同一的债务内容，但是这些债务系由于偶然的、各不相同并且毫无关联的原因所致。[③]

随着目的共同说的兴起和原因同一说的没落，帝国最高法院后来改

---

① Gruchotsbeitr. 59, Nr. 25, S. 354.

② Horst Jürgens, Teilschuld-Gesamtschuld-Kumulation, Nomos Verlagsgesellschaft, 1988, S. 42.

③ RGZ, 61, 61.

为采用主观目的共同说解释连带责任的构成要件，再后来又过渡到客观的目的共同说。而《参照帝国法院民事判例的民法典评注（RGRK）》也曾经认为：数债务人负担同一之给付既非债务人之所愿，又非出于追求目的之同一性，即不存在真正的连带债务，因为真正的连带债务须具备这两个要素。随着时间的推移和实践的深入，帝国最高法院于1922年10月17日作出了关于不真正连带债务问题的最后一则判例，在判词中，帝国最高法院认为："数被告对于原告负担债务，每一个被告均有义务作出全部的赔偿，而原告对于其损害只可以请求一次完全给付，所以数被告为连带债务人。"①至此，帝国最高法院事实上修改了其以往判例中关于连带债务的认识，放弃了连带债务须基于同一个原因事实、须具有共同的目的，否则即为不真正连带债务的思想。

四、《德国民法典》颁布以后不真正连带债务在德国的理论和实践动态

《德国民法典》第一草案和第二草案均没有区分共同连带与单纯连带，在第二草案的基础上修改通过的《德国民法典》最终坚持了这种不作区分的思想，按照《德国民法典》立法理由书的说明，不作该区分的理由主要有以下四点：

1. 德国普通法时代对于单纯连带和共同连带的区分尽管为当时学界的通说，但是对于区分的标准和意义学界的意见始终未能统一，存在着较大分歧。②这是《德国民法典》第一草案和第二草案不区分共同连带与单纯连带最主要的原因。

普通法时代对于单纯连带和共同连带的区分标准主要有三项：是否适用争点决定制度、债务关系的单复数、是否因同一个法律行为或者原因事实而产生。这三项区分标准至法典编纂时均遭到否定。首先，争点决定制度作为区分共同连带与单纯连带的最重要标准，事实上在罗马法中后期已经消亡，其合理性早在罗马法时期即受到怀疑，早已不符合《德国民法典》制定当时人们所持有的公平、正义观念，该制度不可能起死回生。其次，单纯连带为复数之债共同连带为单数之债的思想，亦为通说所抛弃，共同连带与单纯连带的复数说更加符合法律的现实思维，

---

① Da die Beklagten dem Kläger in der Weise haften, dass jede von ihnen dem Kläger den ganzen Schaden zu ersetzen hat, da aber der Kläger für seinen Schaden nur einmal Ersatz verlangen kann, so sind sie Gesamtschuldner. Seuff A. 78. Nr. 76.

② Motive zu dem Entwurfe eines bürgerlichen Gesetzbuches für das Deutsche Reich, Amtliche Ausgabe. Bd. 2, Berlin/Leipzig, 1888, S. 154.

能够更加合理地解释连带债务的各种法律关系和效果，已经成为法典编纂当时的通说。最后，共同连带的产生具有相同的原因，而单纯连带的产生必异其原因的观点，亦已为学界所不采，法典草案将数保证人分别承担保证的保证责任、后加入合伙的合伙人责任等均规定为连带责任，明显没有采用该观点。

2. 这种连带责任的二分法主要限于理论上的区分，一直没有找到统一的实践途径，在实践中未能获得一致的遵守。①

3. 在《德国民法典》之前颁布施行的《德国商法典》第 112、173、178、204、211、241、245、247、257、269、280、281 等条规定了诸多的连带责任的情形，但是并没有区分共同连带与单纯连带。此外，《德国民法典》之前的普鲁士普通邦法（ALR）第 424—453 条、《奥地利民法典》第 888—896 条、《法国民法典》第 1197 条以下、《瑞士联邦债法》第 155、159、162—170 条、《撒克逊民法典》第 1019—1038 条、《黑森邦民法典草案》第 5—13、240 条、《巴伐利亚邦民法典草案》、《德累斯顿邦民法典草案》等法律文件，都没有区分共同连带与单纯连带，连带债务制度的统一已然成为现代民法典的大势所趋。②

4. 连带债务的实践和经济目的之核心在于保障债权人债权实现的安全和便利，该原则对于单纯连带同样适用。为了实现这一目的，无须对连带债务区分不同的种类，即使对于极端个别的情形，债权人之一纯粹为了追求自身的利益，亦无须作此区分。此外，共同连带与单纯连带可否追偿，各依照其基础法律关系决定，在追偿权问题上，划分共同连带与单纯连带也已经丧失了意义。③

因此，《德国民法典》不区分共同连带与单纯连带，也没有区分真正连带与不真正连带，仅在第 421 条中规定："数人以各负全部给付的方式负担同一给付，而债权人仅有权要求一次给付的（连带债务人），债权人得任意对每一债务人要求全部或者部分给付。在债权未获全部清偿前，全体债务人仍应负责。"尽管《德国民法典》规定了统一的连带债务制度，对于共同连带与单纯连带、真正连带与不真正连带不作区分，

---

① Motive zu dem Entwurfe eines bürgerlichen Gesetzbuches für das Deutsche Reich, Amtliche Ausgabe. Bd. 2, Berlin/Leipzig, 1888, S. 154.

② Motive zu dem Entwurfe eines bürgerlichen Gesetzbuches für das Deutsche Reich, Amtliche Ausgabe. Bd. 2, Berlin/Leipzig, 1888, S. 154、155.

③ Motive zu dem Entwurfe eines bürgerlichen Gesetzbuches für das Deutsche Reich, Amtliche Ausgabe. Bd. 2, Berlin/Leipzig, 1888, S. 155、156.

但是围绕这些问题的后续争论并没有完全停止，而是以其他的形式表现出来，最主要的表现形式就是学界对于连带债务的概念和本质的探讨及争议。

早在《德国民法典》出台之前，艾泽勒即提出了原因同一说，以原因是否同一作为区分真正连带与不真正连带的标准，并且曾经影响了帝国法院的司法实践。但是，原因同一说很快即被否定，因为法典本身所规定的一些连带责任的情形均未以原因同一性作为成立连带责任的要件，比如法典第 769、840、841 等条即如此，对此上文已有述及。

《德国民法典》出台之后，德国学界关于连带债务的本质又相继提出了以下观点：

1. 目的共同说（Zweckgemeinschaft）：目的共同说是在否定原因同一说的过程中产生的，该说一度成为德国学界非常有影响的学说，对于帝国法院以及后来的联邦法院的民事裁判亦曾产生重要影响，主张该学说者众，比如恩内克鲁斯（Enneccerus）、Siber、Staudinger、Warneyer、Cosack、拉贝尔（Rabel）、克林米勒（Klingmüller）等。目的共同说划分为两个流派：主观目的共同说和客观目的共同说。主观目的共同说认为，以原因是否同一作为区分真正连带与不真正连带的标准过于狭窄，并且与《德国民法典》的规定不符。应该以主观目的是否同一作为判断真正连带与不真正连带的标准，数债务人负担同一债务，一债务人的给付导致其他债务人的债务消灭，而各债务人主观上具有同一之给付目的时，为真正连带债务，否则为不真正连带债务。对于不真正连带债务，《德国民法典》关于给付发生总括效力的事项、关于受领迟延的规定不能直接适用，关于连带债务人之间相互追偿的规定的适用原则上应予排除。主观目的共同说部分地克服了原因同一说的缺陷，扩大了连带责任的解释和适用范围，但是该说对于某些法定连带责任无说服力，无法合理解释共同过失侵权行为人之间的连带责任（比如交通事故），此外亦无法合理解释一个连带责任人对于他连带责任人的存在毫不知情时的连带责任情形（比如共同保证，《德国民法典》第 769 条）。客观目的共同说则认为，应该以客观目的是否同一作为判断真正连带与不真正连带的标准，各债务人客观上具有同一之给付目的时，为真正连带债务，否则为不真正连带债务。该说的不足之处在于："客观目的共同"这个概念的具体含义比较模糊，缺少清晰、明确的判断标准，实乃一空洞形式（Leer-

formel)，并且以该理论解释某些法定连带债务的情形亦比较勉强。①

2. 给付同一说（Identität der Leistung）：《德国民法典》第一草案第322条就连带债务曾经规定："所有连带债务人之给付内容应该相同，且须为一个相同全部之给付。但一连带债务人为完全责任，其他债务人的债务可以附条件或期限。"经修改后正式颁布的《德国民法典》第421条规定："数人以各负全部给付的方式负担同一给付，而债权人仅有权要求一次给付……"，一些学者据此认为，给付的同一性构成连带债务的本质特征，不具有给付同一性的债务，不是连带债务。②中国学者亦有持此说者，比如戴修瓒、胡长清、王伯琦、孙森焱、陈世荣等，戴修瓒即认为："对同一债权人，甲负金钱债务，乙负交付马匹债务，丙负供给劳务债务时，不得成立连带债务。"③该学说难以令人信服，赞同者寥寥。原因在于：一方面，给付同一性并非成立连带债务的绝对要件，不具有给付同一性的债务，有时亦可以成立连带债务。比如对于建筑的设计、施工和监理行为属于不同的给付义务，在各债务人均违反义务时，尽管给付义务各不相同，仍可成立连带债务。再比如按照《德国航空法》（LuftVG）第41条，各赔偿义务人只在其赔偿最高限额内承担连带赔偿责任（部分连带：Teil-Gesamtschuldnerschaft），而各义务人的赔偿限额并不相同。至于数债务人的给付，有附条件者，也有不附条件者，给付地点以及诉讼时效可以互异，则不影响给付的同一性，仍视为同一之给付。另一方面，具有给付同一性的债务，并非必然成立连带债务。比如，债权人可以请求A给付某物，因为债权人自A处购买了该物；债权人也可以请求B给付某物，因为B将该物出卖给了债权人的被继承人。在此情况下，A和B都负有交付某物的义务，但是无论如何A和B不是连带债务人。④再比如，某建筑商为了能够如期完工，为了保险起见，对于某一紧俏建材与不同的供货商签订了多个买卖合同，期望至少能够有一个债务人如期供货。在此情况下，所有的债务人均承担相同的义务，但是一债务人的给付不能免除其他债务人的给付义务，各债务人非连带债务

① Hellmuth Mönch, echte und unechte Gesamtschulden, Buchdruckerei Curt Mittag, Dresden, 1932, S. 26-31.

② Hellmuth Mönch, echte und unechte Gesamtschulden, Buchdruckerei Curt Mittag, Dresden, 1932, S. 14-17.

③ 戴修瓒：《民法债编总论》，会文堂新纪书局1947年版，第333页。

④ Enneccerus, Lehmann, Recht der Schuldverhältnisse, Mohr Siebeck Tübingen, 1958, S. 361.

人。①在多重委托的情形下，各受托人均有义务为特定给付（比如探测打捞某一沉船、购买某一特定艺术品等），各受托人的给付具有同一性，一债务人的给付导致其他债务人的给付不能，但是各受托人并非连带债务人。在债权人及其代理人或者债权人的数个代理人均自某一债务人处购买一特定物时，以及在特定物一物数卖时，卖方对于各购买人均负担给付该特定物的义务，各购买人亦非连带债权人。②

3. 履行共同说和清偿共同说（wechselseitige Tilgungsgemeinschaft；wechselseitige Erfüllungsgemeinschaft）：履行共同说认为连带债务以多数债务之间具有以履行共同为必要条件，履行共同为连带债务的本质特征，履行共同的发生以法律有规定或当事人有约定为限，而对于有无履行共同的判断标准，泽尔伯主张以各个债务具有同阶层性为必要，而 Wolf 则主张以给付效果具有同一性为必要。清偿共同说与履行共同说的基本观点极为相似，唯履行共同强调主观的履行意思，而清偿共同则强调客观的履行效果。清偿共同说和履行共同说的理论基础和法律依据在于《德国民法典》第 422 条第 1 款所规定的 "一连带债务人的履行对于其余连带债务人亦发生效力，代替履行的给付、提存和抵销，亦同"。履行共同说和清偿共同说能够合理地避免累积债务的产生，从而排除债权人重复请求和受偿，但是履行共同说和清偿共同说所采用的证明方法为反证（Zirkelschluss），有倒因为果之嫌。将任一连带债务人为给付对于其他连带债务人所发生的总括效果，作为连带债务的产生原因和存在与否的判断标准，缺少法理依据和逻辑的周延性。目前学界认同该学说的学者为数不多，一些原先认同该说的学者纷纷改弦更张，另求新解，比如拉伦茨教授等，履行共同说和清偿共同说被认为属于过渡性学说。

4. 同一阶层性说（Gleichstufigkeit）：以各债务人对于债务发生原因力的远近为标准，将债务人作不同层次区分的思想，最早由学者拉贝尔（Rabel）提出，后来学者泽尔伯和拉伦茨等人进一步发展和完善了该思想。该说认为，债务人对于某一给付义务具有同一阶层性时，各债务人之间才有可能成立连带债务。对于不同阶层的债务，债务系由直接责任人引发，该直接责任人距离损害较近而应该终局负责，其他债务人只是提供了损害发生的可能性，因而距离损害较远，距离损害较远的债务人的给付具有预付性质，其给付以后有权依让与请求权等规定，要求直接

---

① Larenz, Lehrbuch des Schuldrechts, Band 1, 14. Aufl. C. H. Beck München, 1987, S. 633.

② Hellmuth Mönch, echte und unechte Gesamtschulden, Buchdruckerei Curt Mittag, Dresden, 1932, S. 17.

责任人全额返还给付，在此情况下不存在连带债务。①关于是否构成同一阶层性的判断标准问题，该说认为：这个问题无法用一个简单的公式予以回答，在法无明文时，对于依法律行为成立的债务，应该根据法律行为的内容、可探求的债务发生的意义和目的等予以判断，对于法定债务，则可以类推适用最近的法律规定。同一阶层性说目前在德国学术界影响巨大，众多学者赞同该学说，成为德国学界关于连带债务本质特征之通说。但是该说亦存在不足，该说对于某些法定连带债务的情形，比如对于契约当事人与履行辅助人之间的连带债务、监督义务人与被监督人之间的连带债务、动物饲养人与第三人之间的连带债务等（《德国民法典》第 840 条第 2、3 款）无法适用，通说认为这些法定连带债务欠缺义务的同阶层性。

以上各说，目的均在于探求连带债务的本质和具体、明确的判断标准，试图确立统一的连带债务的概念，区别在于持第一说的学者多肯定不真正连带债务之存在，而持后面三说的学者多否定不真正连带债务之存在。上述各学说为解释连带债务提供了不同的视角和方法，均有可取之处，亦各有其不足，从目前学界的讨论来看，同一阶层性说被认为是弊端最小而解释功能最强大的学说，成为德国学界现今之通说。

从司法层面上看，1945 年以后德国联邦最高法院对于法律没有明确规定、当事人也没有明确约定的争议案例，开始的时候一度采用目的共同说，以此判断多数债务人是否须负连带债务。随着同一阶层性说的提出和流行，联邦最高法院遂放弃了目的共同说，改为采用同一阶层性说，目前同一阶层性说为联邦最高法院所采用的主要的判断连带非连带的标准。②与帝国最高法院的司法裁判相比较，德国联邦最高法院避免使用"真正的连带债务"这个概念，仅仅就个案中多数债务人是否为连带债务人作出判断，这与帝国最高法院的司法裁判明显不同。帝国最高法院的司法裁判一再使用"真正的连带债务"这个概念，使人有理由认为除了"真正的连带债务"外，还存在着"不真正连带债务"。事实上帝国最高法院对于"不真正连带债务"的存在也明确承认，而联邦最高法院对于"不真正连带债务"的态度却极为审慎，鲜有正面提及和回应。这与 1930 年开始出现的对于不真正连带债务思想的激烈批评有关，此后批评和否定的声音不断，有关的研究越来越深入，司法部门对于这些最新

---

① Ehmann, Die Gesamtschuld, Duncker&Humblot/Berlin, 1972, S. 67ff.

② BGHZ 106, 313, 319；108, 179, 182；120, 50, 56；137, 76, 82.

的研究成果极为重视。

当代德国许多学者对于"不真正连带债务"思想持否定态度，比如拉伦茨、泽尔伯、梅迪库斯、帕兰特（Palandt）、文德浩（Wendehorst，现已加入瑞士籍）等，综合来看，否定的理由主要包括：

1. 主张区分真正连带与不真正连带的学者从来都没有成功地将"不真正连带债务"与"真正连带债务"区分开来，特别是经常采用的真正连带债务需要具有法律目的的共同关系意义上数种义务内在联系的这一表述，被证明为并不具有充分的陈述力。[①]肯定不真正连带债务思想的学者用来定义不真正连带债务所谓的"偶然结合"的标准历来含义模糊，在理解上因人而异，不具有普适性。

2. 区分真正连带与不真正连带的初衷之一在于排除错误的求偿权，担心某些情形下按照真正连带处理将导致错误的求偿关系的发生。因为根据《德国民法典》第426条："除另有规定外，各连带债务人在相互关系中应平均分担义务。"如果保险人、抚养义务人、雇主或者国库为给付以后，侵权人得以免责，或者侵权人为给付以后有权向上述给付义务人要求返还一半的给付，这将导致不公平的后果。因此，在一方应终局性负责的情况下，即不存在真正的连带债务。这个观点在德国学界存在了很长时间，直到今天仍然存在这种疑虑，但是这种疑虑不能成立。因为连带债务人在相互关系中应平均分担义务纯为一原则性规定，该原则的适用以法律或合同没有不同规定为前提（《德国民法典》第426条），《德国民法典》第840条第2、3款所规定的多种连带责任，均存在着终局责任人，这丝毫不妨碍连带债务的成立。早在帝国时期，法院即将《德国民法典》第254条所规定的与有过错原则运用于确定各连带债务人最终应承担的份额当中，而并非完全遵照"各连带债务人在相互关系中应平均分担义务"这个原则，联邦法院继承了帝国法院的该观点。实际上，连带债务人在内部责任的分配上，可以从0到1，既可能不承担责任，也可能承担100%的责任，这属于连带债务消灭阶段的追偿问题，对于连带债务能否成立不发生影响，排除求偿权无须借助不真正连带债务思想和制度。

3. 反观上述12类所谓的不真正连带债务案型，其中第1类和第2类，各债务人的债务不具有同一阶层性，不成立连带债务，应该适用

---

① ［德］迪特尔·梅迪库斯：《德国债法总论》，杜景林、卢谌译，法律出版社2004年版，第609页。

《德国民法典》第 255 条赔偿请求权让于的规定。第 3 类和第 4 类案型同样不具有同一阶层性，因此不发生连带债务，受害人领取保险金和军人抚恤金以后，仍然有权要求侵害人给予赔偿。按照《保险合同法（VVG）》《社会法典（SGB）》《联邦社会救助法（BSHG）》以及《德国民法典（BGB）》（第 1607 条 2 款）等法律的规定，雇主和社会救助机构等主体支付工资和生活费以后，发生法定的请求权让与的效果，受害人的损害赔偿请求权依法转归雇主和社会救助机构等享有。而依照《社会法典（SGB）》第 116 条第 10 款，某些情形下侵权行为一发生，无论社会保险承办机构是否已经为给付，受害人的请求权即自动转归社会保险承办机构享有，受害人只能向社会保险承办机构要求给付，无权要求侵权人为给付，只有社会保险承办机构可以向侵权人追索，在此情形下根本不存在复数的债务人，因而断无连带债务可言。而第 5、6、7、8、10、11 类案型为典型的连带债务；第 9 类属于普通债务，与连带债务无关；第 12 类则属于法定的请求权让与情形，同样不属于连带债务。因此，除非法律明确规定或者当事人明确约定为连带债务外，欠缺义务的同阶层性（gleichstufig）、同级别性（gleichrangig）的债务不是连带债务，在《德国民法典》的现行体系内，根本不存在什么不真正连带债务的问题。①

最后，按照德国学界目前的通说，以下各点尚需注意：

1. 《德国民法典》第 421 条关于连带债务的规定是不周延的，属于对债务连带性的最低要求，满足这个要件并非即成立连带债务。②

2. 不具有同一层次性的相同给付义务，不是连带债务，符合《德国民法典》第 255 条赔偿请求权让与的规定时可以适用或者类推适用该条规定，如果距离损害较近的债务人作出了完全给付，那么距离损害较远的债务人的给付义务消灭，此情形下不发生求偿关系。如果债权人对距离损害较远的债务人提出请求，该债务人有权要求债权人向其让与债权人对于距离损害较近的债务人的损害赔偿请求权，否则有权拒绝赔偿。这与连带责任的情形明显不同，连带债务人并不享有此项抗辩权。无论距离损害较远的债务人是否行使该项抗辩权，其给付只具有预付性质，距离损害较远的债务人的给付行为并不导致距离损害较近的债务人的给付义务消灭。如果距离损害较远的债务人不行使该项抗辩权，没有要求债权人让于其对于距离损害较近的债务人的请求权即作出了给付，距离

---

①　Larenz, Lehrbuch des Schuldrechts, Band 1, 14. Aufl. C. H. Beck München, 1987, S. 635.

②　[德] 迪特尔·梅迪库斯：《德国债法总论》，杜景林、卢谌译，法律出版社 2004 年版，第 609 页。

损害较远的债务人作出给付以后仍然有权要求权利人让与该赔偿请求权，在债权人受领了距离损害较近的债务人的给付以后（第二次受领），距离损害较远的债务人有权要求债权人返还自己原先所作的给付。距离损害较远的债务人为给付以后距离损害较近的债务人的给付义务不消灭，非不真正连带债务思想所能解释，因为对于不真正连带债务，债权人只可以要求一次完全给付，一债务人为完全给付以后，他债务人的债务即消灭。同样，距离损害较远的债务人为给付以后距离损害较近的债务人的给付义务不消灭，与连带责任的情形也不同，一连带债务人为给付以后，其他连带债务人的给付义务均消灭，债权人对于其他连带债务人的请求权亦消灭，已为给付的债务人对于其他连带债务人享有法定的代位求偿权（《德国民法典》第 426 条）。可见，《德国民法典》第 255 条既不能适用于连带债务的情形，又不能适用于所谓的不真正连带债务的情形，《德国民法典》第 255 条之适用排除《德国民法典》第 422—426 条的适用。①

3. 具有明显主从关系的债务（从属债务和补充债务）不是连带债务，也不是不真正连带债务。从债务人仅仅承担次要的和补充的责任，债权人无权任意向债务人为请求，只能首先向主债务人为请求，因此不符合连带债务的本质特征。比如保证人保留了先诉抗辩权的保证债务，即属于具有主从关系的债务（《德国民法典》第 771 条），保证人只承担第二位的、补充的责任。

4. 请求权法定转移（cessio legis）的情形，不是连带债务，也不是不真正连带债务。比如保险公司或者社会保障机构给付保险金、赔偿金以后，侵权等责任人的损害赔偿义务并不消灭，被保险人的请求权即依法转移给保险公司或者社会保障机构（《德国民法典》第 843 条第 4款），保证的情形亦发生请求权的法定转移，因此保证人的责任并非连带责任（《德国民法典》第 774 条）。此外，《德国民法典》第 1607 条还规定了扶养请求权的法定转移。之所以说请求权法定转移的情形不是连带债务，也不是不真正连带债务，是因为社会保险承办机构、保证人等第二顺位债务人作出给付以后，侵权责任人等第一顺位债务人的债务并没有因此而消灭，只是请求权主体依照法律规定发生转移而已。《德国民法典》第423 条关于免除的效力、第 424 条关于债权人迟延的效力（既然第二顺位债务人的给付不能使第一顺位债务人免责，那么债权人对于第二顺位债务

---

① Larenz, Lehrbuch des Schuldrechts, Band 1, 14. Aufl. C. H. Beck München, 1987, S. 637 Fn. 20.

人的受领迟延同样不应该使第一顺位债务人受益！）以及第 426 条关于补偿和追偿的效力，对于请求权法定转移的情形均不能适用。[①]

5. 协同债务不是连带债务，也不是不真正连带债务。所谓协同债务，是指须由数人一致协力方得以完全给付的债务，比如乐队的演出、表演团体的演出、须团队协力的复杂手术、对共有物的处分行为等。协同债务须全体债务人一致协力完成，任一债务人均无作出完全给付之能力，所以非连带债务，亦非不真正连带债务。但是对于不履行的损害赔偿，为金钱债务，当事人可以约定各债务人对于损害赔偿的金钱之债，负连带责任。[②]

6. 消极累积债务不是连带债务，也不是不真正连带债务。累积债务是指债权人针对同一损害可以获得数倍叠加的给付的债务制度。罗马法时期累积债务制度曾经长期存在，但是该制度与近代以来人类的公平、正义观念明显不符，该制度使债权人过度受偿、债务人过度负担，因而近代以来的法律鲜有肯定积极累积债务制度的（以法律行为设立积极累积债务为法所不禁！），但是对于不作为累积债务（消极累积债务），则认可其存在，不作为累积债务是指每个债务人都承担相同的不作为义务，债权人有权要求全体债务人不为某种行为。不作为累积债务不是连带债务，也不是不真正连带债务。任一债务人均无法完成完全的给付，但是对于不履行的损害赔偿，当事人可以约定各债务人负连带责任。

五、旧中国以及现今我国台湾地区对于不真正连带债务思想的继受

中国现代意义的连带债务制度始于清末的法制改革，《大清民律草案》第 483 条规定："数人担负债务各任清偿之责，并约定一债务人清偿债务他债务人对于债权人亦得免其债务者，为连带债务人，而任连带之责。"稍后的"民国民律草案"第 392 条规定："数人依法令或法律行为同负债务，而各债务人对于债权人各负全部给付之责任者，为连带债务。"[③]正式颁布施行的旧中国民法典第 272 条规定："数人负同一债务，明示对于债权人各负全部给付之责任者，为连带债务。无前项之明示时，连带债务之成立，以法律有规定者为限。"关于连带债务的对外效力，该法典第 274—278 条规定，发生于任一债务人的清偿、代物清偿、提存、

---

① ［德］迪特尔·梅迪库斯：《德国债法总论》，杜景林、卢谌译，法律出版社 2004 年版，第 611 页。

② Selb, Mehrheiten von Gläubigern und Schuldnern, Tübingen, 1984, S 9.

③ 杨立新点校：《大清民律草案民国民律草案》，吉林人民出版社 2002 年版，第 61、255 页。

抵销、混同、确定判决、受领迟延，为他债务人的利益具有绝对（总括）效力，免除、时效完成以及特定之抵销具有限制性总括效力，此外的其他事项，以当事人无不同约定为限，其利益或不利益对其他债务人不生效力。关于连带债务的对内效力该法典第 280 条规定："连带债务人相互间除法律另有规定或契约另有订定外，应平均分担义务。但因债务人中之一人应单独负责之事由所致之损害及支付之费用，由该债务人负担。"第 281 条规定："连带债务人中之一人因清偿、代物清偿、提存、抵销或混同，致他债务人同免责任者，得向他债务人请求偿还其各自分担之部分，并自免责时起之利息。前项情形，求偿权人于求偿范围内承受债权人之权利。但不得有害于债权人之利益。"关于不真正连带债务，该法典未作明确规定，但是理论界对其一直持肯定态度，司法裁判上亦持肯定态度。

旧中国民法典（第 272 条以下）与《德国民法典》（第 421 条以下）所规定的连带债务制度的最大区别在于：前者自立法之初即强调"约定""依法令或依法律行为""明示""以法律有规定者"等成立要件，关于连带债务的本质系采纳法定连带除外的主观目的共同说，法定连带债务以外的其他连带债务的成立以当事人具有承担连带责任的明示意思表示为要件，而后者则没有规定连带债务之成立须具有同一的产生原因或者债务基础，也没有规定当事人须具有明示的连带意思这个要件，只是要求债务人为复数、每一个债务人都有义务履行全部的给付、给付具有同一性以及债权人只可以要求一次完全给付（即一债务人为完全给付以后，其他债务人的债务亦因此而消灭）这四个要件。[1]这是导致当代德国最新的学说及判例与旧中国以及现今我国台湾地区学界对于不真正连带债务的认识存在巨大区别的一个不可忽视的原因。

依照旧中国民法典关于连带债务的规定，连带债务的构成要件有五点：债务人为复数；每一个债务人都有义务履行全部的给付；给付具有同一性；债权人只可以要求一次完全给付；法律明确规定为连带债务或者当事人有明示发生连带的意思。某一债务关系同时符合上述所有构成要件，通常即成立连带债务。但是在法律实践中时常会发生这样的情形：债务人为复数，每一个债务人都有义务履行全部的给付，给付具有同一性，债权人只可以要求一次完全给付，但是法律没有规定此情形下债务人须承担连带责任，当事人也没有明示承担连带责任的意思。旧中国学

---

① Werner Korintenberg, echte und unechte Gesamtschuld, Duisburg, 1931, S. 18.

界继受了德国法学上的概念和思想，称此情形下的债务为不真正连带债务，这就是旧中国学术界所谓的不真正连带债务的由来。

关于何为不真正连带债务，旧中国和我国台湾地区学界主要存在两种观点，一种以原因同一说为区分基础，戴修瓒、史尚宽和孙森焱等学者坚持该观点，①另一种以目的共同说为区分基础，郑玉波、陈荣隆等学者坚持该观点。②但是这两种观点的区别并非十分明显，因为以原因同一说作为区分基础的学者同时亦主张有无目的共同这个要件，甚至认为"有无目的之共同，为连带债务与不真正连带债务根本区别之所在。"③这样的解释事实上淡化了两种观点之间的界限，最终都与旧中国民法典的规定保持了一致。旧中国以及现今我国台湾地区的法院在"司法"实践中作出了大量有关不真正连带债务的判决，④这些判决主要采纳了史尚宽先生关于不真正连带债务的概念和思想体系。比如1983年台上字第3558号"判决"谓："所谓不真正连带债务，系数个债务人基于不同之发生原因，对于债权人负以内容相同之给付为标的之数个债务，因一债务之完全履行，他债务因目的之达到而消灭之法律关系。"⑤这个定义与史尚宽先生的定义完全一致。

关于连带债务与不真正连带债务的区别，旧中国以及现今我国台湾地区学界的通说认为主要包括以下三点：⑥

---

① 比如史尚宽先生认为："不真正连带债务，谓数债务人基于不同之发生原因，对于债权人负以同一之给付为标的之数个债务，依一债务之完全履行，他债务因目的之到达而消灭之法律关系。"先生关于不真正连带债务的定义，明显采纳了艾泽勒首创的原因同一说，与前文中艾泽勒关于不真正连带债务的思想及定义几无差异。但是，以债务产生的原因是否同一作为区分连带与不真正连带的标准，在《德国民法典》连带债务的立法模式下无法立足，这早已为德国的法律实践所证明，原因同一说作为最早产生的关于连带债务本质的学说，也是最早被淘汰的学说。旧中国民法典关于连带债务的规定，并没有采纳原因同一说，而是采纳了法定连带除外的主观目的共同说。准此以言，单纯以债务产生原因的不同作为判定不真正连带能否成立的一个标准，显然与旧中国民法典的规定不符。参见史尚宽：《债法总论》，荣泰印书馆1954年版，第642页。

② 郑玉波：《民法债编总论》，中国政法大学出版社2004年版，第388、425页。

③ 史尚宽：《债法总论》，荣泰印书馆1954年版，第642~643页。

④ 王千维：《论可分债务、连带债务与不真正连带债务》，载《中正大学法学集刊》2002年第7期，第32~35页。

⑤ 戴森雄编：《民事法裁判要旨广编》（第6册），第419页，转引自陈聪富：《论连带债务》，台湾大学1989年硕士论文，第134页注释［310］。

⑥ 参见戴修瓒：《民法债编总论》，会文堂新纪书局1947年版，第360页；史尚宽：《债法总论》，荣泰印书馆1954年版，第642~643页；郑玉波：《民法债编总论》，中国政法大学出版社2004年版，第425页。

1. 不真正连带债务的各债务必异其发生原因，而连带债务的发生通常系同一原因所致，但也可以异其原因。

2. 连带债务有目的之共同，而不真正连带债务仅具有偶然的标的同一，不具有目的之共同。有无目的之共同，为连带债务与不真正连带债务根本区别之所在。

3. 连带债务各债务人之间必有负担部分，而在不真正连带债务中，原则上各债务人之间无负担部分，因而无求偿关系，即使有也与连带债务的求偿关系性质不同。

针对上述区别，本书认为，在旧中国民法典明确采纳法定连带除外的主观目的共同说的基础上，只有第二点区别能够成立，在原因是否同一以及有无求偿权问题上，无法将连带债务与不真正连带债务准确区分开，因为连带债务的发生也可以异其原因，连带债务人之间同样可以无分担部分（旧中国民法典第 280 条）。况且，我国台湾地区理论及“司法”实务上，往往并非将各债务人之间无负担部分作为判断不真正连带债务之成立要件，而是作为不真正连带债务成立之后，于各债务人之间所发生之效果。①法律效果无法取代法律制度之间相互区分之原因和前提。

关于不真正连带债务的具体类型，根据旧中国和现今我国台湾地区学者所作的归纳，主要包括：②

1. 数人就各别之债务不履行，而负同一之损害赔偿债务。比如甲负责提供材料，乙负责加工，因所提供材料及工作之不完全，定作人发生损害，甲乙各负损害赔偿债务，而标的同一。再比如，丙筹办拳击比赛，与甲乙二拳师分别缔约，在约定的时间和地点，甲乙二人均未出场。针对第一例，本书认为：不真正连带债务的成立需要给付具有同一性，提供材料和加工属于不同的给付，除非当事人之间具有明确约定，材料提供者不应对加工负责，加工者也不应对材料的瑕疵负责，二者负担的给付并不同一，不具备不真正连带债务对于给付同一性的要求。针对第二例，本书认为：这是典型的协同债务，任一债务人均无法作出完全的给付，这不是连带债务，也不是不真正连带债务，因为二人各负不同的给付，一人的给付无法免除他人的给付义务，与所谓的不真正连带债务根

---

① 王泽鉴：《法律思维与民法实例：请求权基础理论体系》，中国政法大学出版社 2001 年版，第 162 页。

② 参见史尚宽：《债法总论》，荣泰印书馆 1954 年版，第 643~644 页；郑玉波：《民法债编总论》，中国政法大学出版社 2004 年版，第 426 页。

本不符。

2. 数人就各别之侵权行为，使他人蒙受同一之损害。比如甲不法占有他人之物，乙不法毁灭之，甲乙对于所有人各自独立负损害赔偿债务。针对该案型，本书认为：甲作为不法占有人，负返还原物的义务，现原物已毁灭而无法返还，只能赔偿损害；而乙作为物之毁灭人，同样负损害赔偿义务，二者的给付义务具有同一性。但是甲作为不法占有人并没有毁灭该物，乙的毁灭行为改变了甲给付义务的内容加重了甲的负担，乙是直接责任人，距离损害较近，而甲只是间接责任人，距离损害较远，这完全符合旧中国民法典第 228 条关于让与请求权之规定，[①]如果乙作出赔偿，甲的赔偿义务当然消灭，但是如果甲作出了赔偿，乙的赔偿义务并不消灭。因为如果乙对于所有人的赔偿义务消灭，即意味着所有人的损害赔偿请求权也随之消灭，那么所有人将没有请求权可以让与给甲了，[②]所以该类案型与所谓的不真正连带债务同样不符。

3. 一人之债务不履行，与他人之侵权行为相竞合。比如因承租人之不注意，租赁物被第三人毁坏或盗取；因保管人之不注意，保管物被第三人破坏或盗取，此时承租人、保管人与第三人，对于出租人或寄托人各负损害赔偿义务。对于该案型，本书的看法与上述第二种情形相同。

4. 契约上之损害赔偿债务之竞合。比如在重复损害保险契约，债权人对于两债务人（不同的保险公司）均得请求全部损害之赔偿。针对该案型，本书认为，如果一债务人为给付以后，他债务人的给付义务并不消灭，比如航空意外保险等，那么各债务人之间不存在真正连带债务，也不存在不真正连带债务，而是彼此独立之债务。而如果一债务人为给付以后，他债务人的给付义务消灭，假设投保人就价值 3000 万的保险标的分别向两家保险公司投保了 2000 万和 1000 万的火灾险以后，如果投保人对于保险期间内某次火灾所造成的损失 500 万元，有权要求任一家保险公司给付部分或者全部赔偿，一保险公司为给付以后，他保险公司的给付义务在给付的数额内消灭，为给付的保险公司有权要求另一保险公司按照承保比例分担其给付。此时，数个保险公司所承担的保险赔偿责任，在对于连带债务之成立采纳准则主义之国家（地区），就是连带责任（真正连带），而在对于连带债务之成立采纳法定连带除外的主观目的共同说之国家（地区），除非法律（保险法）明确规定或者当事人

[①] 旧中国民法典第 228 条规定："关于物或权利之丧失或损害，负赔偿责任之人，得向损害赔偿请求权人请求让与基于其物之所有权，或基于其权利对于第三人之请求权。"

[②] Larenz, Lehrbuch des Schuldrechts, Band 1, 14. Aufl. C. H. Beck München, 1987, S. 559.

明确约定此情形下各个保险公司须承担连带责任（真正连带），否则只是发生请求权竞合而已，有些学者则称其为不真正连带债务。但是，自罗马法以来，大陆法系鲜有将重复保险的数保险人之间须承担的责任规定或者解释为连带责任者，而是规定为按份责任，即各保险人只需按照其承保的保险金额与保险金额总和之比例承担赔偿责任，对于超出该比例以外的其他损害，则不负赔偿责任。因此，此情形下既不存在真正连带债务，又不存在不真正连带债务（我国《保险法》第 41 条、我国台湾地区"保险法"第 38 条）。

5. 契约上之损害赔偿债务与债务不履行之损害赔偿债务之竞合。比如丙出租房屋给甲，同时将该房向保险公司乙投保，甲因重大过失烧毁该房屋时，则甲与乙对丙负不真正连带债务。对于该案型，本书的看法与上述第 2 种情形相同。

6. 契约上之损害赔偿债务与侵权行为之损害赔偿债务之竞合。比如放火人之赔偿债务与保险公司之赔偿债务。对于该案型，本书的看法与上述第 2 种情形相同。

7. 契约上债务之竞合。比如多重委托，甲对丙负有搜索某特定美术品的债务，乙对丙亦承担同样的债务，因一债务人之履行，他债务因达其目的而消灭，故应解为存在不真正连带债务。对于该案型，首先应明确，多重委托与受托人为复数不是同一个概念，在多重委托中存在着多个委托关系，比如分别与两个律师事务所的两名律师就同一诉讼签订了两份委托合同，而受托人为复数是指在同一个委托关系中受托人为两人以上的情形，比如与某一律师事务所的两名律师就同一诉讼签订了一份委托合同。受托人为复数时，各受托人通常须承担连带责任，这是大陆法系各国立法或解释之通例。我国《合同法》第 409 条规定："两个以上的受托人共同处理委托事务的，对委托人承担连带责任。"对于上文搜索美术品的事例，本书认为：如果当事人之间没有明确约定，一债务人之履行，并不导致其他债务人的给付义务消灭，而仅仅使其他债务人的给付成为嗣后不能，其他债务人对此没有过错，不应当对该债务的不能履行承担责任，所谓的"他债务因达其目的而消灭"不符合法理，这里根本不存在不真正连带债务的问题。[1]而在多重委托律师的情形，一债务人（律师）的给付，不能导致其他律师的给付义务消灭，其事理更加明显。

---

[1] Eisele, Korrealität und Solidarität, AcP, 77, 1891, S. 461-462.

8. 基于法律规定之债务与契约上之债务之竞合。比如一债务人依契约，他债务人依法律的规定共负扶养某一人之债务。该类案型能够成立旧中国民法学意义上的不真正连带债务。

综上所述，本书认为，因为旧中国民法典对于连带债务的本质采纳了法定连带除外的主观目的共同说，在其施行过程中有可能产生与连带债务极其类似但是并非连带债务的债务关系——不真正连带关系，但是旧中国以及现今我国台湾地区学界所归纳出来的许多不真正连带债务的案型，有些属于普通债务，应当适用旧中国民法典第 228 条让与请求权的规定，不构成不真正连带债务，有些属于协同债务或者嗣后给付不能，同样不构成不真正连带债务，真正能够成立的不真正连带债务的案型实际上很少。

关于不真正连带债务的对内对外效力，旧中国以及现今中国台湾地区学界通说认为：不真正连带债务非连带债务，所以关于连带债务之规定，不当然适用于不真正连带债务，然而旧中国民法典对于不真正连带债务未作具体规定，因此其效力应依理论决定。在对内效力方面，不真正连带债务人之间并不当然发生求偿关系，但因其各自所负债务性质之差异，如有可以认为某一债务人应负终局的责任者，则其他债务人于清偿后，自亦得对之求偿。在对外效力方面，不真正连带债务乃系数个债务，在客观上有单一之目的，因而凡满足此目的之事项，如清偿、代物清偿、提存、抵销等，皆发生绝对效力，而免除、混同、时效完成、受领迟延等事实，仅对于发生该事项的债务人有效，对于其他债务人不生影响。[1]

不真正连带债务人相互之间原则上无各自负担部分，因而无求偿权，但在例外情形，亦有求偿的必要和可能，旧中国尤其是现今我国台湾地区的法院在"司法"实践中通常以旧中国民法典第 228 条所规定的让与请求权作为不真正连带债务人相互之间进行求偿的请求权基础，[2]这主要是采纳了德国早期的判例和学说思想，有改进的必要。旧中国民法典第 228 条系模仿《德国民法典》第 255 条而来，德国早期的学说和判例亦认为《德国民法典》第 255 条的规定可以作为已为给付的不真正连带债务人向其他不真正连带债务人进行追偿的请求权基础。但是，最新的德国学理

---

[1] 参见史尚宽：《债法总论》，荣泰印书馆 1954 年版，第 644~645 页；郑玉波：《民法债编总论》，中国政法大学出版社 2004 年版，第 427~428 页。

[2] 参见史尚宽：《债法总论》，荣泰印书馆 1954 年版，第 644~645 页；陈聪富：《论连带债务》，台湾大学 1989 年硕士学位论文，第 236 页。

和判例纠正了该观点，认为《德国民法典》第 255 条只能适用于居于不同层次给付义务的债务关系，而居于不同层次给付义务的债务关系不是连带债务，也不是不真正连带债务，《德国民法典》第 421 条以下关于连带债务的规定，对于适用《德国民法典》第 255 条赔偿请求权让与处理的案例均不适用。如果距离损害较近的债务人作出了完全给付，那么距离损害较远的债务人的给付义务消灭，此情形下不发生求偿关系。而如果距离损害较远的债务人作出了给付，那么距离损害较近的债务人的给付义务并不消灭，债权人仍然有权要求其给付，债权人受领其给付不构成不当得利，已为给付的距离损害较远的债务人有权要求权利人让与请求权，或者要求权利人返还自己原先所作的给付。距离损害较远的债务人为给付以后距离损害较近的债务人的给付义务不消灭，以及距离损害较远的债务人为给付之前有权要求债权人让与其针对距离损害较近的债务人的损害赔偿请求权，否则有权拒绝为给付，这些解释和思想，与连带债务以及不真正连带债务的效力、效果均不符。因此，旧中国民法典第 228 条不能作为不真正连带债务人追偿权的请求权基础，适用该条处理的案件属于独立的案例类型，既非连带债务，又非不真正连带债务，旧中国民法典第 272 条以下关于连带债务的有关规定，对于适用该条处理的案件不适用。

第五章

协同之债

一、协同之债的概念

所谓协同之债，是指以不可分给付为标的，须由数人一致协力方得以实现，任一债权人均无法单独受领全部给付，任一债务人亦无法完成全部给付义务的多数人之债。[①]

例如甲、乙、丙、丁与 A 公司签订保管合同，约定只有甲、乙、丙、丁四人同时到场共同提出请求并且输入各自设立的密码，保险箱才能打开，保管人才可以返还保管之财物。保管合同为双务合同，委托人甲、乙、丙、丁有依约支付保管费之义务，保管人 A 公司有妥善保管以及依约返还保管物之义务。甲、乙、丙、丁请求返还保管物债权之实现，须甲、乙、丙、丁一致协力方可，甲、乙、丙、丁均无法独自受领保管物之返还，保管人亦不得分割保管物而向甲、乙、丙、丁分别为返还。[②]因此，甲、乙、丙、丁对于 A 公司所享有之债权即为协同债权。再例如 A、B 二人相约拳击比赛，A、B 与 C 订立录像服务合同，由 C 对 A、B 比赛的过程进行录像。合同生效后，A、B 有权请求 C 依约进行录像，A、B 对于 C 所享有之债权即为协同债权。

---

① 史尚宽先生认为，所谓协同之债，谓以不可分给付为标的，而且一债权人或一债务人不得为全部履行之请求或为全部履行之债。而李锡鹤教授则认为，协同之债是债权人必须互相以特定行为配合方能受领，或债务人必须互相以特定行为配合方能给付之债，前者发生协同债权，后者发生协同债务。参见史尚宽：《债法总论》，中国政法大学出版社 2000 年版，第 699 页；李锡鹤：《民事共同行为和多数人责任刍议》，载《华东政法大学学报》2007 年第 6 期，第 41 页。

② 如果保管物为 B1、B2、B3 三件古董，依照保管合同约定，甲、乙、丙、丁有权分批取回。在此情形下，债务人（保管人）的给付义务可分，但是债务人只有一人，债务人的债务并非协同债务。

对于协同债权，债务人无论事实上还是法律上均无法针对任一债权人为全部或者部分之给付，只能针对全体协同债权人一同为给付。例如A、B二人共同打车（拼车）去同一个地点，费用各半。A与B并非连带债权人，因为任一债权人无权请求及受领债务人方面全部之给付。A与B并非可分债权人，因为A与B无法分开受领运送服务。如果A与B分开打车就是两笔交易，并非多数人之债。①

对于协同债务，债务人方面须一致协力方得以完成给付，任一债务人均无法独立完成全部之给付义务。例如一个唱片公司同数个音乐人签订一个合同，约定由他们共同演奏一首交响乐，此时数个音乐人所负之债即为协同债务。②再例如甲娱乐公司与A、B两拳师缔约，约定A、B两拳师于某年某月某日在某体育场进行一场拳击比赛，甲娱乐公司支付A、B报酬若干。A、B两拳师所享有之债权为请求支付报酬，所负担之债务为按时出场进行约定的拳击比赛。A、B对于甲娱乐公司所负担之债务即为协同债务。

协同之债属于多数人之债，并非单一主体之债，协同之债的债权人或者债务人至少有一方人数须为二人以上，否则不成其为协同之债。另外，协同之债须基于同一个法律关系而发生，也就是当事人享有债权、承担债务须基于同一个法律关系，例如基于同一个合同，基于同一份司法判决等。尽管数个当事人完成各自之给付须一致协力，否则无法独立、单方面完成给付义务，但是如果数个当事人之给付义务并非基于同一个法律关系而发生，那么该数个当事人所承担之债并非协同之债，而是各别之债。例如在建设施工过程中，施工方与监理方应当密切配合、相互协作，施工方基于施工合同所承担之给付义务、监理方基于监理合同所承担之给付义务，只有在施工方与监理方一致协力之前提下才得以完成。但是施工方与监理方分别与建设单位签订施工合同与监理合同，基于合同之相对性原则，施工方与监理方并不发生直接关联，一方无须为他方之给付义务负责，因此施工方与监理方所承担之债并非协同之债。③

① Ähnlich sind die Passagiere eines Linienbusses, die Benützer eines Ski-Lifts, die Teilnehmer einer Sammellagerung oder einer Sammelsendung gemeinschaftlich Gläubiger. Siehe Walter Selb, Mehrheiten von Gläubigern und Schuldnern, Paul Siebeck Tübingen, 1984, S. 263.

② 齐云：《论协同之债》，载《法商研究》2020年第1期，第144~145页。

③ 我国《建筑法》第30条规定："国家推行建筑工程监理制度。"《建设工程监理范围和规模标准规定》第2条规定："下列建设工程必须实行监理：（一）国家重点建设工程；（二）大中型公用事业工程；（三）成片开发建设的住宅小区工程；（四）利用外国政府或者国际组织贷款、援助资金的工程；（五）国家规定必须实行监理的其他工程。"

二、协同之债的对内对外效力

综合来看，协同之债发生以下几个方面的对内对外效力：

1. 对于协同之债，凡涉及履行、视同履行或者受领之事项，应由全体债务人共同为之，或对全体债权人共同为之。履行之请求，应对债权人或者债务人之全体提出。

对于协同债务，数个债务人有义务共同协力履行，债权人也仅能请求全部债务人共同履行。对于协同债权，债权人必须共同接受履行，部分履行是不被允许的。也就是说，此种类型的债之给付是不可分的，只能整体履行。①

2. 协同债权之受领、协同债务之履行须多人协力才能完成，任一债权人无法单独受领给付，任一债务人亦无法独立完成全部之给付义务。这是协同之债与按份之债、可分之债、连带之债等其他多数人之债的主要区别所在。

3. 任一债权人或者任一债务人所发生之履行不能、履行迟延、拒绝履行、受领迟延等法律事实，因为协同之债之给付标的不可分，以及因为协同之债须债权人或者债务人全体协力方得以实现之原因，对于其他债权人或者债务人，必然发生影响。

4. 协同之债并非按份之债或者连带之债，但是对于协同之债不履行的损害赔偿，为金钱债务，按照私法自治原则，当事人可以约定各债务人对于损害赔偿的金钱之债，负按份责任或者负连带责任。

大陆法系各国民法上鲜有明文规定协同之债者，我国《民法典》亦复如此。对于事实上的协同之债，应该充分尊重当事人之意思，按照私法自治原则，有合同时依照合同，没有合同时则按照《民法典》总则编以及合同编通则所确立的民法基本原则、当地的民事习惯以及合同通则以确定各方当事人之权利义务关系。合同条款具体内容不明确、不确定时，应该按照法律行为以及合同的一般解释方法予以解释。

三、协同之债与按份之债的区别

协同之债与按份之债同属于多数人之债，但是协同之债并非按份之债，二者的区别在于：

1. 按份之债当事人之间存在确定之份额，协同之债则否。但是对于

---

① 齐云：《论协同之债》，载《法商研究》2020年第1期，第145页。

协同之债不履行的损害赔偿，为金钱债务，当事人可以约定各债务人对于损害赔偿的金钱之债，负按份责任或者负连带责任。

2. 按份之债当事人之间彼此联系不紧密，按份债权以及按份债务事实上彼此独立，债权实现、债务清偿之行为通常无须其他债权人、债务人协力。而对于协同之债，协同债权人或者协同债务人之间则联系紧密，非经他人协力，任一债权人无法单独受领给付，任一债务人亦无法完成全部给付义务。

3. 按份之债某一当事人所发生之履行不能、履行迟延、拒绝履行、受领迟延等法律事实，对于其他债权人或者债务人不发生影响。而对于协同之债，因为需要债权人及债务人相互协力，否则即无法实现原初之缔约目的，因此发生于某一当事人之上述法律事实，对于其他债权人或者债务人均会产生不可避免之影响。例如任一债务人履行不能的，整个债务亦将履行不能。任一债务人履行迟延的，必然造成其他债务人无法及时履行。任一债务人拒绝履行的，其他债务人亦无法完全履行。任一债权人受领迟延的，其他债权人亦无法代为受领，等等。

4. 协同之债对于当事人之人身往往具有严格之限定和要求。协同之债成立后，通常无法更换当事人，对于债权让与、债务承担等行为一般表现得较为保守和排斥，当事人之间亦无法相互委托代为履行或者代为受领给付，否则可能导致原先的协同之债不复存在。而对于按份之债，其目的法效均主要着眼于债务之履行，对于当事人之人身属性并无特殊要求，对于债权让与、债务承担等行为亦不敏感，当事人之间相互委托代为履行或者代为受领给付亦未为不可。

5. 协同之债与按份之债在违约责任承担上亦存在明显区别。协同之债发生不履行、不受领或者受领迟延等违约情形时，主要按照当事人之约定处理，《民法典》对于协同之债并无明文规定。而按照合同约定，未违约之当事人完全可能不承担责任。例如上文甲娱乐公司与 A、B 两拳师缔约之例，如果 A 拳师未依约参加比赛，那么违约损害赔偿责任完全可以按照合同约定由 A 拳师独立承担，依约准时来到赛场准备参加比赛之 B 拳师，完全可以免责。当然，对于协同之债不履行之损害赔偿，合同中亦可以约定由承担协力义务之各方当事人承担连带责任。而对于按份之债发生不履行、不受领或者受领迟延等违约情形时，《民法典》第 177 条、第 517 条第 2 款等对此具有明文规定，也就是由数个债务人各自承担相应的按份之债，债权或者债务份额难以确定的，那么数个当事人之份额应该相同。因此，按份之债发生不履行、不受领或者受领迟延等违约情形时，债权人无权超出份额受领给付，债务人没有义务超出份额清偿债务。

6. 从发生原因上看，协同之债主要为约定之债，而按份之债既包括约定的按份之债，又包括法定的按份之债。

四、协同之债与连带之债的区别

协同之债与连带之债同属于多数人之债，但是协同之债并非连带之债，二者的区别主要在于：

1. 从发生原因上看，协同之债主要为约定之债，学者们所举案例，均与合同有关，目前尚未见到法定的协同之债。而连带之债的发生，我国现行民商事立法明确采纳了法定连带除外的主观目的共同说这种立法模式，只能依照法定或者约定（《民法典》第518条第2款）。

2. 从债务内容上看，连带之债多属于金钱之债，非金钱之债的连带之债并不常见。而协同之债大多为劳务之债而非金钱之债，金钱之债无论给付抑或受领，均无须多人协力完成。

3. 对于连带之债，债权之实现或者受领以及债务之履行，并不强调债权人之间、债务人之间须协力，通常亦无须协力即可完成给付及受领，而协同之债须由数人一致协力方得以受领债权或者履行债务。

4. 对于连带之债，任一连带债权人均有能力受领全部给付，亦有权受领全部给付，任一连带债务人均有能力履行全部给付，亦有义务履行全部给付义务。而对于协同之债，任一协同债权人均无法妥为受领全部给付，任一协同债务人均无法独自完成完整、完全之给付义务。

5. 对于连带之债，发生于任一当事人之履行障碍，例如履行不能、履行迟延、拒绝履行等，对于其他当事人原则上不产生影响。而对于协同之债，发生于任一当事人之履行障碍，对于其他当事人必然发生影响。

6. 一些国家立法上明文规定，二人以上负担一项不可分给付的，对外须作为连带债务人负责。[①]协同之债给付不可分的，则按照上述立法例全体债务人对外须承担连带责任，该连带责任主要是指债务不履行之损害赔偿责任，而不可能是指债务之实际履行。试想一下，必须二人参加的拳击擂台赛、必须多人参加的乐队演奏，属于典型的协同债务，如果只有一人到场无论如何无法完成完整、完全之给付义务。可见，协同债务可以法定转化为损害赔偿之连带债务，而连带债务通常无法转化亦无

---

① Siehe BGB Art. 431.

须转化为协同债务。

7. 协同之债与连带之债在责任承担上存在明显区别。《民法典》对于协同之债并无明文规定，因此，协同之债之违约责任，主要按照当事人之约定处理，没有约定时则按照《民法典》总则编以及合同编通则所确立的民法基本原则、当地的民事习惯以及合同通则以确定各方当事人之权利义务关系。反之，《民法典》对于连带责任之承担则有明文规定（《民法典》第 518—521 条）。

五、协同之债与不可分之债的区别

协同之债与不可分之债同属于多数人之债，二者的给付均不可分，但是二者的区别亦甚为明显，主要包括：

1. 从规范目的上看，不可分之债的规范目的在于给付标的不可分，并不要求当事人同时到场等行为之协同。而协同之债的规范目的在于要求当事人行为协同，仅仅给付标的不可分尚不能要求或者尚不意味着当事人必须行为协同。

2. 从给付能力及可能性上看，在协同债务中，数债务人必须共同协力履行才可以完成债务，而在通常的不可分债务中，债务人一个即可为全部之履行。[①]例如甲、乙二人负担交付一头活羊给丙之不可分债务，作为债务人之甲和乙，均有能力、均有可能独自完成交付一头活羊之债务。[②]而协同之债须由数人一致协力方得以受领债权或者履行债务，例如拳击二人赛，任一拳师均没有能力独自完成全部之给付义务。

3. 从二者相互之间的关系上看，协同之债往往即为不可分之债，[③]而不可分之债未必即为协同之债。

4. 从给付标的上看，协同之债之给付标的主要为劳务或者行为，而不可分之债之给付标的主要为实物。[④]

---

① 齐云：《论协同之债》，载《法商研究》2020 年第 1 期，第 150 页。

② Münchener Kommentar zum bürgerlichen Gesetzbuch，Band 2，6 Aufl. Verlag C. H. Beck München，2012，S. 2834.

③ 例如，对于一台须由多人协力完成之复杂手术，学者们多认其为协力之债。问题在于：医疗机构如果为法人，患者为自然人，如果该手术只有一个医疗机构参与，手术合同由该医疗机构和患者订立，那么何来多数人之债？又何来协力之债？如果参与手术之医护人员皆为个体诊所之从业者，手术合同为患者与各个医护人员单独订立，此时发生多数人之债，亦发生协力之债，但是术中麻醉、输血、输氧等给付行为事实上可分，但是法律上、效果上不可分。

④ Walter Selb，Mehrheiten von Gläubigern und Schuldnern，Paul Siebeck Tübingen，1984，S. 6.

5. 从发生原因上看，协同之债主要为约定之债，并且协同之债的发生原因主要源自客观原因，也就是客观上需要各个债权人、债务人协力才能完成给付或者受领给付。而不可分之债的发生原因既有客观原因，也有主观原因。例如住房 6 间，该住房客观上可分，但是当事人约定其不可分亦未为不可。

6. 对于不可分之债，发生于任一当事人之履行障碍，例如履行不能、履行迟延、拒绝履行等，对于其他当事人并不必然产生影响。而对于协同之债，发生于任一当事人之履行障碍，对于其他当事人必然产生影响。

7. 不可分之债对于当事人之人身通常并无严格之限定和要求，债权让与、债务承担、当事人之间相互委托代为履行或者代为受领给付等均未为不可。而协同之债对于当事人之人身往往具有严格之限定和要求，债权让与、债务承担会导致原债权债务内容之改变，此外当事人之间无法相互委托代为履行或者代为受领给付等。上文对此已有阐述，此处不赘。

第六章

债权准共有、债务共有与债权债务之共同共有

一、债权准共有

（一）概念

共有是指数人共享一物的所有权。罗马法时期即存在共有制度，但是罗马法对于共有不分按份共有和共同共有，认为实际上都是按份共有。份额可依契约等确定，契约等未确定的，法律就推定各共有人份额相等。①我国自《大清民律草案》制定之后，才开始采用大陆法系分别共有与公同（共同）共有制度。②分别共有指数人对于一物，按其应有部分而共有同一所有权。如因买卖或赠与共同取得所有权。公同共有是指依法律规定或依契约成一共同关系的数人（如家产的有份人、合股的股东）基于公同关系而共有一物。③《大清民律草案》的第三编为"物权"，该编第二章"所有权"部分第四节为"共有"，自第 1043 条开始，至第 1068 条结束，总计 26 个法条。此后，旧中国民法典第三编"物权"第二章"所有权"第四节"共有"，自第 817 条开始，至第 831 条结束，总计 15 个法条。"学说上将多数人对于所有权以外财产权之分别共有或者共同共有，称为准共有。所有权以外之财产权，包括定限物权（担保物权及用益物权）、矿业权、渔业权、水权等准物权、著作权、专利权、商标权、债权等。对准共有财产权，究应准用民法关于分别共有或者共同共有之规定，视其共有关系而定。法律对各该财产权设有特别规定时，

---

① 周枬：《罗马法原论》（上册），商务印书馆 1994 年版，第 309 页。

② 《大清民律草案》第 1043 条："数人按其应有部分而有一物者，为分别共有人。各分别共有人之应有部分未分明者，推定为均一。"第 1063 条："数人依法律规定或契约公用结合，因而以物为其所有者，为公同共有人。各公同共有人之权利，于其标的物之全体，均有效力。"

③ 叶孝信主编：《中国民法史》，上海人民出版社 1993 年版，第 626~627 页。

应优先适用。"①

改革开放之后,《民法通则》部分恢复了共有制度。《民法通则》第32条第2款对于合伙人共有、第78条对于按份共有和共同共有进行了规定。《物权法》第八章"共有"以专章之形式较为详细地规定了共有制度,自第93条开始,至第105条结束,总计13个法条。《物权法》关于共有之规定,经适当修改增删之后,整体上纳入了现行《民法典》。《民法典》第二编"物权"第八章"共有",自第297条开始,至第310条结束,总计14个法条。《民法典》对于《物权法》共有制度之修改增删,主要包括:

1. 将"不动产或者动产可以由两个以上单位、个人共有"修改为"不动产或者动产可以由两个以上组织、个人共有"。(《物权法》第93条、《民法典》第297条)

2. 将"处分共有的不动产或者动产以及对共有的不动产或者动产作重大修缮的",修改为"处分共有的不动产或者动产以及对共有的不动产或者动产作重大修缮、变更性质或者用途的"。(《物权法》第97条、《民法典》第301条)

3. 将"对共有物的管理费用以及其他负担"修改为"共有人对共有物的管理费用以及其他负担"。(《物权法》第98条、《民法典》第302条)

4. 将"两个以上单位、个人共同享有用益物权、担保物权的,参照本章规定"。修改为"两个以上组织、个人共同享有用益物权、担保物权的,参照适用本章的有关规定"。(《物权法》第105条、《民法典》第310条)

5.《民法典》在《物权法》共有规范之基础上新增了第306条之规定。

目前,中国大陆学界均认为《民法典》第310条(《物权法》第105条)所规定的两个以上主体对于用益物权、担保物权之共有属于传统民法上之准共有。②但是,对于债权之准共有问题,则未有充分讨论,只是认为:"对所有权以外财产权之共有,学说上称为准共有。所有权以外之财产权,一般认为包括用益物权、担保物权、采矿权、渔业权、水权、著

---

① 王泽鉴:《民法物权》,北京大学出版社2009年版,第262~263页。

② 孙宪忠、朱广新:《民法典评注:物权编》(2),中国法制出版社2020年版,第436~437页;黄薇主编:《中华人民共和国民法典释义》,法律出版社2020年版,第597页;最高人民法院物权法研究小组编著:《〈中华人民共和国物权法〉条文理解与适用》,人民法院出版社2007年版,第325页;王胜明主编:《中华人民共和国物权法解读》,中国法制出版社2007年版,第228页。

作权、专利权、商标权、债权等。"①中国社会科学院课题组完成的《中国物权法草案建议稿》，在第二章"所有权"第六节"共有"第195条设计了"准共有"专条，其内容为："本节规定，准用于数人对所有权以外的财产权按份共有或公同共有的情形。"②但是，最终通过的我国《物权法》以及《民法典》，均将准共有之权利限定为"用益物权、担保物权"，而并非"所有权以外的财产权"，所有权以外的财产权所涵盖之权利范围显然要大于用益物权、担保物权。从比较法上来看，《德国民法典》第741条、《日本民法典》第264条以及旧中国民法典第831条等，均将准共有之权利限定为"所有权以外的财产权"或者"某种权利（ein Recht）"。

综上，债权准共有是指同一个债权同时为数人所共有之多数人之债。③

（二）历史演进

可分之债、不可分之债、连带之债等多数人之债法律制度均发轫于罗马法，迄今已有2000多年的历史。④罗马法对于夫妻财产制以及夫妻共同债务之规定、⑤对于合伙财产以及合伙人责任之规定（societas）、⑥对于共有之规定（communio）、⑦对于遗产共有之规定（hereditas）等，⑧均侧重于可分、不可分与连带之角度。贯穿整个罗马法时期，可分之债乃处理多数债务人责任之基本原则，对于不可分之债则适用连带责任之规定，目前尚无罗马法存在后世所谓的债权共有制度的有力证据。⑨罗马法

---

① 梁慧星：《中国物权法草案建议稿》，社会科学文献出版社2000年版，第445页；最高人民法院物权法研究小组编著：《〈中华人民共和国物权法〉条文理解与适用》，人民法院出版社2007年版，第325页。

② 梁慧星：《中国物权法草案建议稿》，社会科学文献出版社2000年版，第445页。

③ 史尚宽先生认为：数人共有一债权，则发生债权准共有关系。民法既承认准占有之观念，则亦可认有债权所有之观念，参见史尚宽：《债法总论》，中国政法大学出版社2000年版，第693页。

④ Walter Selb, Mehrheiten von Gläubigern und Schuldnern, Paul Siebeck Tübingen, 1984, S. 3-4.

⑤ Max Kaser, Das Römische Privatrecht, C. H. Beck München, 1955, S. 281-284.

⑥ Max Kaser, Das Römische Privatrecht, C. H. Beck München, 1955, S. 477-480.

⑦ Max Kaser, Das Römische Privatrecht, C. H. Beck München, 1955, S. 493-495.

⑧ Max Kaser, Das Römische Privatrecht, C. H. Beck München, 1955, S. 609-611.

⑨ Solange die Gemeinschaft besteht, erzeugt sie keine Obligationen, aus denen unmittelbar und selbständig geklagt werden könnte. Der römische Individualismus ist der communio abhold und überläßt es den Gemeinschaftern, sich zu verständigen. Gelingt dies nicht, steht jedem jederzeit die Aufhebung offen, die er mit einer der drei Teilungs klagen begehren kann. Ihnen ist ein komplexer Charakter gemeinsam. Ihr Ziel ist sachenrechtlich die Aufhebung des Miteigentums und die Zuweisung von Alleineigentum an die bisherigen Gemeinschafter, schuldrechtlich die Abrechnung der wechselseitig zwischen ihnen noch offenstehenden Verbindlichkeiten in einer für alle Genossen gemeinsamen Liquidation. Max Kaser, Das Römische Privatrecht, C. H. Beck München, 1955, S. 125、493.

所奉行的个人主义对于财产共有较为抗拒，因此共有所有权人对于共有财产随时可以请求分割（actio communi dividundo）以终止共有关系，实物分割不可能的，可由一方获得实物，获得实物一方须以金钱补偿其他共有人。①此种观念之下，债权准共有、债务共有以及债权债务的共同共有尚难以想象。

　　近代民族国家的民法典当中，1804 年《法国民法典》没有采用物债二分的立法技术和立法体系，其债法为"取得财产的各种方法"所包含，债权准共有制度尚难觅踪迹。1811 年的《奥地利民法典》（ABGB）第二编为"物法"（Von dem Sachenrechte），包含两个分编，第一分编为"物权"（Von den dinglichen Rechten），第二分编为"对人之物权"（Von den persönlichen Sachenrechten），所谓对人之物权，就是基于对物之权利（绝对权）而构筑起来的针对特定人的各种债权（相对权）。《奥地利民法典》第二编之第二分编第 890 条规定："反之，如果涉及不可分物：当债权人为一人时，债权人有权请求任一债务人为给付。当债权人为数人而债务人为一人时，除非任一债权人提供担保，债务人没有义务向任一单个债权人为给付。债务人可以敦促债权人达成一致，或者请求由法院保管该物。"②这是目前所见大陆法系最早规定债权准共有之立法条文。此后，1900 年生效的《德国民法典》全面采纳了物债二分的立法技术和立法体系，《德国民法典》第二编为"债法"，第三编为"物权法"。按照物债二分的立法体系和思维方法，债权属于请求权之一种，债权债务关系发生后，债权人有权依法或者依约请求债务人为给付，例如请求买卖标的物之交付、劳务之给付、特定工作成果之给付、侵权损害赔偿之支付等，该请求权（债权）之权利主体可能为单数，亦可能为复数，于是产生了多数债权人之法律规制问题。

　　《德国民法典》按照债权（给付）的自然属性以及债权关系的社会属性，对于多数债权人规定了五种模式（konstellationen）分别予以调整，具体内容如下：③

---

①　Max Kaser, Das Römische Privatrecht, C. H. Beck München, 1955, S. 124.

②　法条原文如下：Betrifft es hingegen untheilbare Sachen; so kann ein Gläubiger, wenn er der einzige ist, solche von einem jeden Mitschuldner fordern. Wenn aber mehrere Gläubiger und nur Ein Schuldner da sind; so ist dieser die Sache einem einzelnen Mitgläuber, ohne Sicherstellung heraus zu geben, nicht verpflichtet; er kann auf die Uebereinkunft aller Mitgläubiger dringen, oder die gerichtliche Verwahrung der Sache verlangen.

③　Münchener Kommentar zum bürgerlichen Gesetzbuch, Band 2, 6 Aufl. Verlag C. H. Beck München, 2012, S. 2832、2936.

其一，可分债权（Teilgläubigerschaft，《德国民法典》第 420 条）。给付可分的，任一债权人仅就自己的享益份额享有给付请求权，任一债权人无权请求全部之给付。例如按份共有人出卖其共有物，各共有人仅有权请求买方向其支付与其所有权份额相对应之价款。①金钱给付属于典型的可分给付，所有权之给付亦属于可分给付，其他举凡按照重量、面积、体积、长度计算之代替物（Vertretbare Sachen），均属于可分给付。而地役权（Grunddienstbarkeiten）、质权（Pfandrecht）之给付属于不可分给付，统一的土地债务之回转（Rückübertragung einer einheitlichen Grundschuld）亦属于不可分给付。②

《德国民法典》第 420 条对于可分债权之规定，属于法律推定条款（gesetzliche Vermutungen），仅在发生疑义（im Zweifel）时才予以适用。主要针对两种疑义情形：其一，数个债务人负担某一可分给付的，或者数个债权人有权请求某一可分给付的，有疑义时，推定各债务人承担按份（Anteil）责任、各债权人享有按份债权。其二，当事人对于债权债务之份额有疑义的，推定各人之份额相等（Kopfprinzip）。

《德国民法典》第 420 条对于可分给付之规定，属于一般规则，也就是俗称的兜底性条款，无论债权债务基于何种原因而产生，只要给付可分，并且法律对此未设不同之特别规则（eine speziellere Norm davon Abweichendes anordnet），或者当事人对此无特别约定，即应该予以适用。③

其二，连带债权（Gesamtgläubigerschaft，《德国民法典》第 428 条）。对于连带债权，任一债权人均有权独立请求及受领全部之给付，但是债务人方面只需完整给付一次。发生于任一债权人之受领、受领迟延、混同、免除，对于其他债权人亦生有利或者不利之效果，其他发生于任一债权人之事实，对于其他债权人原则上不生影响。任一连带债权人将其债权转让给他人的，其他债权人之权利尤其不受影响。

其三，事实上不可分给付之多数债权人（Mitgläubigerschaft，《德国民法典》第 432 条）。对于事实上不可分给付之多数债权人，也就是债权

---

① Münchener Kommentar zum bürgerlichen Gesetzbuch, Band 2, 6 Aufl. Verlag C. H. Beck München, 2012, S. 2832.
② Münchener Kommentar zum bürgerlichen Gesetzbuch, Band 2, 6 Aufl. Verlag C. H. Beck München, 2012, S. 2834-2835.
③ Münchener Kommentar zum bürgerlichen Gesetzbuch, Band 2, 6 Aufl. Verlag C. H. Beck München, 2012, S. 2833、2839.

人为两人以上而债权人有权请求之给付事实上不可分的，任一债权人均有权独立请求全部之给付，但是只能请求债务人向全体债权人为给付。任一债权人亦有权请求债务人为全体债权人之利益提存给付之标的物，给付标的物不适合提存的，有权请求将其移交法院所选任之保管人。其他发生于任一债权人之事实，对于他债权人不生有利或者不利之效果。①

《德国民法典》第432条对于不可分给付之多数债权人之规定，同样属于一般规则，无论债权债务基于何种原因而产生，只要给付不可分，并且各债权人之间并非连带债权人，即应该予以适用。

其四，按份共有债权及协同债权（Gemeinschaftliche Gläubigerschaft，《德国民法典》第741—758条）。对于按份共有债权，只能由全体债权人共同管理，必要时可依多数票进行决议，多数票应该按照各债权人享益份额确定，债务人只能向全体债权人为给付，任一债权人均无权独立请求全部或者部分之给付。②收取之给付应该首先用于维护费、管理费等共益支出。按份共有债权所涉债务人之给付依照法律总是不可分，此所谓不可分并非事实上的不可分，而是法律上的不可分，因为按份共有债权任一债权人之享益份额纯为观念上之份额（zu ideellen Bruchteilen），即使按份共有债权涉及金钱之受领，亦属对于按份共有债权整体之清偿，而非对于个别按份共有债权人所享债权份额之清偿。③

《德国民法典》当中只有按份共有债权而无按份债权之规定，我国民法上所谓的按份债权相当于《德国民法典》所规定的可分债权，对此不得不辨。而按份共有债权与按份债权（可分债权）的主要区别在于，按份共有债权，只能由全体债权人共同管理，债务人只能向全体债权人为给付，任一债权人均无权独立请求全部或者部分之给付，按份共有债权所涉债务人之给付依照法律总是不可分。而对于可分债权，债务人之给付首先应该可分，任一债权人仅就自己的享益份额享有给付请求权，无权请求全部之给付。另外，可分之债属于《德国民法典》对于多数人之债所设立之一般规则，无论债权债务基于何种原因发生，只要给付可

---

① Münchener Kommentar zum bürgerlichen Gesetzbuch, Band 2, 6 Aufl. Verlag C. H. Beck München, 2012, S. 2832.

② Münchener Kommentar zum bürgerlichen Gesetzbuch, Band 2, 6 Aufl. Verlag C. H. Beck München, 2012, S. 2833.

③ Steht eine Forderung mehreren Personen in Gemeinschaft zu, so ist die Leistung stets unteilbar, wenn der Anteil des Einzelnen an der an sich teilbaren Leistung-zB gerichtet auf eine Geldforderung-erst nach Verrechnung der Lasten oder dergleichen bestimmt werden kann. Siehe Münchener Kommentar zum bürgerlichen Gesetzbuch, Band 2, 6 Aufl. Verlag C. H. Beck München, 2012, S. 2839.

分，并且不存在其他特殊规则，即应该予以适用。

而对于协同债权，债务人无论事实上还是法律上均无法针对任一债权人为全部或者部分之给付，只能针对全体协同债权人一同为给付。例如 A、B 二人共同打车（拼车）去同一个地点，费用各半。A 与 B 并非连带债权人，因为任一债权人无权请求及受领债务人方面全部之给付。A 与 B 并非可分债权人，因为 A 与 B 无法分开接受运送服务。如果 A 与 B 分开打车就是两笔交易，并非多数人之债。同样，定期巴士的乘客、滑雪缆车的共同使用人、集体存储或者集体运输的参与人等，其相互之间的法律关系在德国民法上均作为协同债权人予以处理。①

其五，共同共有债权（Gesamthandforderungen，《德国民法典》第 718、719、1421ff、1472、2032、2039 条等）。对于共同共有债权，如无不同约定，全体债权人只能请求债务人向全体债权人为给付（die Forderung nur alle und auf Leistung an alle erheben koennen），任一债权人均无权独立请求向其自己为全部或者部分之给付。②全体债权人可以协议授权任一债权人行使全体债权人之权利，达不成协议时债务人亦可以提存给付之标的物。共同共有财产之设立，其目的在于保证婚姻、合伙等共同体的物质基础，或者为了维护遗产债权人之利益。③共同共有债权与按份共有债权之区别在于，按份共有债权存在观念上之份额，而共同共有债权并不存在观念上之份额，因此任一共同共有债权人均无法处分其对于共同共有财产之"份额"。德国现行民法上，共同共有债权主要包括合伙共同共有债权（§718、§719 BGB）、夫妻共同共有债权（§1421ff、§1472 BGB）、遗产共同共有债权（§2032、§2039 BGB）、合作著作权人共同共有债权（§8 UrhG）等。④

上述三、四、五三类多数人之债，其本质均在于多数债权人共有同

---

① Ähnlich sind die Passagiere eines Linienbusses, die Benützer eines Ski-Lifts, die Teilnehmer einer Sammellagerung oder einer Sammelsendung gemeinschaftlich Gläubiger. Siehe Walter Selb, Mehrheiten von Gläubigern und Schuldnern, Paul Siebeck Tübingen, 1984, S. 263.

② Münchener Kommentar zum bürgerlichen Gesetzbuch, Band 2, 6 Aufl. Verlag C. H. Beck München, 2012, S. 2842.

③ Bei Gesamthandforderungen kann, falls keine gegenteilige Vereinbarung besteht, die Leistung nur an alle erfolgen; und zwar bei Übereinkunft aller an einen Gläubiger, der bevollmächtigt ist, dem die Forderung zugewiesen wurde und dergleichen, mangels einer solchen Übereinkunft etwa durch gerichtliche Hinterlegung. Siehe auch Dieter Medicus, Schuldrecht Ⅱ: Besonderer Teil, 12. Aufl. Verlag C. H. Beck, München 2004, S. 237.

④ Walter Selb, Mehrheiten von Gläubigern und Schuldnern, Paul Siebeck Tübingen, 1984, S. 272-278.

一债权，该债权之共有既非按份债权、可分债权，又非连带债权，自成一体，体现了权利归属意义上债权之分类，属于学理上所谓的债权准共有范畴。三类债权准共有之间既存在共性，亦存在一定区别。从法律适用上来说，某一法律关系符合法律对于共同共有债权之规定者，首先适用共同共有债权之规范。某一法律关系符合法律对于按份共有债权或者协同债权之规定者，则应该适用按份共有债权或者协同债权之规范。对于既不属于共同共有债权、又不属于按份共有债权或者协同债权者，则适用事实上不可分给付之多数债权人之规范。①

我国对于债权准共有问题之立法，最早可以追溯至《大清民律草案》，该《草案》第1068条规定："本节（指共有一节）规定，于所有权以外之财产权由数人分别共有或公同共有者，准用之。但法令有特别规定者，不在此限。"此后，民国的民律草案及民法典均沿用了《大清民律草案》之规定。②1949年之后，旧中国民法典在中国大陆地区被废止，《民法通则》《物权法》《民法典》对于债权准共有问题均无明文规定，但是学理上以及实践上从未停止对此问题之讨论及关注。

大陆法系各国（地区）对于债权准共有之立法，其重心均在于法律适用问题，也就是立法上对于所有权（动产、不动产）共有之规定，于债权共有未有特别法规定时，准用于债权之共有。也就是将债权准共有作为按份债权、可分债权、不可分债权、连带债权、协同债权等债权关系的上位概念及制度对待，法律对于按份债权、可分债权等债权关系设有明文规定时，按照法律规定处理，法律没有明文规定时，则将民法上所有权共有之规定，作为兜底性规范予以准用。既然所有权以外其他财产性权利共有之现象普遍存在，为了尽量不留下法律调整之漏洞，引发权益纷争，法律上规定所有权以外其他财产性权利之共有，于法律未有特别法规定时准用立法上对于所有权共有之规范进行调整，即不失为明智之举，逻辑上堪称自洽和周延。

在我国当下的民事生活中，对于所有权以外的财产权之共有情形屡见不鲜，除了用益物权和担保物权之共有外，对于著作权、专利权、商标权以及债权（例如债券、国库券、存款）等财产性权利，亦大量存在权利共有之情形。买卖标的物交付前、其他类型之约定债务或者法定债

---

① Münchener Kommentar zum bürgerlichen Gesetzbuch, Band 2, 6 Aufl. Verlag C. H. Beck München, 2012, S. 2939-2940.

② 旧中国民法典第831条规定：本节规定，于所有权以外之财产权，由数人共有或公同共有者准用之。

务于履行前，当事人所享有之权利主要就是债权，债权共有现象甚为常见。①那么，我国《民法典》《著作权法》《专利法》《商标法》对于所有权以外其他财产性权利之共有情形，在制度设计上是否已经尽善尽美？是否有必要将《民法典》对于所有权共有之调整规范作为兜底性、补充性的一般规范，在没有特别法、没有特别规范时予以准用？本书对此持肯定及开放态度，认为存在这个必要性。

我国《民法典》虽然未设债编，但是已然采用了物债分离的立法技术和立法体系。债权为相对权、对人权、请求权，《民法典》合同编及侵权责任编属于典型的债务关系法，当债权为两人以上所享有时，必然产生多数债权人问题。从《民法典》的具体内容上看，专门规制多数债权人之特别法规范并不多见，《民法典》对于按份之债、连带之债的规定均较为简略，对于不可分之债及协同之债则无明文规定。而我国《著作权法》《专利法》和《商标法》，对于著作权、专利权和商标权共有之规定，同样较为简单、概括。

因此，将我国《民法典》第二编"物权"第八章"共有"之规定，作为兜底性、补充性规范，准用于"所有权、用益物权和担保物权以外"之多数人财产权关系，例如多数债权人关系等，有其现实必要性和合理性，能够减少法律调整之空白、弥补法律适用之漏洞，从而构建起我国的债权准共有制度。所谓兜底性、补充性规范，纯自法律适用之角度而言。如果某一多数人债权符合按份债权、可分债权、不可分债权、连带债权、协同债权等债权关系的构成要件及本旨，则上述多数人债权之规则应该优先适用。《民法典》以外其他法律对各该财产权——多数人债权设有特别规定时，同样应该优先适用。②此时没有准用所有权共有规定之必要。反之，则可以准用《民法典》共有一章之规定。

（三）对内对外效力

综合我国《民法典》第二编"物权"第八章"共有"之规定，并结合大陆法系债权准共有之基本法理，本书认为，债权准共有将产生如下对内对外效力：

1. 共有人对共有之债权没有约定为按份共有或者共同共有，或者约定不明确的，除共有人具有家庭关系等外，视为按份共有。

---

① 参见《著作权法》第 14 条、《专利法》第 14 条、《商标法》第 5 条等。
② 王泽鉴：《民法物权》，北京大学出版社 2009 年版，第 262~263 页。

2. 按份共有人对共有债权按照其份额享有债权。对于共有债权之孳息，亦同。

3. 按份共有人对共有债权享有之份额，没有约定或者约定不明确的，按照出资额确定；不能确定出资额的，视为等额享有。

4. 共有人按照约定管理共有之债权；没有约定或者约定不明确的，各共有人都有管理的权利和义务。对于共有财产之管理、使用及处分，各共有人可以多数票予以决议，多数票按享益部分之份额大小计算。上述约定及决议，对于各共有人之权利继受人亦发生效力。对于共有债权之保存行为对全体共有人为必要，且为有益，各共有人得单独为之。

5. 处分全部共有债权的，应当经占份额 2/3 以上的按份共有人或者全体共同共有人同意；各共有人就各自对于共有债权之享益份额，得单独为处分，但是共有人之间另有约定者除外。

6. 共有人对共有债权的管理费用以及其他负担，有约定的，按照其约定；没有约定或者约定不明确的，按份共有人按照其份额负担。

7. 共有人约定不得分割共有债权，以维持共有关系的，应当按照约定，但是共有人有重大理由需要分割的，可以请求分割；没有约定或者约定不明确的，按份共有人可以随时请求分割。因分割造成其他共有人损害的，应当给予赔偿。

8. 共有人可以协商确定分割方式。难以分割或者因分割会减损价值的，应当对折价或者拍卖、变卖取得的价款予以分割。

共有人分割所得之债权部分或者全部难以实现或者具有其他权利瑕疵的，其他共有人应当分担损失。

9. 债权准共有人可以转让其享有之债权份额（我国《民法典》第545条）。其他债权准共有人在同等条件下享有优先购买的权利。债权准共有人转让其享有之债权份额，应当将转让条件及时通知其他债权准共有人。其他债权准共有人应当在合理期限内行使优先购买权。两个以上其他债权准共有人主张行使优先购买权的，协商确定各自的购买比例；协商不成的，按照转让时各自的共有债权份额比例行使优先购买权。

本书认为，我国没有必要按照上文大陆法系一些国家（地区）那样处理债权准共有关系，也就是视债权人之享益份额纯为观念上之份额，任一债权人均无权独立请求全部或者部分之给付，债务人只能向全体债权人为给付，等等。①事实上，从简化法律关系的角度出发，只要给付可分，全体债权人能够达成一致，并且不由此而损害债务人的利益，债权准共有与可分之债、按份之债可以同等化处理，应该允许债权准共有人转让其享有之债权份额，拥有确定债权份额之债权准共有人有权独立请求对应其债权份额部分之给付。

10. 债权准共有人可以抵押其享有之债权份额。既然债权准共有人可以转让其享有之债权份额，那么债权准共有人亦可以抵押其享有之债权份额，道理一如上述，此处不赘。

11. 因共有债权而产生的费用及债权，在对外关系上，共有人享有连带债权、承担连带债务，但是法律另有规定或者第三人知道共有人不具有连带债权债务关系者除外；在共有人内部关系上，除共有人另有约定外，按份共有人按照份额享有债权、承担债务。偿还债务超过自己应当承担份额的按份共有人，有权向其他共有人追偿。

12. 共有债权涉及债务人之给付不可分的，当债务人为一人时，各债权人仅得请求向债权人全体为给付，债务人亦仅得向债权人全体为给付。债权人中之一人与债务人间所生之事项，其利益或不利益，对其他债权人不生效力。

13. 共有债权涉及债务人之给付不可分的，当债务人为数人时，因为给付不可分，债权人得对于不可分债务人中之一人、数人或者全体，同时或先后请求全部之给付。不可分债务人之全体或其中数人受破产宣告时，债权人得就债权之全额，向各破产财团进行申报。②

二、债务共有

债务共有是指数个债务人服务于债权人同一之给付利益，该给付义务须数债务人共同完成的多数人之债。③债务共有并非可分（按份）之债，债务共有须数债务人共同完成给付义务，而可分（按份）之债数债务人无须共同完成给付义务。债务共有亦并非连带之债，因为连带之债

---

① Steht eine Forderung mehreren Personen in Gemeinschaft zu, so ist die Leistung stets unteilbar, wenn der Anteil des Einzelnen an der an sich teilbaren Leistung-zB gerichtet auf eine Geldforderung-erst nach Verrechnung der Lasten oder dergleichen bestimmt werden kann. Siehe Münchener Kommentar zum bürgerlichen Gesetzbuch, Band 2, 6 Aufl. Verlag C. H. Beck München, 2012, S. 2839.

② 史尚宽:《债法总论》，中国政法大学出版社 2000 年版，第 690 页。

③ Münchener Kommentar zum bürgerlichen Gesetzbuch, Band 2, 6 Aufl. Verlag C. H. Beck München, 2012, S. 2832.

数债务人可以共同完成给付义务，亦可由任一或者部分债务人以非共同之方式完成全部之给付义务。①

大陆法系各国立法对于债务共有问题之态度不一，处理上有繁有简、尚难统一。学者们对此意见纷纭，认识不一。②《德国民法典》第741—758条、第1008—1011条分别从债法关系和物权法关系之角度规定了共有关系（Gemeinschaft），③第718、1416、1419、2039条则分别规定了合伙财产、夫妻财产、遗产之共同共有，④学说上以及司法实务上一直将债权及债务归入共有之财产范围，经由学说之续造、法律之解释以及司法之裁判，债务共有在德国民法上早已得到承认。

德国民法上的债务共有，可以分为以下二类：

其一，协同债务（gemeinschaftliche Schuld）。协同债务是指，给付义务须数债务人相互协作方得以完成之多数人债务。例如，多位乐手应约联袂在某公司经理六十寿诞宴席上演奏弦乐四重奏（streichquartett），此时数债务人服务于债权人同一之给付利益，该给付义务唯数债务人相互协力才能完成，而数债务人之给付义务既非可分之债、按份之债，又非连带之债。协同债务不履行导致损害赔偿，如果数债务人之间不存在出资、合伙等特别财产（Sondervermögen）、共有财产的，那么数债务人之间须负连带责任。因为按照《德国民法典》第431条之规定："二人以上负担一项不可分给付的，作为连带债务人承担责任。"

而如果数债务人之间存在出资、合伙等特别财产、共有财产的，那么数债务人须作为共同共有债务人（Gesamthandschuldner）负责。协同债务之解除，亦须数债务人共同完成。⑤

对于协同债务，上文协同之债一章已有阐述，此处不赘。

其二，共同共有债务（Gesamthandschuld）。共同共有债务是指，数个债务人基于共同共有财产关系而发生之债务，债权人应当首先就该共

---

① 对于属于债务共有具体形式之协同之债而言，任一债务人独立完成其所负担之给付对于债权人来说可能毫无利益可言。Siehe Walter Selb, Mehrheiten von Gläubigern und Schuldnern, Paul Siebeck Tübingen, 1984, S. 189.

② 史尚宽：《债法总论》，中国政法大学出版社2000年版，第692页。

③ 德文单词"Gemeinschaft"，有学者翻译为"共同关系"。参见陈卫佐译注：《德国民法典》，法律出版社2020年版，第363页；台湾大学法律学院、台大法学基金会编译：《德国民法典》，北京大学出版社2017年版，第697页。

④ Walter Selb, Mehrheiten von Gläubigern und Schuldnern, Paul Siebeck Tübingen, 1984, S. 197.

⑤ Münchener Kommentar zum bürgerlichen Gesetzbuch, Band 2, 6 Aufl. Verlag C. H. Beck München, 2012, S. 2832.

同共有财产请求给付，然后才有权依法请求债务人承担个人责任之多数人债务。[①]在德国民法上，除了上文《德国民法典》所规定的作为合伙财产、夫妻财产、遗产之共同共有债务外，其他立法上亦存在一些共同共有债务之规定，例如《德国商法典》（HGB）第 124 条对于无限责任公司（OHG-Die offene Handelsgesellschaft）及其股东（合伙人）之财产及责任之规定，《德国商法典》第 161 条对于两合公司（KG-Kommanditgesellschaft）及其股东（合伙人）之财产及责任之规定等。

我国《民法典》第二编"物权"第八章"共有"仅仅规定了对于所有权、用益物权和担保物权之共有，对于债务共有问题无明文规定，学界对此讨论甚少。《民法典》对于多数人负担同一债务，主要从按份抑或连带之角度予以规制，而《公司法》《合伙企业法》等民事单行法则主要从有限责任、无限责任抑或连带责任之角度予以规制。[②]我国《合伙企业法》将合伙人区分为普通合伙人和有限合伙人，普通合伙人承担无限连带责任，有限合伙人以其认缴的出资额为限对合伙企业债务承担有限责任，并未采纳德国民法共同共有债务之规制模式和规制方法。对于夫妻共同债务，《民法典》第 1064 条、第 1089 条有明文规定。

本书认为，夫妻共同债务并非按份之债，因为夫妻双方并非各管一份，夫妻双方各管一份亦不符合债权人之利益，债权人并非只能向夫妻一方就一定份额行使请求权。夫妻共同债务亦非法定的连带之债，但是当事人可以约定其为连带之债。因此，除当事人之间另有约定外，债权人无权请求夫妻一方作为连带债务人清偿全部之夫妻共同债务，尤其是在夫妻分居、离婚以及夫妻之间协议采用分别财产制之情况下。如果存在夫妻共同财产，那么夫妻共同债务应该首先动用共同财产进行给付。据此而言，我国民法上的夫妻共同债务制度与大陆法系债务共有制度较为接近，可认作债务共有之特例。另外，按照《民法典》第 1161 条之规定，遗产债务亦为数继承人所共有，数继承人以所得遗产实际价值为限承担有限责任。最后，对于协同之债，我国《民法典》同样无明文规定。对于事实上的协同之债，应该按照私法自治原则予以处理。当事人无约定时，应该按照《民法典》总则编以及合同编通则所确立的民法基本原则、当地的民事习惯以及合同通则，必要时辅之以法律解释之方法，

---

① Münchener Kommentar zum bürgerlichen Gesetzbuch, Band 2, 6 Aufl. Verlag C. H. Beck München, 2012, S. 2832.

② 史尚宽先生认为："共有债务，虽观念上可认其存在，然可准用关于不可分债务之规定，无多大实益。"参见史尚宽：《债法总论》，中国政法大学出版社 2000 年版，第 695 页。

以确定各方当事人之权利义务关系。

三、债权债务之共同共有

(一) 概念及特征

债权债务之共同共有，是指同一债权或同一债务，其全部债权人必须共同行使其债权，其全部债务人必须共同履行其债务之多数人之债。①

债权债务之共同共有具有以下几个方面的特征：

1. 债权债务之共同共有人对于共同共有之债权及债务不分份额，对外无应有部分之观念，所以不存在对于应有部分之分出、出让、抵押、设质等处分问题。当事人欲处分共同共有之债权及债务，唯得共同为之。这与按份之债、可分之债以及连带之债明显有别。

2. 针对同一债权或者同一债务，其债权人或者债务人为数人，因此属于多数人之债。

3. 多数主体之间基于某种共同关系得以产生或者拥有共同财产，收取之债权归入该共同财产，共同负债亦首先依赖共同财产对外以作清偿。该特征使得债权债务之共同共有与按份之债、协同之债、可分之债、不可分之债、连带之债等多数人之债明显有别。共同财产不足以清偿债务时，多数主体之间有负无限责任的，例如夫妻共同债务，②有负无限连带责任的，例如普通合伙人，③也有负有限责任的，例如共同继承人。④

4. 债权债务之共同共有人须共同行使债权、共同履行债务。该特征使得债权债务之共同共有与连带之债明显区别开，对于连带之债，任一连带债权人均有权请求债务人履行全部债务，任一连带债务人均有义务履行全部债务，无须全体连带债权人、全体连带债务人共同行使其债权或者共同履行其债务。该特征同样使得债权债务之共同共有与按份之债、可分之债等多数人之债明显区别开。

5. 因为债权债务之共同共有人须共同行使债权、共同履行债务，因此在诉讼上债权之共同共有人应该共同作为原告，债务之共同共有人应该共同作为被告。该特征使得债权债务之共同共有与按份之债、可分之债、连带之债等多数人之债明显区别开。

6. 债权债务之共同共有人，在其共同关系存续期间，通常不得请求

---

① 史尚宽：《债法总论》，中国政法大学出版社 2000 年版，第 695 页。

② 《民法典》第 1064 条。

③ 《合伙企业法》第 38、39、92 条。

④ 《民法典》第 1161 条。

分割共有财产。

7. 债权债务之共同共有人，在其共同关系终止时，例如合伙解散、父子兄弟分家析产、夫妻离婚时，此时多数主体之间存在共同财产清算关系。共同财产清算分割的基本规则是：法律有规定时须遵照法律之规定，①合同有约定时须依照合同之约定。法律无规定并且合同无约定时当事人可以协商解决。协商不成时，可以诉讼解决。确定各共同共有人应该分得之财产份额，应该考虑各共同共有人对于取得共有财产之贡献，例如时间、精力、脑力之付出等，家务劳动应该获得公允、合理之评价。确定各共同共有人应该承担债务之份额，应该兼顾各共同共有人之经济地位和偿还能力等因素。

（二）种类

目前，大陆法系各国立法上对于债权债务共同共有之规定并不统一。国内有学者认为我国目前采共同共有制的财产类型包括：夫妻共同共有、家庭共同共有、遗产之共同共有以及合伙之共同共有。②上述情形下的财产共同共有制，均以有关主体之间具有某种共同关系为基础，只要该共同关系持续，则其财产上的共同共有关系通常亦一直持续。此所谓财产，不仅包括动产和不动产，债权和债务亦当然包含其中。

1. 夫妻共同共有。按照《民法典》第 1065 条第 1 款之规定："男女双方可以约定婚姻关系存续期间所得的财产以及婚前财产归各自所有、共同所有或者部分各自所有、部分共同所有。"同条第 3 款规定："夫妻对婚姻关系存续期间所得的财产约定归各自所有，夫或者妻一方对外所负的债务，相对人知道该约定的，以夫或者妻一方的个人财产清偿。"夫妻之间对于婚姻关系存续期间所得财产之归属无约定的，则按照《民法典》第 1062、1063 条进行处理。此外，《民法典》第 1066、1089 条对于夫妻共同财产的分割、夫妻共同债务的偿还分别进行了规定。

2. 家庭共同共有。《民法典》对于家庭并无定义性规定，按照《辞海》之解释，所谓家庭，是指由婚姻、血缘或者收养关系而产生的共同生活组织。③可见，家庭共同共有与上文所述夫妻共同共有存在交叉和重合，因为夫妻和家庭属于一体两面之关系，一面表现为夫妻关系，另一面也可以表现为家庭关系。《民法典》对于家庭财产之规范不象夫妻财产那样详尽，例如《民法典》第 56、308 条之规定等。家庭共同共有，

①　例如《民法典》第 1092、1130 条，《合伙企业法》第 35、51、58、96、97、98、99 条。
②　梁慧星、陈华彬：《物权法》，法律出版社 2016 年版，第 221 页。
③　《辞海》，上海辞书出版社 2002 年版，第 780 页。

显然包含着债权债务之共同共有。

3. 遗产共同共有。《民法典》对于遗产共同共有并无明文规定，但是《民法典》第 1121 条第 1 款规定，"继承从被继承人死亡时开始"。也就是说，从继承发生时起，被继承人之遗产即转归继承人所有。如果继承人有二人以上时，按照《民法典》第 308 条所确立之原则，数继承人对于遗产之共有当属共同共有关系无疑。参照《民法典》第 1159 条之规定，遗产共同共有，显然包含着债权债务之共同共有。

4. 合伙共同共有。有学者认为，合伙不产生独立人格，其财产由全体合伙人共同共有，其债务由全体合伙人承担连带清偿责任。[①]本书对此存在不同看法。

首先，合伙的"出资"形式灵活，可以为资金、实物、劳力、知识产权、使用权、专营权等，如果法律规定上述"出资"为全体合伙人共同共有，无异于强行取代当事人处分其财产，不利于出资人产权之保护，显属越俎代庖、人为制造矛盾和困难之举。如果真有这样的立法，不知道其立法目的何在，也不知道这样的立法会导致怎样的结果。其次，即使立法上明确规定合伙财产由全体合伙人按份共有亦不可行，同样属于吃力不讨好并且不合时宜之举。试想，只要合伙人坚持保有自己出资之产权，那么，在出资形式五花八门之合伙内部，确定每一合伙人之份额难度很大成本很大收益很小。再次，即使立法上明确规定合伙存续期间经营积累得来的财产，归全体合伙人共同共有，同样没有这个必要，显属越俎代庖，按照当事人意思自治原则解决这个问题，其实践效果更优。

从我国的立法来看，1987 年施行之《民法通则》第 32 条规定了"合伙经营积累的财产，归合伙人共有"之内容，但是 1997 年施行之《合伙企业法》第 19 条则规定"合伙人的出资和所有以合伙企业名义取得的收益均为合伙企业的财产。"此后，2006 年修订、2007 年施行之《合伙企业法》第 20 条以及《民法典》第 969 条，均未规定"合伙人的出资"或者"合伙经营积累的财产"归合伙人共有之内容。而是规定："合伙人的出资、以合伙企业名义取得的收益和依法取得的其他财产，均为合伙企业的财产。""合伙企业对其债务，应先以其全部财产进行清偿。""合伙企业不能清偿到期债务的，合伙人承担无限连带责任。""合伙人在合伙企业清算前，不得请求分割合伙企业的财产……"（我国《合伙企业法》第 20、38、39、21 条等）。

[①] 刘家安：《物权法论》，中国政法大学出版社 2009 年版，第 143 页。

综上，合伙共同共有与上文论述之夫妻共同共有、家庭共同共有以及遗产共同共有明显有别，按照我国现行立法，合伙共同共有只能源自当事人之约定而非法定，其他三类共同共有则源自法定。按照私法自治原则，当事人有权约定合伙人的出资、因合伙事务依法取得的收益和其他财产，属于合伙人按份共有或者共同共有，法律对此并无禁止性规定。因此，合伙人财产共有形式应该按照当事人约定予以确定，既可以是按份共有也可以是共同共有。如果约定为共同共有，则亦可成立合伙债权债务之共同共有。

（三）对内对外效力

债权债务之共同共有，其对内对外效力主要涉及以下几个方面的内容：

1. 债权债务之共同共有人对于共同共有之债权及债务不分份额，对外无应有部分之观念，所以不存在对于应有部分之出让、抵押、设质等处分问题。对于共同共有债权之处分，须所有权利人达成一致意见，或者按照多数决形成决议，并且以全体权利人之名义共同为之，否则构成无权处分。

2. 债权债务之共同共有人，在其共同关系存续期间，通常不得请求分割共有财产，法律另有规定者除外，例如《民法典》第 1066 条等。

3. 债权债务之共同共有人须共同行使债权、共同履行债务，在诉讼上债权之共同共有人共同作为原告，债务之共同共有人共同作为被告，对外承担债务首先从共同财产中支出、拨付。共同财产不足以承担债务时，债务之共同共有人仍须依法承担清偿责任，但是遗产共同共有人除外（《民法典》第 1161 条）。因为分割遗产而缴纳税款和清偿债务的，应当为缺乏劳动能力又没有生活来源的继承人保留必要的遗产（《民法典》第 1159 条）。

债权债务之共同共有大多基于某种共同关系，主体方面通常具有财产之共同、目的事业之共同、行为之共同等特征，甚至存在生活之共同。因此立法上要求共同共有人共同行使债权、共同履行债务。该特征使得债权债务之共同共有与连带之债、按份之债、可分之债等多数人之债明显区别开。①

4. 债权债务之共同共有人具有内部之紧密联系，发生于某一债权债

---

① Münchener Kommentar zum bürgerlichen Gesetzbuch，Band 2，6 Aufl. Verlag C. H. Beck München，2012，S. 2828~2831.

务共同共有人之法律事实，诸如履行不能、履行迟延、受领迟延、拒绝履行、时效完成等，对于其他债权债务之共同共有人通常亦发生效力。但是，由遗产管理人、合伙事务执行人等处理事务时，履行不能、履行迟延、受领迟延、拒绝履行、时效完成等事项应以遗产管理人、合伙事务执行人之行为决之。

5. 债权债务之共同共有人，在其共同关系终止时，应该进行共同财产之清算。

四、债权准共有、债务共有、债权债务之共同共有与协同之债之区别

债权准共有、债务共有、债权债务之共同共有与协同之债同属于多数人之债，债权准共有、债务共有、债权债务之共同共有还是协同之债的上位概念，这是它们的共性。但是，债权准共有、债务共有、债权债务之共同共有与协同之债亦存在以下一些区别：①

1. 从发生原因上看，协同之债主要为约定之债，学者们所举案例，均与合同有关，目前尚未见到法定的协同之债。而债权准共有、债务共有与债权债务之共同共有有为约定之债有为法定之债，例如夫妻之间的债权准共有、债务共有与债权债务共同共有多为法定之债。

2. 从给付内容上看，协同之债大多为劳务之债而非金钱之债，而债权准共有、债务共有与债权债务之共同共有主要为金钱之债。

3. 从给付标的是否可分上看，协同之债以不可分给付为标的，而债权准共有、债务共有与债权债务之共同共有与给付标的可不可分没有必然联系。

4. 从给付行为是否需要众人协力上看，协同之债须由数人一致协力方得以实现，而债权准共有、债务共有与债权债务之共同共有，其给付及受领行为至多只需借助全体当事人之名，但是无须众人协力。

5. 从给付及受领能力上看，协同之债任一债权人均无单独受领全部给付之能力，任一债务人亦无完成全部给付义务之能力。而债权准共有、债务共有与债权债务之共同共有往往任一债权人具有单独受领全部给付之能力，任一债务人具有完成全部给付义务之能力，只是法律要求全体债权人共同行使权利、全体债务人共同履行义务而已。

6. 从是否允许部分履行上看，协同之债只能整体履行或者受领，部

---

① 债权准共有、债务共有、债权债务之共同共有本身并非铁板一块，它们相互之间亦存在明显区别，这里的比较乃一般性比较，具有相对性。

分履行是不被允许的。而债权准共有、债务共有与债权债务之共同共有并无此项要求。

7. 从法律关系的基础上看，协同之债须基于同一个法律关系而发生，也就是当事人享有债权、承担债务须基于同一个法律关系，而债权准共有、债务共有与债权债务之共同共有往往基于某种共同关系，非必基于同一个法律关系。

8. 从是否可以相互委托代为履行或者代为受领上看，协同之债的当事人之间无法相互委托代为履行或者代为受领给付等，而债权准共有、债务共有与债权债务之共同共有，当事人之间相互委托代为履行或者代为受领给付等均未为不可。

9. 协同债务之解除，须数债务人共同完成。①而债权准共有、债务共有与债权债务之共同共有并无此项要求。

10. 债权准共有、债务共有与债权债务之共同共有在内部关系上强调共同管理以及多数决，对外承担责任首先以共同财产偿付，而协同之债的当事人并无共同财产，在对外关系上对于债务不履行的损害赔偿责任往往为连带责任。

---

① Münchener Kommentar zum bürgerlichen Gesetzbuch，Band 2, 6 Aufl. Verlag C. H. Beck München, 2012, S. 2832.

第七章

债权让与、债务转移、债务加入

在债权让与、债务转移、债务加入之情形下，亦可能产生多数人之债，因此，债权让与、债务转移、债务加入也是多数人之债的重要发生原因。

一、债权让与、债务转移、债务加入之概念

债权可以全部或者部分让与给其他的一人或者数人（债权让与），债务亦可以转移给其他的一人或者数人（以下称债务转移，学说上亦称债务承担）。我国《民法典》第545条规定了债权让与制度，第551条第1款规定了债务转移制度。

债权让与、债务转移并不必然涉及多数人之债，如果让与之债权、转移之债务原为单一主体之债，而让与债权为该债权完全让与给另外之一人，转移债务乃由另外一人承担原债务人全部之债务，原债务人免责（免责式债务承担）。但是，如果债权人自己保有一部分债权，而将其余债权让与给其他的一人或者数人，或者债权人自己不再保有债权，而将全部债权让与给其他的数人，此时必然涉及多数债权人之问题。与此类似，如果债务人自己承担一部分债务，而将其余债务转让给其他的一人或者数人，或者债务人自己不再承担债务，而将全部债务转让给其他的数人，此时亦必然涉及多数债务人问题。而对于债务加入之情形，原债务人和加入之债务人则必然成为多数债务人。债务加入之第三人可以是一人，亦可以是数人，法律对此并无明确规定。因此，债务加入必然涉及多数债务人问题。

债权让与、债务转移行为之发生，有基于法律行为者，亦有基于法律之直接规定或者法院之裁判者。[1]如果当事人以法律行为让与债权或者

---

[1] ［德］迪特尔·梅迪库斯：《德国债法总论》，杜景林、卢谌译，法律出版社2004年版，第537~538页。

转移债务，那么债权让与、债务转移行为之性质如何呢？对此问题我国学界目前尚存在不同意见。一种意见认为，在不承认物权行为制度及其理论的法制下，债权让与应视作事实行为，只要有债权让与的原因行为即可发生权利的变动，债权的变动属于债权让与原因行为的当然结果。①另一种意见则认为，债权让与，指不改变债权的内容而将它移转于他人的合同。申言之，债权让与，是在保持债权同一性的前提下，以移转该债权为目的的让与人与受让人之间的诺成、不要式的合同，属于具有债权处分行为性质的准物权行为。②

对于债务转让行为之性质问题，我国学界目前主要存在以下三种不同见解：其一，有学者认为，所谓债务承担，就是债务由债务人处移转到承担人之手的过程，德国民法、旧中国民法典称之为准物权行为，在不承认物权行为制度及其理论的法制上，系一事实行为；同时，也是债务归承担人承受的结果。③其二，有学者认为，处分的对象应当是财产，且属于积极的财产，债务属于消极财产，债务人只有履行其债务的义务，没有处分其债务的权利。因而，债务承担如与处分行为有某种联系，这种联系也是间接的，是通过权利（债权）或者法律关系（债之关系）的中介，间接归属于处分行为的。④其三，也有学者认为，第三人与债权人订立契约，承担债务人之债务者，其债务于契约成立时移转于该第三人，此承担债务契约，以直接发生债务的移转为内容，与物权契约相类似，可称为准物权契约。⑤

而对于债务加入行为之性质，因为《民法典》之前的新中国民事立法中对此制度并无规定，因此学界甚少讨论。史尚宽先生认为：并存的债务承担，为新债务之负担行为，抑为所承担债务之承受，学说上尚未一致。然因并存的债务承担之结果，原债务人并不免其债务，而且承担人之债务与原债务人之债务体态（期限、条件、担保），不必相同，应视为新债务之负担行为。故对于原债务之判决之既判力，不及于并存的承担债务。承担人之债务之消灭时效，得与原债务人债务独立进行。并存的债务承担，是否为无因行为。以原债务有效为前提，可认为有因。然自承担人与原债务人间之原因法律关系观之，则为无因。此点与免责

---

① 崔建远：《合同法》，北京大学出版社 2016 年版，第 244 页。
② 韩世远：《合同法总论》，法律出版社 2018 年版，第 592 页。
③ 崔建远、韩世远、于敏：《债法》，清华大学出版社 2010 年版，第 144 页。
④ 韩世远：《合同法总论》，法律出版社 2018 年版，第 630 页。
⑤ 史尚宽：《债法总论》，中国政法大学出版社 2000 年版，第 741 页。

的债务承担并无不同。①

本书认为，从我国《民法典》第 545 条对于债权让与、第 551 条对于债务转让以及第 552 条对于债务加入行为法律规范之字面含义上尚难以得出债权让与、债务转移行为之性质究竟属于债权行为、准物权行为抑或事实行为当中的哪一种，学者之争议本质上仍属于法律解释之问题。上述不同意见之产生根源，在于学界对于我国现行法是否采纳了区分原则，将法律行为区分为负担行为和处分行为、物权行为和债权行为有关。②该项争议由来已久，涉及问题面较宽，与多数人之债问题并不存在必然联系或者紧密联系，本书对此问题不作详细研究和赘述。

本书所谓债权让与，是指基于法律行为、法律之直接规定或者司法裁判等原因，债权之部分或者全部，由债权人转移给其他一人或者数人之法律事实。所谓债务转移，是指基于法律行为、法律之直接规定或者司法裁判等原因，债务之部分或者全部，由债务人转移给其他一人或者数人之法律事实。③我国《民法典》第 551 条第 1 款所规定之债务转移，"凡是全部移转债务的，是全部的免责债务承担；凡是部分移转债务的，是部分的免责债务承担"。④

而债务加入，是指第三人加入他人既有之债务关系，作为新债务人

---

① 史尚宽：《债法总论》，中国政法大学出版社 2000 年版，第 751 页。

② 债权让与的原因行为通常包括买卖、赠与、委托。此外，信托式的担保约定（用于担保式的债权让与）、债权收取委托或其他债法约定也不少见。如果处分行为的独立性获得认可，债权让与的瑕疵应就其自身判断，不应受到债权让与原因关系的影响。参见朱广新、谢鸿飞主编：《民法典评注·合同编·通则》（2），中国法制出版社 2020 年版，第 86~87 页；庄加园：《〈合同法〉第 79 条（债权让与）评注》，载《法学家》2017 年第 3 期，第 157~174 页；崔建远、韩海光：《债权让与的法律构成论》，载《法学》2003 年第 7 期，第 61 页；［德］迪特尔·梅迪库斯：《德国债法总论》，杜景林、卢谌译，法律出版社 2004 年版，第 545 页。

③ 《最高人民法院关于审理买卖合同纠纷案件适用法律问题的解释》第 45 条第 1 款规定："法律或者行政法规对债权转让、股权转让等权利转让合同有规定的，依照其规定；没有规定的，人民法院可以根据合同法第一百二十四条和第一百七十四条的规定，参照适用买卖合同的有关规定。"《合同法》第 124 条规定："本法分则或者其他法律没有明文规定的合同，适用本法总则的规定，并可以参照本法分则或者其他法律最相类似的规定。"《合同法》第 174 条规定："法律对其他有偿合同有规定的，依照其规定；没有规定的，参照买卖合同的有关规定。"《合同法》第 124 条现已改造为《民法典》第 467 条第 1 款。《合同法》第 174 条现已改造为《民法典》第 646 条。

④ 最高人民法院民法典贯彻实施工作领导小组主编：《中华人民共和国民法典合同编理解与适用》，人民法院出版社 2020 年版，第 578 页。

和原债务人一起向债权人负担连带责任之法律事实。①本书下文对于债权让与、债务转移之研究，主要系针对能够产生多数人之债之债权让与、债务转移之情形，对于非多数人之债之债权让与、债务转移则不予考察和阐述。

二、债权让与之对内效力

债权让与，只发生债权主体之变更，受让人惟取得他人之债权，通常并不成为原债权债务法律关系之当事人。而所谓债权让与之对内效力，是指债权让与行为在让与人及受让人之间所产生之效力。主要包括以下几个方面的内容：

1. 债权让与行为在让与人及受让人之间所产生之主要效力，在于发生债权移转之效果。债权部分让与的，发生债权部分移转之效果，债权全部让与的，发生债权全部移转之效果。债权何时发生移转，我国学界及实务部门对此问题尚存在不同意见，其源头可以追溯到《合同法》第80条第1款之规定。《民法典》对于债权让与何时生效并无明文规定，仅仅规定债权让与未通知债务人的，对债务人不发生效力（《民法典》第546条）。

司法实务中，一些法院将让与通知作为债权让与之生效要件，未获通知的在先让与之受让人不能获得债权，先获通知的在后让与之受让人被确认获得债权，②部分学者对此表示赞同。③也有一些学者对此表示反对，认为上述司法实践不利于保护债务人，有牺牲债务人利益之虞，尤

---

① 史尚宽先生认为，以他人之债务有效的成立为前提，第三人以担保之目的，对于同一债权人新负担与该债务于其承担时有同一内容之债务之契约，谓之并存的债务承担或重叠的债务承担（Kumulative oder bestärkende Schuldübernahme），亦称债务加入（Schuldbeitritt）或共同的债务承担。参见史尚宽：《债法总论》，中国政法大学出版社2000年版，第750~751页。

② 参见东莞市顺丰纸品制造有限公司、鹤山市卓越纸品包装有限公司与东莞市天胜纸品有限公司、东莞市智森环保科技有限公司债权转让合同纠纷民事判决书，[2014] 江中法民二终字第164号；李某堂与连山壮族瑶族自治县人民政府、苏某华债权转让合同纠纷民事判决书，[2015] 东中法民二终字第972号等。转引自徐涤宇：《〈合同法〉第80条（债权让与通知）评注》，载《法学家》2019年第1期，第187页。

③ 有学者认为：其一，让与通知不仅是债权让与对债务人之生效要件，而且也是所让与债权由让与人移转于受让人之要件。其二，让与合同生效并不使债权发生移转之效果，受让人依照让与合同仅取得向让与人请求为通知、转让债权之请求权而已。参见申建平：《对债权让与通知传统理论的反思》，载《求是学刊》2009年第4期，第64页；尹飞：《论债权让与中债权移转的依据》，载《法学家》2015年第4期，第81页。

其是在债权双重让与之情形下，如果知晓前一让与事实之债务人对第一受让人为清偿，也会因后一让与被通知而沦为无效。①

本书认为：除非法律对于债权让与之生效另外规定了须经批准、登记等程序的，债权应该自当事人让与合同生效时转移给受让人，债权凭证、凭据没有交付或者没有完全交付的，不影响债权转移之效力。债权人通知债务人债权让与的，即使该债权事实上并未让与或者当事人所签订的债权让与合同无效，债务人基于债权让与通知而对新债权人（债权受让人）为履行的，其履行行为有效，此情形下成立"表见让与"或者"表见清偿"，债务人据此可以主张免责。但是债权"表见让与"之成立以原债权人之通知为必要，新债权人（债权受让人）对债务人为通知的，不能发生债权的"表见让与"。②

而在债权多重让与之情形下，在先之债权受让人（第一受让人）取得债权，如果在后之债权让与反被在先通知并且债务人据此业已向该在后受让人作出给付的，同样应该适用债权之"表见让与"，债务人之履行有效，债权在先受让人有权请求原债权人承担违约等法律责任。③

最后，如果被转让之债权是将来债权或者尚不具备可转让性的债权，那么转让合同生效后，须待被转让债权成为现存权利或者具备可转让性时，受让人才取得债权。④

2. 对于债权让与，债权受让人取得与受让债权有关的从权利，该从权利专属于债权人自身的除外。取得该从权利需要办理转移登记手续或者转移占有的，不因受让人未办理有关手续而受到影响（《民法典》第547条）。

3. 对于利息债权，当事人有约定的按照约定处理。无约定的，已经发生的利息债权，归让与人所有，尚未发生的与移转债权相对应部分之利息债权，则应该归属于受让人。

4. 让与之债权为合同债权的，无论是债权部分让与还是债权全部让与，无论让与债权给一人抑或数人，受让人均不成为合同当事人。按照合同相对性原则，针对受让债权发生原因之合同行使撤销权、解除权之

---

① 李永锋、李昊：《债权让与中的优先规则与债务人保护》，载《法学研究》2007年第1期，第49页；徐涤宇：《〈合同法〉第80条（债权让与通知）评注》，载《法学家》2019年第1期，第177页。

② 韩世远：《合同法总论》，法律出版社2011年版，第484页。

③ 徐涤宇：《〈合同法〉第80条（债权让与通知）评注》，载《法学家》2019年第1期，第176页。

④ 黄薇主编：《中华人民共和国民法典释义》，法律出版社2020年版，第1047页。

权利，只能由让与人行使，或者由让与人授权行使。原合同之存续关系债权让与行为之交易基础问题，亦涉及合同当事人互相返还财产、恢复原状等义务承担问题，关系让与人利益甚巨，亦关系受让人之切身利益。因此，债权受让人为数人时，对于是否请求让与人行使撤销权、解除权或者是否请求让与人授权行使撤销权、解除权应该取得一致意见。于债权部分让与之情形，让与人欲行使撤销权、解除权，亦应取得受让人之同意。

但是，对于债权债务的概括移转、合同继受、营业继受等情形，如果让与人与受让人对于撤销权、解除权之行使无约定，则受让人有权决定是否行使该权利。在上述情形下，原来法律关系的当事人事实上已由让与人变更为受让人。另外，在法人分立之情形中，债权乃基于法律之直接规定而移转，无论原来之法人是否终止并注销，分立后的法人享有连带债权（《民法典》第 67 条）。作为连带债权人，分立后的法人应该有权共同决定是否行使撤销权、解除权等权利。

5. 对于选择权，应按照债权让与合同之约定处理。债权让与合同对此无约定的，受让人有权行使选择权。而对于催告权，因为并不影响让与人之切身利益，因此受让人有权独立行使。

6. 债权移转与动产、不动产所有权之移转有所不同，债权移转本身并不涉及动产交付、不动产过户问题。因此，债权自让与人与受让人达成移转合意时移转，自通知债务人时对债务人发生效力。让与人应将证明债权之文件交付受让人，并应告以关于主张该债权所必要之一切情形。让与人对于受让人应供给其行使债权所必要之资料。有证明债权成立证书时，应交付其证书，让与人有自己利用其证书之利益时，例如为债权部分之让与时，得保有证书而交付抄本，并应记明其部分让与之旨于证书。①

7. 让与人对于让与之债权是否承担担保责任。对此问题我国《民法典》无明文规定，本书认为，对此问题不可一概而论，应该按照下列不同情形分别处理之：其一，让与人应该对让与债权之真实性、有效性负责。其二，对于债务人之清偿能力，应该按照让与合同之约定处理。其三，让与合同无约定时，如果让与之债权存在保证、抵押、质押等担保，只要上述担保关系随同让与之债权一并移转给受让人的，让与人对于债务人之清偿能力通常不再承担担保之责。但是，让与人与受让人之间存在资金结算、财产分析及补偿等关系时，应该参照适用《民法典》第

---

① 史尚宽：《债法总论》，中国政法大学出版社 2000 年版，第 722 页。

304 条第 2 款之规定，即"共有人分割所得的不动产或者动产有瑕疵的，其他共有人应当分担损失"。其四，让与合同无约定并且针对让与之债权亦不存在保证、抵押、质押等担保时，在让与人与受让人之间存在买卖、代物清偿、补偿等关系时，让与人对于债务人之清偿能力应该承担担保之责。而在让与人与受让人之间存在赠与等单方加利关系时，让与人对于债务人之清偿能力则不承担担保之责。[①]

8. 债权让与系由他人受让让与人之原债权，故债权原有之瑕疵，尤其是基于让与人自身之瑕疵，例如行为能力、通谋、恶意等，亦一同移转于受让人。

9. 债权多重（重复）让与之效力。与一物数卖之情形类似，债权亦存在多重让与之现象。所谓债权多重让与，是指就同一个债权对不同受让人分别进行二次以上之让与。例如甲将其同一个债权，先让与给 A，然后又让与给 B，最后又让与给 C。对于债权之多重让与，上文已有阐述，此处不赘。[②]

10. 债权依次让与之效力。所谓债权依次让与，系指债权人（第一让与人）将债权让与给第一受让人，第一受让人又将债权让与给第二受让人，等等。债权依次让与与债权多重让与明显有别。[③]对于债权依次让与，只要债权人（第一让与人）、第二让与人（第一受让人）、第三让与人（第二受让人）等依次通知债务人，则债权依次让与对于债务人当然有效。[④]问题在于，对于中间省略之通知，债权让与是否有效？对此问

---

① 《意大利民法典》第 1266 条规定：转让是有偿的，出让人应当为转让时存在的债权提供担保。担保可以被协议排除，但是出让人依然要对自己的行为承担责任。转让是无偿的，出让人仅在法律规定的由赠与人承担追夺担保责任的情况下和范围内提供担保。

② 徐涤宇：《〈合同法〉第 80 条（债权让与通知）评注》，载《法学家》2019 年第 1 期，第 187~188 页。

③ 徐涤宇：《〈合同法〉第 80 条（债权让与通知）评注》，载《法学家》2019 年第 1 期，第 183 页。

④ 关于债权让与通知之主体问题，《合同法》第 80 条明确规定为债权人，而《民法典》第 546 条则规定得较为模糊。《民法典合同编（草案）》（征求意见稿）第 86 条曾经规定："债权转让的通知可以由让与人或者受让人发出。受让人发出转让通知的，应当附债权转让的必要证据；未附必要证据的，债务人有权拒绝向受让人履行。"该规定随后在《民法典合同编（草案）》一审稿中被删除。有学者认为，让与通知的主体只能是让与人（原债权人），债务人不必了解债权让与的真实情况，受让人与债务人可能相互不熟悉，因此仅让与人才有通知的资格。况且，让债务人承担审查债权转让真实性的义务，增加了债务人的负担并且不利于交易的安全。也有学者认为，让与通知的主体过于狭窄，应该扩张到受让人，因为在司法实践中，债权人让与债权后可能不再关心后续债的履行，受让人获得清偿的渠道就只是对债务人的通知。因此在让与人怠于通知的情况下，应该允许有证据的受让人通知债务人，有利于债权尽快实现清偿，灵活解决实践中的问题。参见李永军：《合同法》，法律出版社 2010 年版，第 373 页；

题，史尚宽先生之认识似乎前后矛盾，先生一方面认为："债权依次为让与，例如甲将其债权让与乙，而乙复转让与丙。如就第一之让与尚未通知债务人前，就第二之让与已通知债务人时，债务人在受第一让与之通知前，得否认第二之让与。然如补行第一让与之通知，则第二让与之通知亦于其时发生效力。"先生另一方面又认为："就债权让与，以通知为对债务人之生效要件者，在使债务人确知其债权属于何人，虽不通知真实让与之过程，其通知应解释为有效。"①

针对先生的上述观点，我国学界有学者认为先生之解释过于"武断"。债权让与通知对债务人发生效力之前提在于该让与通知首先得为有效之通知。而判断债权让与通知是否有效，关键在于债权让与之通知主体是否为真正的债权人，而不在于债务人是否知晓债权让与的真实过程。对于中间省略之通知，如果嗣后通知之主体能够一并向债务人提交其前手债权人进行债权让与的有效证明文件，则其所为债权让与通知有效，在后之债权受让人依法取得受让之债权。如果受债权让与通知之债务人对于在后之债权让与提出疑问的，在后之债权受让人须对通知主体为真正债权人及该债权通知有效承担举证责任，举证不能的，债务人有权拒绝承认该债权让与行为。②

针对上述学术争议，本书认为：于存在省略通知之情形而言，判断省略通知之后债权让与对于债务人是否有效，本质上仍然在于如何确定通知义务人以及如何确定债务人之审查义务。就史尚宽先生所举案例来说：甲将其债权让与乙，而乙复转让与丙。而甲并未通知债务人其债权已让与乙，乙却通知债务人其（受让自甲）债权已让与丙。该案例中，甲将其债权让与乙，乙将其债权让与丙，实际上均由乙通知（或者知会）债务人。问题在于：

（1）旧中国民法典第 297 条规定："债权之让与非经让与人或受让人通知债务人，对于债务人不生效力。但法律另有规定者，不在此限。受让人将让与人所立之让与字据提示于债务人者，与通知有同一之效力。"③也就是按照旧中国民法典第 297 条，债权让与之让与人或者受让人

（接上页）申建平：《论债权让与通知的主体》，载《河南省政法管理干部学院学报》2009年第 5 期，第 134 页。

① 史尚宽：《债法总论》，中国政法大学出版社 2000 年版，第 727 页。

② 徐涤宇：《〈合同法〉第 80 条（债权让与通知）评注》，载《法学家》2019 年第 1 期，第 183 页。

③ 《法国民法典》第 1690 条、《意大利民法典》第 1264 条、《瑞士联邦债法》第 167 条等，均规定债权让与由受让人或者让与人及受让人为通知。

均为适格之通知义务人。但是，按照我国多数学者之解释，我国《合同法》第80条第1款以及《民法典》第546条第1款，均将债权让与之适格通知义务人限定为债权人，受让人并非适格之通知义务人。因此，史尚宽先生之讨论和大陆学者之讨论，实乃基于不同之立法。

（2）就上述史尚宽先生所举案例而言，甲将其债权让与乙，由受让人乙通知债务人，乙是适格的债权让与通知义务人吗？对照上述我国《合同法》以及《民法典》之规定，如果答案是否定的，那么甲将其债权让与乙尚且对于债务人因为通知主体不适格而不生效力，而乙复转让与丙却对于债务人须发生效力，其请求权基础何在？

（3）所谓"如果第一次让与虽未被通知于债务人，但债权让与本身并无瑕疵从而生效，则受让人已取代原债权人成为债权人，其所为通知自然使本条第1款规定的法律效果发生……"。按此逻辑，无论债权让与多少次，也无论中间省略多少次债权让与通知，只要债权连环让与本身并无瑕疵从而生效，则债权最终受让人之直接前手（债权人）将最后一次债权让与通知债务人，其所为通知对于债务人即自然有效。该观点明显混淆了债权让与之生效（发生于让与人和受让人之间）和债权让与对于债务人之生效（发生于让与人、受让人和债务人之间）二者之间的关系。按照该观点，债权让与过程中债权人通知与受让人通知将无法区分。因为，债权让与合同生效，受让人即取得债权，受让人与债权人合而为一，受让人即债权人。该观点对于债权让与只发生一次和债权让与发生多次并出现省略通知后通知义务人之解释及评判标准不统一，如果债权让与只发生一次，只能由原债权人通知债务人，而如果债权让与发生多次并出现省略通知之情形，有效之受让人作为债权人亦成为适格之通知义务人。该观点明显失之偏颇，缺少法律依据。该观点也与论者"本条之规范目的既然在于保护债务人而非受让人，那么让与通知之主体原则上应为债权人"之持论多有不合。[1]

（4）"若中间任一环节的让与未成立或不生效，且因未被通知于债务人而无适用表见让与之余地，则中间省略之通知不能发生本条第1款之规范效力。"按此逻辑，若中间任一环节的让与未成立或不生效，但是已被通知于债务人从而可以适用表见让与。问题在于：表见让与亦需要通知义务人适格，否则表见让与不能成立，仍然无法绕开通知义务人之法律界定。

---

[1] 徐涤宇：《〈合同法〉第80条（债权让与通知）评注》，载《法学家》2019年第1期，第180页。

（5）综上，本书认为：于存在省略通知之情形，判断省略通知之后债权让与对于债务人是否有效，取决于如何解释及界定我国《民法典》第546条第1款之通知义务人，如果将通知义务人严格界定为债权人，那么省略通知后之债权让与对于债务人无效，债务人得否认省略通知后之债权让与。然如补行省略之通知，则其后之债权让与通知亦于其时发生效力。债权让与乃债权人之权利及自由，但是债权人无权单方面增加债务人之审查义务，如果受让人亦有权为通知，债务人势必要对受让人所提交之债权证据资料进行来源、真实性等方面之审查，这无疑加重了债务人所承担之义务，缺少法律依据。

11. 债权多重让与与债权依次让与之叠加。例如债权人先将其债权让与甲，其后又让与A，而甲将其受让之债权让与乙，乙将其受让之债权让与丙，等等，此时即发生债权多重让与与债权依次让与之叠加。处理债权多重让与与债权依次让与之叠加问题，核心有两个：其一，债权让与合同生效，受让人即取得债权，未通知债务人不影响债权让与之效力，其后之债权让与，均属于无权处分，法律效力未定。其二，债权人通知债务人债权让与的，即使让与合同无效、被撤销、效力未定、被撤回或者解除，或者事实上并未让与或者并未完成让与，只要该事实不为债务人所知，债务人对于通知所指受让人之给付即为有效，在此情况下发生表见让与之效果，债务人可以免责。

三、债权让与之对外效力

所谓债权让与之对外效力，是指债权让与对于让与当事人以外之债务人及第三人所产生之效力。[①]主要包括以下几个方面的内容：

1. 债权人转让债权，自通知债务人时起，对债务人发生效力。对于已经转让之债权或者债权部分，债务人不得再向转让人为清偿，转让人如受领清偿则构成不当得利。债务人再向转让人为清偿的，不因此而消灭债务人对于受让人之债务。

2. 债权让与未通知债务人，该转让对债务人不发生效力。债权转让通知通常不得撤销，除非受让人表示同意（《民法典》第546条）。

但是，上述规则之适用存在一些例外情形。例如对于电影票、商场购物券等无记名债券，仅依债券之交付而转移债权，无须通知债务人，特殊债权的转移则必须办理登记手续才能生效。而票据债务人负有见票

---

① 史尚宽：《债法总论》，中国政法大学出版社2000年版，第723页。

即付等义务，不得以未收到让与通知为由拒绝履行等。①

3. 按照私法自治原则，当事人可以约定某一债权不得转让。但是，按照《民法典》第 545 条第 2 款之规定：对于非金钱债权，当事人不得以其相互之间存在不得转让之约定而对抗善意第三人；对于金钱债权，当事人不得以其相互之间存在不得转让之约定而对抗第三人。

4. 债权让与经通知债务人后，债务人对于让与人之抗辩，可以向受让人主张（《民法典》第 548 条）。债务人得以行使之抗辩权可以抛弃而不行使，他人无权干涉。国内有学者认为："如果债务人之抗辩权纯属债务人与让与人之间的个人事由的，那么债务人不得以之对抗受让人。例如，让与人虽对债务人约定不请求履行，债务人不得以该约定对抗受让人。"②

5. 债权让与经通知债务人后，债务人对让与人享有债权的，于符合法定条件时有权向受让人请求抵销（《民法典》第 549 条）。

6. 因债权转让而给债务人方面增加的履行费用，由让与人负担（《民法典》第 550 条）。

7. 债权全部或者部分让与未通知保证人的，该转让对保证人不发生效力。保证人与债权人约定债权不得转让、禁止转让的，保证人对受让人无须承担保证责任，如果债权人未经保证人书面同意而转让有关债权的（《民法典》第 696 条）。对于最高额抵押，在担保之债权最终确定前，部分债权转让的，最高额抵押权不得转让，除非当事人对此另有约定（《民法典》第 421 条）。

8. 债权全部或者部分让与的，与受让债权对应部分之抵押权、质权一同让与。未办理有关的转移登记手续或者未转移占有的，不影响上述从权利之取得（《民法典》第 547 条）。

对于《民法典》第 547 条与第 407 条二者之间的关系，本书认为，《民法典》第 407 条规定在担保物权部分，属于担保物权之一般规则，而《民法典》第 547 条规定在合同（债法）部分，属于债法部分对于担保物权规则进行修正之特别法，属于第 407 条所谓之"法律另有规定"，因此应该优先适用第 547 条之规定。而对于"当事人另有约定"，因为债权让与并未增加抵押人之负担，抵押人仍然系就债务人之原来债务在原定范围内提供担保，如果当事人约定债权让与时抵押人不再承担担保责任，

---

① 徐涤宇：《〈合同法〉第 80 条（债权让与通知）评注》，载《法学家》2019 年第 1 期，第 189 页。

② 崔建远：《债权让与续论》，载《中国法学》2008 年第 3 期，第 50 页。

本书认为该"当事人另有约定"在效力上应该劣于《民法典》第547条之明文规定。另外，作为法定担保物权之留置权，亦随同其所担保之债权而移转，但商人之间因为营业关系所生之留置权除外，因预告登记所生之权利，亦随同移转。[1]

9. 让与之债权为连带债权等多数人债权的，受让人与其他债权人之法律关系按照受让债权产生之基础法律关系的性质、内容及种类确定，非债权让与人之其他债权人对于债务人之清偿能力不负担保之责。让与人、受让人欲行使撤销权、解除权的，应该与非债权让与人之其他债权人达成一致意见。

10. 债权让与是否引起诉讼时效之中断，对此问题学界主要存在着肯定说和否定说两种观点。肯定说认为，债权让与通知构成诉讼时效中断的原因。理由在于：债权让与通知的目的虽在于指示债务人向受让人履行债务，但它当然含有向债务人主张债权的意思。[2]否定说则认为：债权让与仅构成观念通知，债权让与通知本身并不包括债权人请求债务人履行债务、提起诉讼或者债务人表示同意履行其债务之内容，因此债权让与通知本身并不能够引发诉讼时效中断之效果（《民法通则》第140条）。[3]

目前，在我国司法实践中主要采纳了上述肯定说之观点。2008年9月1日起施行的《最高人民法院关于审理民事案件适用诉讼时效制度若干问题的规定》第19条第1款即采纳了上述肯定说。可见，无论是债权部分让与抑或全部让与，只要债权人将债权让与通知到债务人，那么与此有关之整个债权的诉讼时效均发生中断之效果。

11. 债权让与仅就债权主体发生变更，原债权债务之发生原因及基础关系并不因此而变更。因此，债务人撤销权、解除权均依照原债权债务关系确定，符合法律规定之权利行使条件时，债务人均得以行使。

12. 债权让与，其标的为可分者，得让与其一部分。不可分者，得让与债权之应有部分。[4]而对于可分给付，如果给付不符合约定，受让人有权合理选择请求债务人承担修理、重作、更换、退货等责任（《民法典》第582条）。

13. 关于债权可否善意取得之问题。对此问题，史尚宽先生认为：

---

① 史尚宽：《债法总论》，中国政法大学出版社2000年版，第721页。

② 魏振瀛主编：《民法》，北京大学出版社、高等教育出版社2000年版，第359页。

③ 崔建远：《债权让与续论》，载《中国法学》2008年第3期，第53页。

④ 史尚宽：《债法总论》，中国政法大学出版社2000年版，第704、713页。

"债权让与，为处分行为之一种。故让与人就该债权应有处分权限及能力。且一旦有效为债权之让与，不得再就同一债权为有效之让与。然以债权让与对抗债务人，应通知债务人。如未为此通知，则就同一债权更受让与且为通知者，对于债务人之关系取得该债权。由无债权处分权限者受让债权时，不因其为善意而取得债权，已如前述。"[1]"然由让与契约无效或被撤销之债权受让人，更受让该债权者，除别有规定外（民法87条1项但书、92条2项），不得有效取得债权。盖关于动产之善意取得或关于有价证券之善意取得之规定，非可类推适用也。"[2]王泽鉴先生也认为，因为债权并无可靠的公示方法作为权利表征，因此一般不适用善意取得之规定。[3]

但是也有学者认为："债权原则上不能适用善意取得制度，但是如果债权能证券化、有体化，即可以通过存折、存单、凭证、文书、证券等形式表现出来，而这些证券化、有体化的债权能为受让人实际占有或支配，则这些债权能适用善意取得制度。"[4]本书认为，对于债权可否适用善意取得制度之问题，不可一概而论。债权当中的无记名证券，如国库券、企业债券、股票等，本身既是债权凭证，又是动产，当然适用善意取得制度。而对于记名的债权凭证，考虑到其公示性不强，而且一般不具有流通性等特点，以不适用善意取得制度为宜。[5]

四、债权让与和向第三人为履行之区别

我国《民法典》第 522 条规定了向第三人为履行合同（约款），向第三人为履行合同，又称为利益第三人合同（Vertrag zugunsten Dritter）、利他合同等，是指约定债务人向债权人之外的第三人为履行之合同。

基于合同的相对性原理，合同上的给付义务原则上只能拘束合同当事人，罗马法上就遵循任何人不得为他人缔约（alteri stipulari nemo potest）之原则。但是，利他合同具有缩短给付路径、节约交易成本、

---

[1] 史尚宽：《债法总论》，中国政法大学出版社 2000 年版，第 708 页。

[2] 史尚宽：《债法总论》，中国政法大学出版社 2000 年版，第 705 页。

[3] 先生举例说：甲对乙享有债权，甲将其债权让与丙，债权凭证业已交付丙，该债权让与行为因甲为禁治产人而无效。嗣后丙出卖该债权于丁，并即让与（第 294 条），同时完成债权凭证之交付。在此情形，纵令丁善意信赖丙之处分权，并有债权凭证之存在或者交付，亦不受法律保护。王泽鉴：《民法物权·第 2 册——用益物权·占有》，中国政法大学出版社 2001 年版，第 241 页。

[4] 王利明主编：《中国民法案例与学理研究·债权篇》，法律出版社 1998 年版，第 32 页。

[5] 章正璋：《善意取得若干疑难问题研究》，载《南京审计学院学报》2004 年第 2 期，第 64 页。

增加第三人债权受偿机会等功能。因此，向第三人为履行的合同在现代社会中屡见不鲜，从而法律对此不得不有所考量和折中。例如，甲拟赠与丙房屋一套，后甲从乙处购买房屋后，甲乙可以约定，由乙直接将该房屋移转登记在丙之名下。①再例如，保险合同指定第三人作为受益人，第三人因而取得保险金请求权；货运合同指定第三人作为收货人，使得第三人取得提货、收货之权利；邮政汇款合同指定第三人作为收款人，使得第三人取得请求兑领汇款之权利等。②

向第三人为履行和债权让与之间，存在一定的相似性，例如二者均具有涉他因素，债务人履行给付义务，而受领人均非原合同之债权人，二者均能够导致诉讼时效中断等，③因而容易混淆，不得不辨。

综合来看，向第三人为履行与债权让与存在以下一些区别：

1. 我国《民法典》将向第三人为履行合同（约款）规定在合同编通则第四章"合同的履行"部分，而将债权让与规定在合同编通则第六章"合同的变更和转让"部分，表明立法者认为向第三人为履行主要属于"合同的履行"问题，而债权让与则主要属于"合同的变更和转让"问题，二者具有不同的法律属性、性质。

2. 是否需要与第三人达成合意之不同。在债权让与之情形中，债权人需要与第三人达成合意，并且需要通知债务人，才能够发生债权让与之效力。而在向第三人为履行之情形，债权人通常不需要与第三人达成合意。

3. 原债权人是否保有债权人身份之不同。在债权全部让与之情形

---

① 陈小君主编：《合同法学》，高等教育出版社 2003 年版，第 134 页；王洪亮：《债法总论》，北京大学出版社 2016 年版，第 476 页。

② 韩世远：《合同法总论》，法律出版社 2018 年版，第 361 页。

③ 向第三人为履行导致诉讼时效中断，我国学界对此没有不同意见。而对于债权让与是否引起诉讼时效中断，学界对此主要存在着肯定说和否定说两种观点。司法实践中则采纳了肯定说之观点。2008 年 9 月 1 日起施行的《最高人民法院关于审理民事案件适用诉讼时效制度若干问题的规定》第 19 条第 1 款规定："债权转让的，应当认定诉讼时效从债权转让通知到达债务人之日起中断。"该《规定》第 11 条规定："权利人对同一债权中的部分债权主张权利，诉讼时效中断的效力及于剩余债权，但权利人明确表示放弃剩余债权的情形除外。"可见，无论是债权部分让与抑或全部让与，只要债权人将债权让与通知到债务人，那么与此有关之整个债权的诉讼时效均发生中断之效果。而在向第三人为履行之情形，如果债务人系在约定的履行期间内为给付，此时诉讼时效尚未开始，当然不发生中断之效果。而如果债务人系在诉讼时效开始后向第三人为给付，则其履行行为同样导致诉讼时效中断之效果。参见魏振瀛主编：《民法》，北京大学出版社、高等教育出版社 2000 年版，第 359 页；崔建远：《债权让与续论》，载《中国法学》2008 年第 3 期，第 53 页。

中，当债权有效让与第三人之后，原债权人不再保有债权人之身份，债务人不得向原债权人为给付，如果原债权人受领债务人之给付则构成不当得利，应该予以返还。而在向第三人为履行之情形，原债权人仍然保有债权人之身份，如果第三人不能受领或者拒绝受领债务人之给付，那么债务人应该向债权人为给付，债权人有权受领债务人之给付，债权人受领给付不构成不当得利。因此，在向第三人为履行之情形，第三人并非合同当事人，亦不参与合同的缔结，无权主张撤销合同，也不适用代理的规定。①

另外，在《民法典》第 522 条第 1 款所规定的"不真正的利益第三人合同"之情形，②如果债务人未向第三人履行债务或者履行债务不符合约定的，债务人应当向债权人承担违约责任，而不是向第三人承担违约责任。

4. 是否允许撤销之不同。在债权让与之情形中，"债权转让的通知不得撤销，但是经受让人同意的除外"。③而在"不真正的利益第三人合同"之情形，《民法典》第 522 条第 1 款并未规定债权人或者债务人须将"向第三人为履行"之约定通知第三人，第三人对此可能并不知情。按照私法自治原则，既然债权人和债务人可以约定债务人须向第三人为履行，那么解释上似乎应该肯定债权人和债务人亦有权协议变更或者废止该约定。

5. 第三人是否取得从权利之不同。在债权让与之情形中，受让人取得与债权有关的从权利，例如与受让债权对应部分之抵押权、质权等，但是该从权利专属于债权人自身的除外。受让人取得从权利不因该从权利未办理转移登记手续或者未转移占有而受到影响（《民法典》第 547 条）。而在向第三人为履行之情形，《民法典》对此无明文规定，实践中第三人往往只是取得受领给付之资格（权利），第三人无法自动或者当然成为设立从权利法律行为（合同）之当事人，亦无法自动或者当然取得与债权有关之从权利。

6. 保证人是否继续承担保证责任之不同。债权让与未通知保证人的，对保证人不发生效力。保证人与债权人约定禁止债权转让，债权人未经保证人书面同意全部转让或者部分转让债权的，对于债权让与之部

---

① 韩世远：《合同法学》，高等教育出版社 2010 年版，第 133 页。
② 黄薇主编：《中华人民共和国民法典释义》，法律出版社 2020 年版，第 999 页。
③ 《民法典》第 546 条第 2 款。

分或者全部，保证人对受让人不再承担保证责任（《民法典》第 696
条）。①而在向第三人为履行之情形，《民法典》对此无明文规定，考虑到
向第三人为履行并不涉及债务人自身的履约能力问题，因此并不由此而
增加保证人承担保证责任之风险，保证人应该继续承担保证责任。

7. 是否承担担保责任之不同。在债权让与之情形，尤其是在有偿
（有对价）的债权让与情形中，让与人应该对让与债权之真实性、有效
性以及债务人之清偿能力承担担保责任。在债权让与的情形中，让与人
对受让人应负有权利瑕疵担保义务，即让与人应当保证其所让与的债权
是合法有效的，这一义务的确立有助于保护受让人的利益，维护交易安
全和秩序。让与人担保义务的内容通常包括：一是担保所让与的权利是
现实存在的、合法有效的；二是该债权此前没有转让给其他受让人，并
且不会有第三方向受让人主张权利。三是担保所让与的债权之上并不存
在在先权利，即该债权之上没有设定质押或者其他权利担保。四是让与
人已经向受让人披露了债权让与的所有信息。如果让与人在让与债权时
已经对受让人披露了相关内容，例如，披露所让与的债权之上存在权利
负担的，受让人仍愿意受让债权的，则让与人不再负担上述担保义务。②

反之，如果让与人与受让人之间债权让与之目的在于赠与等单方加
利行为时，那么让与人对于债务人之清偿能力则无须承担担保之责。③而
在向第三人为履行之情形，债权人对于债务人之清偿能力通常无须承担
担保责任。

8. 第三人诉讼地位之不同。在债权让与之情形中，受让债权之第三
人当然具有诉讼当事人之地位，成为适格的原告或者被告。而在向第三
人为履行之情形中，全国人大常委会法工委与最高人民法院对此亦曾经
存在分歧，④按照全国人大常委会法工委之意见："向第三人履行的合同，
又称利他合同，或者为第三人合同，指双方当事人约定，由债务人向第
三人履行债务，第三人直接取得请求权的合同。"⑤而按照最高人民法院

---

① 对于债权让与后债权人自留之部分债权，因为并不涉及第三人，并且并不由此而增加保证
人承担保证责任之风险，因此保证人应该继续承担保证责任。
② 王利明：《债法总则》，中国人民大学出版社 2016 年版，第 316、317 页。
③ 《意大利民法典》第 1266 条规定：转让是有偿的，出让人应当为转让时存在的债权提供担
保。担保可以被协议排除，但是出让人依然要对自己的行为承担责任。转让是无偿的，出
让人仅在法律规定的由赠与人承担追夺担保责任的情况下和范围内提供担保。
④ 朱广新、谢鸿飞主编：《民法典评注·合同编·通则》（1），中国法制出版社 2020 年版，第
474 页。
⑤ 胡康生主编：《中华人民共和国合同法释义》，法律出版社 2013 年版，第 72 页。

曾经之实践观点,《合同法》第 64 条、第 65 条所规定之第三人,不得作为合同诉讼案件的被告,亦不得作为有独立请求权之第三人,而只能作为无独立请求权之第三人。[①]按照《民法典》第 522 条第 2 款之规定,在"真正的利益第三人合同"之情形中,第三人成为适格的原告或者被告固无问题,而在《民法典》第 522 条第 1 款"不真正的利益第三人合同"之情形,第三人肯定无法成为适格的原告或者被告。

五、债务转移之效力

债务转移(债务承担)在债务人、债务承担人与债权人等主体之间,产生以下几个方面的效力:

1. 债务人与第三人缔约,约定债务人将债务之部分转移给第三人的,应当经债权人同意(《民法典》第 551 条第 1 款)。债权人表示同意之时,债务转移生效。债务人或者第三人可以催告债权人在合理期限内予以同意,债权人未作表示的,视为不同意(《民法典》第 551 条第 2 款)。转移债务要经过债权人之同意,这是债务转移制度与债权转让制度最主要的区别。[②]债权人不同意债务转移的,债务人与第三人之间的债务转移行为当属无效。而对于债务转移合同之效力,应该按照合同之约定处理。合同无约定时,当事人应该有权撤销或者解除合同。[③]债务人与第三人之间的原债务不排斥第三人代为履行的,债务人与第三人亦可协商将债务转移合同转换为第三人代为履行合同。[④]

应当注意的是,债务转移合同也有可能是由债权人和第三人之间所签订。此时该合同一般情况下对债务人是有利的,但是,也有可能出现债务人对此不存在利益之情形,甚至债务人有合理的理由要求自己履行债务。例如,债务人考虑到其被取代对声誉的影响,或者无法通过履行债务训练团队以吸引未来的业务,甚至可能已经和他人签订辅助性的合同以履行债务,此时可能要被迫解除这些合同。因此,该类债务转移合同至少应当通知债务人,债务人应当能够拒绝债权人和第三人之间签订

[①] 《最高人民法院关于适用〈中华人民共和国合同法〉若干问题的解释(二)》第 16 条,该解释依法法释[2020]16 号现已废止。

[②] 黄薇主编:《中华人民共和国民法典释义》,法律出版社 2020 年版,第 1054 页;王利明主编:《中国民法典释评·合同编通则》,中国人民大学出版社 2020 年版,第 410 页。

[③] 旧中国民法典第 302 条第 2 款规定,债权人拒绝承认时,债务人或承担人得撤销其承担之契约。

[④] 王利明主编:《中国民法典释评·合同编通则》,中国人民大学出版社 2020 年版,第 415 页。

的债务转移合同对其发生效力。①

2. 债务转移之后,对于债务之转移部分,原债务人不再承担法律责任。也就是原债务人对于债务之转移部分,既不负履行责任,也不负担保责任,这是债务转移与第三人代为履行(《民法典》第 523、524 条)之主要区别。②法律之所以规定债务人将债务之全部或者部分转移给第三人时应当经债权人同意,就是因为债务转移之后,原债务人对于债务之转移部分,不再承担法律责任,而不同债务人的履行能力、资信状况及道德品行等往往又会存在差异。

债务承担和第三人代为履行的界限有时并非十分清晰。实践中,法官往往通过考察约定中是具有较强的履行意愿,还是更着重为第三人设定义务的意图来区分。③如果在合同中使用"委托付款"或者"代为支付"等类似表达,一般认为是第三人代为履行债务。反之,如果合同强调的是偿还债务本身,或者明确约定债权人可以向第三人直接主张,则会被看作是债务转移。当事人之间就是债务转移抑或第三人代为履行约定不清晰的,应当基于保护债权人对债务人资信状况或者债务履行能力的信赖,认为是由第三人代为履行债务而非债务转移,因此,第三人不履行债务或者履行债务不符合约定的,由债务人而非第三人向债权人承担责任。④

3. 对于全部转移之债务,原债务既可为可分债务,亦可为不可分债务。而对于部分转移之债务,原债务必须为可分债务,不可分债务无法部分转移给其他债务人。至于债务部分转移之结果是否导致按份之债,学说上持肯定见解者认为:"债务转移分为两种情况:一种情况是债务的

---

① 黄薇主编:《中华人民共和国民法典释义》,法律出版社 2020 年版,第 1055~1056 页。

② 债务转移和第三人代为履行之间,主要存在以下几方面的区别:(1) 在债务人转移债务时,债务人应当征得债权人的同意。在第三人代为履行债务的情况下,符合法律规定时,第三人单方表示代替债务人清偿债务或者与债务人达成代替其清偿债务的协议,不必经债权人的同意;第三人对履行该债务具有合法利益的,债权人甚至无权拒绝。(2) 在债务人转移债务的情况下,第三人作为新的债务人相应地取代债务人。第三人代为履行时,不涉及债务人的变化,第三人只是履行主体而不是债务人,债权人不能把第三人作为债务人要求第三人履行债务。(3) 在债务人转移债务后,第三人相应地作为债务人,如果第三人未能履行债务,债权人可以直接请求第三人履行,而不能再要求原债务人履行。在第三人代为履行的情况下,第三人不履行或者不完全履行,债权人只能要求债务人承担责任,而不能要求第三人承担责任。参见王利明主编:《中国民法典释评·合同编通则》,中国人民大学出版社 2020 年版,第 410 页。

③ 肖俊:《〈合同法〉第 84 条(债务承担规则)评注》,载《法学家》2018 年第 2 期,第 177 页。

④ 王利明主编:《中国民法典释评·合同编通则》,中国人民大学出版社 2020 年版,第 411 页。

全部转移，在这种情况下，新的债务人完全取代原债务人，新债务人负责全面地履行债务；另一种情况是债务之部分转移，即原债务人和新债务人负有按份债务。"①本书对此持否定见解。部分转移之债务与债务之其他部分之间可为按份之债，但并非必然构成按份之债。部分转移之债务只要与债务之其他部分相互可分即可，是否能够确定各债务人所承担债务之份额，并不影响债务之部分转移及其效果。例如装修合同所包含之土木、水电、油漆等作业环节，为可分之债而非按份之债，该债务可以拆分并且部分转移。

4. 债务人转移债务的，新债务人可以主张原债务人对债权人的抗辩；原债务人对债权人享有债权的，新债务人不得向债权人主张抵销（《民法典》第 553 条）。

5. 债务人转移债务的，新债务人应当承担与主债务有关的从债务，但是该从债务专属于原债务人自身的除外（《民法典》第 554 条）。

6. 原债权债务关系赖以产生之基础法律关系为法律行为时，针对该法律行为之撤销权、解除权等形成权，原则上只能由原债务人行使，承担人原则上无权行使，因为合同等债权关系具有相对性，但是催告权、选择权除外。原债务人与债权人间虽有对人的抗辩之事由，承担人不得以之对抗债权人。例如原债务为继承债务，原债务人虽为限定继承，承担人不得为限定继承之抗辩。②原债务被全部转让，而承担人为二人以上时，各承担人经协商一致，可以请求原债务人行使撤销权、解除权，或者请求原债务人授权债务承担人行使撤销权、解除权。

7. 承担人得以其与债权人间之法律关系，对抗债权人。债务转移合同由承担人与债权人订立的，基于合同无效、撤销、解除等权利，承担人当然得以行使。

8. 第三人与债务人缔结债务转移合同，其法律原因或为交互计算、或为委托、赠与、债务清偿、工资支付、以物抵债、债之更改等，第三人基于上述法律关系得以对抗债务人之事由，通常不得以之对抗债权人。③

9. 债权人未经保证人书面同意，允许债务人转移全部或者部分债务，保证人对未经其同意转移的债务不再承担保证责任，但是债权人和

---

① 黄薇主编：《中华人民共和国民法典释义》，法律出版社 2020 年版，第 1054 页。

② 史尚宽：《债法总论》，中国政法大学出版社 2000 年版，第 748 页。

③ 旧中国民法典第 303 条第 2 款规定：承担人因其承担债务之法律关系所得对抗债务人之事由，不得以之对抗债权人。

保证人另有约定的除外（《民法典》第 697 条第 1 款）。

大陆法系各国（地区）民法上多有规定：第三人所为保证债务及约定担保物权，除合同另有约定或者该第三人表示同意外，因债务之承担而消灭。[①]其原因主要在于，债务转移与债权让与大有不同，债权让与与债务人之履行能力并无直接关系，因此不会导致担保风险上升。而债务承担必然涉及债务承担人之履行能力与道德品行等问题，因此导致信用关系发生变更，无法苛求保证人、物上保证人继续承担担保责任。但是，如果物上保证人自己承担了部分债务，或者债务人以自有物设定了担保物权，则应以当事人有使担保继续存在之意思，除有反对之意思表示外，原担保仍然有效。原债权之保证人亦可作为债务承担人而承担部分债务，此时保证人和自己承担部分债务之债务人合一，保证人对于自己承担之债务部分，须以总括财产承担履行责任，保证并不能增加责任财产，其存续或者消灭并无实质影响。而对于原债权未转移之部分，保证人仍须按照原保证合同之约定承担保证责任。对于法定担保物权，例如留置权，不问担保人之意思如何，依法律之规定而当然发生，债务不失同一性，因债务承担而导致债务全部或者部分移转时，应解释为担保继续有效。否则债务人通过债务转移即可轻易规避债权人留置权之行使，对于债权人殊为不利。

10. 在债务承担情形下，一般应该视为原债务人对债务之承认，针对原债务之诉讼时效，从债务承担意思表示到达债权人之日起中断（《最高人民法院关于审理民事案件适用诉讼时效制度若干问题的规定》第 19 条第 2 款）。

11. 从属于债权之权利，不因债务之承担而妨碍其存在。如营业禁止、仲裁约款，应解释一同移转于承担人。然此等从权利，与债务人有不可分离之关系者，不移转于承担人。[②]

12. 承担人于承担他人债务后，对于债权人为清偿或为其他免责行为时，对于原债务人甚或债权人有无求偿权及其求偿之范围，应该按照债务承担人与原债务人、债权人之间内部具体法律关系之性质及内容以作考量，难以一概而论。承担人有赠与、无偿援助或者好意施惠意思的，无求偿权。反之，债务承担人应该享有求偿权。

---

① 例如，旧中国民法典第 304 条第 2 款、《瑞士联邦债法》第 178 条第 2 款、《意大利民法典》第 1275 条、《日本民法典》第 518 条等。

② 旧中国民法典第 304 条第 1 款规定，从属于债权之权利，不因债务之承担而妨碍其存在。但与债务人有不可分离之关系者，不在此限。

13. 债务转移非依法律行为而发生，而是基于法律直接规定而发生者，其效果与意定的债务转移有所不同。故对于法定之债务转移，首先须依照法律之规定确定其效果。由第三人所提供之担保通常并不消灭。法律对其效果无特殊规定时，可以参照适用意定债务转移之规定。①

14. 关于连带债务之转让及其效果。债务转移须以该债务具有可转移性为前提条件，《民法典》对于哪些债务具有可转移性无明文规定，只是规定了"债权人同意"这一限制性措施。②"无论是性质上不可转移的债务，还是当事人特别约定不得转移的债务，如果限制转移的目的是保护债权人的利益，均可以通过债权人同意这一环节发生效力，债权人同意本身已经保护了债权人自己的利益，债权人同意债务转移本身就使得这些债务具有了可转移性。"③《民法典》并未将具有可转移性之债务限定为单一主体之债，因此有理由认为，作为多数人之债的连带债务，应该具有可转移性。例如 A、B、C 三个连带债务人对债权人甲共同负债1000 万元，则 A、B、C 三个连带债务人均对甲负债 1000 万元，设若连带债务人 C 欲将其连带债务 1000 万元全部转移给 D，也就是由 D 取代 C就 1000 万元债务与 A、B 承担连带责任。此时债务人 C 全部转移债务不仅须征得债权人甲之同意，亦须征得其他连带债务人之同意，因为由 D取代 C，不仅涉及对外关系上的履行能力，亦涉及对内关系上之求偿权实现问题。有疑问者，上例中，C 可否将其连带债务 1000 万元之部分例

---

① 例如按照《民法典》第 67 条之规定，法人分立，其权利和义务由分立后的法人享有连带债权，承担连带债务，但是债权人和债务人另有约定的除外。

② 通常不具有可转移性之债务主要包括两类：按照债务之性质不得转移；按照法律规定不得转移。例如《民法典》第 894 条第 1 款规定："保管人不得将保管物转交第三人保管，但是当事人另有约定的除外。"法律未明确规定，但根据债务的性质只能由债务人本人而不能由他人履行的债务，如著名画家绘制肖像的债务、歌手登台演出的债务，这些债务重视债务人的个性、技能、熟练程度等，通常不许转移。而对于当事人可否约定债务不得转移，学界存在不同意见。一种观点认为："当事人约定不得转移的合同债务，此为当事人意思自治、合同自由的表现，自应尊重当事人的意思。"另一种观点则认为："债务人须亲为履行之债务，例如因雇佣契约所生受雇人之劳务债务，或因委任契约所生受任人事务处理债务，虽系注重债务人之人的关系而订立契约，然不妨为债务承担。盖债权人承认债务承担人为债务人，则系承认其给付为履行也。债务之移转，与债权之移转不同，不得以契约排除之。盖债务承担之当事人，得即为禁止转移之当事人，其承担契约之成立，可认其移转禁止已经废止。"之所以有此区别，是因为债权让与采通知主义，而债务转移则采同意主义。参见王利明主编：《中国民法典释评·合同编通则》，中国人民大学出版社 2020 年版，第 412 页；史尚宽：《债法总论》，中国政法大学出版社 2000 年版，第 742 页。

③ 王利明主编：《中国民法典释评·合同编通则》，中国人民大学出版社 2020 年版，第413 页。

如 500 万元转移给 D？如果可以，A、B、C、D 之间的法律效果又当如何？本书认为，鉴于《民法典》对此无明文规定，按照私法自治原则，当事人有权"通过意思表示设立、变更、终止民事法律关系"（《民法典》第 133 条）。因此，C 可以将其连带债务 1000 万元之部分例如 500 万元转移给 D，只要债权人以及其他连带债务人同意即可。例如当事人可以约定：由 A、B、C 承担 500 万元之连带债务，由 A、B、D 承担剩余 500 万元之连带债务，等等。

六、债务转移和第三人代为履行之区别

我国《民法典》第 523、524 条规定了第三人代为履行制度。所谓第三人代为履行制度，是指按照当事人之约定或者依照法律之规定，由债务人以外之第三人代债务人向债权人为履行之合同制度。第三人代为履行同样具有缩短给付路径、提高交易效率、节约交易成本等功能。我国学界有学者区分《民法典》第 523、524 条之规定，第 523 条被称之为由第三人履行的合同，第 524 条被称为第三人代为履行，[1]也有学者认为可使用第三人代为清偿（履行）概括所谓的代位清偿的类型。[2]本书所谓的第三人代为履行，如无特别说明，内容上包含了《民法典》第 523、524 条所规定的两类情形。

第三人代为履行和债务转移具有某些相似性，例如二者均具有涉他因素，均非由债务人自己而是由第三人履行给付义务，第三人履行给付义务均导致诉讼时效中断等，[3]因而容易混淆，不得不辨。

综合来看，债务转移和第三人代为履行主要存在以下一些区别：

1. 我国《民法典》将第三人代为履行制度规定在合同编通则第四章"合同的履行"部分，而将债务转移规定在合同编通则第六章"合同的变更和转让"部分，表明立法者认为第三人代为履行主要属于"合同的履行"问题，而债务转移则主要属于"合同的变更和转让"问题，二者具有不同的法律属性、性质，在规制路径和规制效果上存在明显区别。

[1] 朱广新、谢鸿飞主编：《民法典评注·合同编·通则》(1)，中国法制出版社 2020 年版，第 484、488 页；黄薇主编：《中华人民共和国民法典释义》，法律出版社 2020 年版，第 1001~1002 页。

[2] 该学者将《民法典》第 524 条所规定的"第三人代为履行"称之为"代位清偿"，"代位清偿一般是指具有利害关系的第三人的代为清偿。"参见王利明：《债法总则》，中国人民大学出版社 2016 年版，第 275 页。

[3] 《最高人民法院关于审理民事案件适用诉讼时效制度若干问题的规定》第 19 条第 2 款。

2. 债务转移应当经债权人同意（《民法典》第551条第1款）。而第三人代为履行则未必须经债权人同意（《民法典》第524条第1款）。"为了保护就债务履行具有合法利益的第三人，本条规定打破了债的相对性，赋予该第三人代为履行的权利。该第三人代为履行债务，不需要考虑是否违反债务人的意思，债权人也不得拒绝。"①

3. 债务关系的结构及复杂程度不同。对于债务转移，受让债务之第三人与债权人之间只存在一重债务关系，法律关系较为简单。而对于第三人代为履行，则包含着多重债务关系，一重债务关系是发生于原来债权人与债务人之间的原生性债务关系；另一重债务关系是发生于第三人与原债务人之间的次生性债务关系。最后还有一重债务关系是发生于"具有合法利益"代为履行之第三人与原来债权人之间的债权转让关系（《民法典》第524条）。因此，第三人代为履行关系远较债务转移关系为复杂。

4. 债务转移之后，对于债务之转移部分，原债务人不再承担法律责任。而对于第三人代为履行，无论是在《民法典》第523条约定由第三人履行之情形，还是在《民法典》第524条所规定的第三人对履行债务具有合法利益之情形，第三人不履行债务或者履行债务不符合约定的，债务人仍然承担责任；或者债权人对债务人的债权转让给代为履行之第三人，但是债务人和第三人另有约定的除外。

5. 第三人是否可以行使原债务人之抗辩权、抵销权不同。对于债务转移，新债务人可以主张原债务人对债权人的抗辩，但是新债务人不得就原债务人对债权人之债权，主张抵销（《民法典》第553条）。而对于第三人代为履行，第三人能否主张原债务人对债权人的抗辩、能否就原债务人对债权人所享有债权主张抵销，法律对此并无明文规定。本书认为，对此问题不可一概而论，主要取决于第三人与债务人之间法律关系之性质和内容等，对于原债务人所享有的时效完成抗辩权、同时履行抗辩权、后履行抗辩权、不安抗辩权等，原则上代为履行之第三人有权行使。

6. 保证人是否继续承担保证责任之不同。对于债务转移，如果债权人未经保证人书面同意而允许债务部分或者全部转移的，那么保证人对未经其同意转移之部分，不再承担保证责任，当事人另有约定者除外（《民法典》第697条第1款）。对于法定之债务转移，首先须依照法律

---

① 黄薇主编：《中华人民共和国民法典释义》，法律出版社2020年版，第1003页。

之规定确定其效果（例如《民法典》第 67 条等），由第三人所提供之担保，通常并不消灭。而对于第三人代为履行，因为债务人并未变更，债务履行的风险并未增加，因此原债务人之保证人仍须承担保证责任。

7. 债务转移和第三人代为履行的主要区别在于债务人是否退出原债权债务关系。在债务全部转移的情况下，第三人完全代替债务人的地位，债务人退出合同关系，债务人对于转移之债务不再承担责任，原合同关系消灭。在《民法典》第 523 条所规定第三人代为履行的情况下，"第三人只是履行主体而不是合同的债务人。对于债权人只能将第三人作为债务履行的辅助人而不能将其作为合同当事人"。①而在《民法典》第 524 条所规定第三人代为履行的情况下，债权人接受第三人履行后，其对债务人的债权转让给第三人，但是债务人和第三人另有约定的除外。也就是说，此情形下发生债权的法定转让关系，原债权人退出债权债务关系，第三人取代原债权人之法律地位，而债务人就其债务仍须承担责任。

8. 第三人诉讼地位之不同。对于债务转移，受让债务之第三人当然具有诉讼当事人之地位，成为适格的原告或者被告。对于第三人代为履行，在《民法典》第 523 条所规定第三人代为履行的情况下，按照最高人民法院曾经之实践观点，《合同法》第 64 条、第 65 条所规定之第三人，不得作为合同诉讼案件的被告，亦不得作为有独立请求权之第三人，而只能作为无独立请求权之第三人。②而在《民法典》第 524 条所规定第三人代为履行的情况下，因为发生债权的法定转让关系，原债权人退出债权债务关系，不再适格成为针对原债权之原告或者被告。第三人取代原债权人之法律地位，适格成为受让债权之原告或者被告。债务人就其债务仍须承担责任，因此适格成为其自身债务之原告或者被告。

---

① 最高人民法院［2017］最高法民申 724 号民事裁定书。最高人民法院认为："本案中，当事人之间的《协议书》约定：胡某美将在建的安达公司焉耆县北岸干渠房地产项目中的房产抵押贷款，贷款可用于给段某成偿还借款，任某记给予协助办理相关贷款抵押手续；胡某美认可任某记的还款行为，任某记自胡某美在建北岸干渠房产项目中的房产销售款中扣回上述款项；上述款项付清后，胡某美、段某成双方销案。在任某记给付了部分款项后，段某成出具的收条也明确载明：'收到任某记代替胡某美还焉耆北岸干渠项目借款 1000 万元。'据此，胡某美并没有退出其与段国成之间的民间借贷关系，任岳记只是代为履行的一方，是胡某美履行债务的辅助人，胡某美作为债务人，仍负有偿还借款的义务。因此，《协议书》构成第三人代为履行的法律关系，而不是债务转移关系。"

② 《最高人民法院关于适用〈中华人民共和国合同法〉若干问题的解释（二）》第 16 条，该解释依照法释［2020］16 号现已废止。

七、债务加入之效力

债务加入属于我国《民法典》新创之制度，尽管大陆法系其他国家（地区）对此多有规定，但是我国此前的民事立法中对此问题并无涉及。综合来看，债务加入的法律效力主要包括以下几个方面：

1. 债务加入并非尽数对债权人有利，[①]对于往取之债，也就是债权人须自己前往债务人所在地自提货物之债，第三人债务加入可能增加债权人运费负担、增加货物在途灭失风险，亦可能增加债权人陷入迟延之风险。因此，债务加入尽管无须征得债权人同意，但是应该通知债权人，否则债务加入对于债权人不发生效力，债权人有权拒绝债务加入人之给付及给付之提出。债权人收到债务加入之通知以后，有权表示拒绝（《民法典》第 552 条）。或者与债务加入人重新协议给付之方式、方法等。

2. 债务加入并非尽数对债务人有利，因为有偿的债务加入行为会分割债务人来之不易之市场份额。尽管《民法典》第 552 条对于"第三人向债权人表示愿意加入债务"并未规定应该通知债务人或者征得债务人同意，但是基于债法关系之相对性以及法律秩序之稳定，本书认为，第三人向债权人表示愿意加入债务债权人对此表示同意的，或者第三人与债权人协议加入债的，均应该通知债务人，债务人有权拒绝。否则，第三人与债权人达成的债务加入协议对于债务人无效。对此问题，上文债务转移部分已有阐述，此处不赘。[②]

3. 因第三人加入债务，"第三人在其愿意承担的债务范围内和债务人承担连带债务"（《民法典》第 552 条）。因此，《民法典》关于连带债务之规定，对于债务加入关系有其适用。可见，债务加入与债务转移存在根本性区别，债务加入人与原债务人须承担连带责任。而债务转移之后，对于债务之转移部分，原债务人不再承担法律责任。也就是原债务人对于债务之转移部分，既不负履行责任，也不负担保责任或者连带责任等。

---

① 反对意见认为：与第 551 条相比，第 552 条规定"债权人未在合理期限内明确拒绝的……"，这意味着债务承担不需要以债权人的明确同意为要件，因为此时原债务人的地位没有改变，只是增加了一个新的债务人，不会威胁到债权人的利益实现所以无须债权人的明确同意。参见朱广新、谢鸿飞主编：《民法典评注·合同编·通则》（2），中国法制出版社 2020 年版，第 110 页。

② 黄薇主编：《中华人民共和国民法典释义》，法律出版社 2020 年版，第 1055~1056 页。

另外,《民法典》第 697 条第 2 款规定:"第三人加入债务的,保证人的保证责任不受影响。"可见,债务加入与连带责任保证同样应予严格区分,二者存在以下区别:第一,连带责任保证受到保证期间和诉讼时效的双重限制。①而债务加入只受诉讼时效之限制。第二,债务加入暂时尚无明确的主体资格限制,而《民法典》对于(连带责任)保证之主体具有明确的资格限制(《民法典》第 683 条)。第三,保证合同与主债权债务合同之间具有主从关系,保证合同性质上属于从合同,其效力受制于主合同(《民法典》第 682 条)。而债务加入尽管须以有效债务之存在为前提,但是债务加入合同是否即为主债权债务合同之从合同,以及《民法典》第 682 条对于债务加入合同是否应该参照适用,目前尚无定论。第四,连带保证责任通常具有补充性、偶然性、不确定性。只要主债务人具有清偿能力,依约履行其债务,那么连带责任保证人通常无须承担保证责任。但是按照《民法典》第 688 条之规定,该原则允许例外。②第五,保证人承担保证责任之后,在其承担保证责任的范围内,原则上有权向主债务人追偿,当事人另有约定者除外(《民法典》第 700 条)。而第三人加入债务后,对于债权人为清偿或为其他免责行为时,对于原债务人甚或债权人有无求偿权及其求偿之范围,应该按照第三人与原债务人、债权人之间内部具体法律关系之性质及内容以作考量,难以一概而论。

4. 关于抗辩权。第三人加入债务的,第三人可以主张原债务人对债权人的抗辩,《民法典》第 553 条前半句应该参照适用。第三人得以其与债权人间之法律关系,对抗债权人。第三人与债务人缔结债务加入合同,其法律原因或为交互计算,或为委托、赠与、债务清偿、工资支付、以物抵债、债之更改等,第三人基于上述法律关系得以对抗债权人之事由,通常不得以之对抗债权人。③

5. 关于抵销权。第三人对于债权人享有到期债权的,当然得以自己之债权,向债权人主张抵销。但是,原债务人对债权人享有债权的,第三人不得向债权人主张抵销,《民法典》第 553 条后半句应该参照适用。

6. 关于形成权。原债权债务关系赖以产生之基础法律关系为法律行为时,针对该法律行为之撤销权、解除权等形成权,原则上只能由原债

---

① 《民法典》第 692 条第 2、3 款;第 693 条第 2 款;第 694 条第 2 款。
② 王利明主编:《中国民法典释评·合同编通则》,中国人民大学出版社 2020 年版,第 419 页。
③ 旧中国民法典第 303 条第 2 款规定:承担人因其承担债务之法律关系所得对抗债务人之事由,不得以之对抗债权人。

务人行使，或者由原债务人授权行使，承担人原则上无权行使，因为合同等债权关系具有相对性，但是催告权、选择权除外。原债务人与债权人间虽有对人的抗辩之事由，承担人通常不得以之对抗债权人。债务加入合同由第三人与债权人订立的，对于该合同主张撤销、解除之权利，承担人当然得以行使。

7. 关于从债务。第三人加入债务，对于原债务之从债务，是否承担履行义务，对此问题《民法典》无明文规定。本书认为，《民法典》第554条应该参照适用，第三人应当承担从债务之履行义务，但是该从债务专属于原债务人自身者除外。

8. 关于担保。第三人加入债务的，保证人的保证责任不受影响（《民法典》第697条第2款）。对于抵押和质押，因为第三人加入债务并未增加债务总量或者提高债务履行风险，因此抵押、质押关系应该不受影响。而对于留置，不问担保人之意思如何，依法律之规定而当然发生，债务不失同一性，第三人加入债务的，应解释为留置继续有效。

9. 关于时效。第三人加入债务的，一般应视为原债务人对债务之承认，应该准用《最高人民法院关于审理民事案件适用诉讼时效制度若干问题的规定》第19条第2款之规定，即针对原债务之诉讼时效，从债务加入意思表示到达债权人之日起中断。该中断只对第三人以及与第三人协议债务加入之债务人发生，对于其他债务人则不发生诉讼时效中断之效力。

10. 第三人加入债务后，对于债权人为清偿或为其他免责行为时，对于原债务人甚或债权人有无求偿权及其求偿之范围，应该按照第三人与原债务人、债权人之间内部具体法律关系之性质及内容以作考量，难以一概而论。第三人有赠与、无偿援助或者好意施惠意思的，无求偿权。反之，第三人应该享有求偿权。

11. 关于连带债务之债务加入。《民法典》第552条只是规定了第三人可以加入债务，并未限定第三人加入之债务只能是单一主体之债。本书认为，作为多数人之债的连带债务，亦应允许第三人加入。例如A、B、C三个连带债务人对债权人甲共同负债1000万元，则A、B、C三个连带债务人均对甲负债1000万元，设若第三人D欲加入连带债务人A之债务，或者第三人D欲加入连带债务人A、B、C之整体连带关系中，法律没有禁止之必要。正如上文所述，债务加入并非尽数对债权人有利，亦并非尽数对债务人有利。因此，第三人D无论以何种方式加入他人既有连带债务关系中，均应通知全体债权人及债务人，债权人及债务人有权拒绝。按照《民法典》第 552 条，第三人只能"在其愿意承担的债务范围内和债务人承担连带债务"。只要第三人与任一连带债务人发生连带关系，则其必然与其他连带债务人"在其愿意承担的债务范围内"发生连带关系，因为连带关系具有交互性。第三人对于债权人为清偿或为其他免责行为时，对于其他连带债务人甚或债权人有无求偿权及其求偿之范围，应该按照第三人与其他连带债务人、债权人之间内部具体法律关系之性质及内容以作考量，无法一概而论。

12. 关于混合形式债务加入之效果。通常情况下，债务加入合同属于第三人单方承担给付义务的单务合同，债权人对于加入债务之第三人并不承担任何给付义务，学说上称之为纯粹的债务加入合同。实践中，有时债务加入合同并不属于单方承担给付义务的单务合同，债权人对于加入债务之第三人亦承担对待给付义务，学说上称之为混合形式的债务加入合同。例如，"在房屋租赁合同纠纷案件中，由于存在大量的承租人与实际使用人不一致的情况，因此债务加入的情况较多。如果实际使用人享有租赁合同的权利，也已经以自己名义履行合同义务，或者事后同意履行合同义务的，可以认定构成债务加入。出租人向承租人主张权利的同时，可以一并主张实际使用人共同履行债务。这里认定债务加入应分两种情况，一种是实际使用人同意承担合同债务。这种情况双方无争议，法院可直接认定债务加入。另外一种是实际使用人在合同履行过程中已经实际履行了合同债务，如以自己名义交纳租金、与出租人进行债务对账清算等，对此种情况法院应当根据出租人提供的证据加以审核，如租金支付记录、租金发票开具情况、双方来往函件等。只有相关证据足以证明实际使用人构成债务加入，才能认定实际使用人承担合同义务。同时，债务加入不等同于债务转移，即使构成债务加入，实际使用人同意履行债务，也不免除承租人的债务"。①

另外，根据原债务人是否完全退出债务关系，在债务加入和债务转移之间，还可能依据当事人的约定存在居于两者之间的类型，即债务人不脱离债务关系，但债权人必须先对新债务人请求，如果新债务人不履行或者不完全履行债务的，原债务人的债务没有消灭，债权人仍可以请求原债务人履行。该情形是将原债务人作为次级债务人，原债务人此时更类似于保证人的地位，但是仍然存在是否受到保证期间限制等一些不

---

① 王利明、朱虎主编：《中国民法典释评·合同编通则》，中国人民大学出版社 2020 年版，第 423 页。

同。这种约定仍然需要债权人同意，因为债权人面临首先起诉新债务人的麻烦和损失。[1]

如果当事人对原债务人是否完全退出债务关系没有约定或者约定不明时，考虑到债权人对债务人资力和履行能力的信赖，基于保护债权人利益之考量，债务人不应轻易地从债务中摆脱，可以推定为第三人代为履行或者债务加入。例如，物业出租人与承租人在租赁合同中约定，物业管理费由承租人支付，此情形可以理解为第三人代为履行，也可以理解为债务加入，但是不应理解为债务转移，否则对物业服务人增加不利。[2]

---

[1]　肖俊：《〈合同法〉第 84 条（债务承担规则）评注》，《法学家》2018 年第 2 期，第 180 页。

[2]　例如，业主与物业使用人明确约定由物业使用人支付物业费，但未经物业服务人同意；或者虽然明确约定由物业使用人支付物业费，但并未约定业主不再支付物业费。此时，不能对物业服务人增加不利，业主不能轻易摆脱支付物业费的义务，此时可以理解为债务加入。王利明主编：《中国民法典释评·合同编通则》，中国人民大学出版社 2020 年版，第 419 页。

第八章

赔偿请求权让与

一、赔偿请求权让与之概念

所谓赔偿请求权让与（Abtretung der Ersatzansprüche），是指就物或者权利之丧失及损害应负赔偿责任者，仅在赔偿请求权人让与其基于该物之所有权或者基于该权利针对第三人之请求权时，始负赔偿责任之请求权让与制度。赔偿请求权让与之情形下，亦发生多数人之债。

例如甲将某物寄存于乙，因为乙之保存不得宜，此物被丙取去。此时甲对于乙，因为物之丧失，基于寄存合同，有损害赔偿请求权。而甲基于所有权，对于丙亦有所有物返还请求权或者损害赔偿请求权。于此情形，甲非将对丙之请求权让与乙，则乙无损害赔偿义务，以免甲获得重复赔偿或者返还。再例如，甲委任乙向丙收债，乙因为怠于履行义务，丙现已成为无资力人，甲向乙请求损害赔偿时，应该让与其对于丙之债权。①

赔偿请求权让与，为大陆法系许多国家（地区）之立法所明确规定，并且多规定在《民法典》债编的通则部分，表明了赔偿请求权让与在债法上具有一般原则之地位，除非法律另有规定，该原则具有普适性。例如《德国民法典》第 255 条、《瑞士联邦债法》第 110 条、《法国民法典》第 1249—1252 条、《日本民法典》第 422 条、《意大利民法典》第 1201—1205 条、《俄罗斯民法典》第 382—387 条、《智利民法典》第 1608—1613 条、《秘鲁民法典》第 1260—1264 条、《魁北克民法典》第 1651—1656 条、《澳门民法典》第 583—589 条、旧中国民法典第 218 条之一（原第 228 条），等等。

我国《民法典》不设债法总则，《民法典》合同编通则部分对于赔

---

① 林纪东等：《新编六法全书》，五南图书出版公司 1986 年版，第 101 页。

偿请求权让与问题，未作一般性规定。但是，现行民商事单行法中对于
赔偿请求权让与问题有所涉及。例如，《保险法》第 60 条第 1 款、第 61
条、《海商法》第 252 条等对此问题均具有明文规定。

目前，在我国的司法实践中，民商事案件之裁判时常涉及赔偿请求
权让与问题，在北大法宝网司法案例栏目内以"赔偿请求权让与"作为
关键词进行全文搜索，能够检索到同类案例 149 件，其中民事案件 139
件，刑事案件 4 件，其他案件 6 件。[1]上述案例不仅涉及保险法中的赔偿
请求权让与，有些亦涉及"就物或者权利之丧失及损害应负赔偿责任"
中的赔偿请求权让与，这与大陆法系其他国家（地区）立法以及法治实
践中的"赔偿请求权让与"所涉案型及调整范围基本一致。可以说，在
当下中国，研究"赔偿请求权让与"问题，不仅具有成文法基础，亦具
有丰富的民商事实践案例。

二、赔偿请求权让与之特征

赔偿请求权让与，之所以能够成为一类独立的多数人之债，是因为
赔偿请求权让与具有与按份之债、协同之债、可分之债、不可分之债、
连带之债、债权准共有、债务共有、债权债务共同共有等多数人之债所
不同之内涵及旨趣，其主要特征包括以下几个方面：

1. 在赔偿请求权让与之情形中，存在着多数债务人，权利人有权在
多数债务人中择一行使其请求权。[2]如果某一损害发生时，依照法律规

---

[1]　例如《中国人民财产保险股份有限公司长沙市分公司、浏阳市华某汽车运输有限公司机动
车交通事故责任纠纷案》，湖南省长沙市中级人民法院［2020］湘 01 民终 7745 号民事判决
书。《日照凌峰工贸有限公司、日照贵华汽车销售服务有限公司财产损害赔偿纠纷案》，山
东省日照市中级人民法院［2020］鲁 11 民终 657 号民事判决书。《赵某备、赵某丹机动车
交通事故责任纠纷案》，河南省洛阳市中级人民法院［2020］豫 03 民终 3604 号民事判决
书。《孟某诉郑州经济技术开发区管理委员会等追偿权纠纷案》，河南省郑州市中级人民法
院［2015］郑民二终字第 577 号民事判决书。《中牟县继伟通勤汽车有限公司诉郑州市郑东
新区管理委员会等追偿权纠纷案》，河南省郑州市中级人民法院［2015］郑民二终字第 632
号民事判决书。《崔某领交通肇事案》，河南省南阳市中级人民法院［2013］南刑二终字第
00040 号刑事附带民事判决书。《王某刚、刘某业财产损害赔偿纠纷案》，辽宁省大连市中
级人民法院［2021］辽 02 民终 8360 号民事裁定书。

[2]　In bestimmten Fällen ist das Fehlen einer Gesamtschuld ganz offensichtlich；nämlich dann, wenn der
Anspruch gegen den Schädiger kraft Gesetzes bereits im Zeitpunkt der Schädigung———und nicht erst
mit Befriedigung des Geschädigten ———auf den Sozialversicherungsträger übergeht（so nach § 116
SGB X），weshalb dem Gläubiger zu keiner Zeit mehrere Schuldner gegenüber standen. Münchener
Kommentar zum bürgerlichen Gesetzbuch, Band 2, 6 Aufl. Verlag C. H. Beck München, 2012,
S. 2861.

定，针对侵害人之损害赔偿请求权仅仅归属于社会保险机构，并非在社会保险机构完成赔付时该请求权才转归之。在此情形下，并不存在多数债务人，因此无连带责任可言，亦非本章所谓之赔偿请求权让与。

2. 赔偿请求权让与之存在前提，在于数个责任人之间存在代偿关系，也就是存在某一责任人为其他责任人担责之情形，但是数个责任人之间并不存在担保关系。这是赔偿请求权让与与其他多数人之债最主要的区别。其他多数人之债的债务人名义上或者形式上均属于为自己担责，而不是为其他责任人担责，存在担保关系者除外。

对于赔偿请求权让与，如果法律所规定的数个责任人之间不存在代偿关系，法定的赔偿请求权让与便不复存在。因为基于数个责任人之间所固有的法律关系，通常难以产生此种性质及内容之请求权。例如，对于产品责任中的赔偿请求权让与，生产者和销售者之间通常存在买卖关系、行纪关系、代销关系或者寄售关系等，基于上述固有之法律关系，难以得出生产者需要为因为销售者之过错从而须对第三人承担的赔偿责任负责，亦难以得出销售者需要为因为生产者之过错从而须对第三人承担的赔偿责任负责，等等。

因此，就请求权之层级而言，在赔偿请求权让与之情形下，数个责任人之间仅存在次级的请求权基础，也就是仅存在请求权之移转及继受关系。①该请求权产生之逻辑基础以及逻辑结构并非在于：因为第三人遭受了损害，从而一责任人有权请求他责任人赔偿。亦不在于：因为第三人遭受了损害，基于一责任人与他责任人之固有法律关系，从而一责任人有权请求他责任人赔偿。而是在于：因为第三人遭受了损害，一责任人依法代他责任人进行了赔偿，但是他责任人乃最终责任人，依照法律规定或者当事人约定，一责任人有权向他责任人追偿（请求赔偿），这是公平和正义的必然要求。

3. 在赔偿请求权让与之情形中，存在着终局责任人与非终局责任人之分。当某一损害发生时，如果该同一损害事实，同时符合数个请求权规范成立要件，则该数个请求权并存。该数个请求权可以指向同一责任人，②亦可以指向不同之责任人。如果不同责任人对于该损害之发生，从

---

① Dieter Medicus, Grundwissen zum Bürgerlichen Recht, 8. Auflage, München, Carl Heymanns Verlag, 2008, S. 154.

② 例如甲租用乙之耕牛，甲未经乙之允许，擅将该耕牛出卖给不知情之丙，此情况下乙对甲享有违约损害赔偿请求权、侵权损害赔偿请求权、不当得利返还请求权等请求权，该数个请求权竞合，其责任人均相同，也就是甲。

因果关系远近、过错程度、致害原因力大小及可归责性等方面判断，并非处在同一责任层次，有距离损害较近者，有距离损害较远者。在此情况下距离损害较近者为终局责任人，距离损害较远者为非终局责任人。如果遭受损害之第三人向终局责任人请求赔偿，终局责任人在赔偿之后无权向非终局责任人追偿。而如果遭受损害之第三人向非终局责任人请求赔偿，非终局责任人在赔偿之后有权向终局责任人追偿。只有这样才符合民法上的责任自负原则以及公平原则。但是，基于终局责任人与非终局责任人之间的固有法律关系，非终局责任人对于终局责任人并不享有直接的赔偿请求权或者追偿权，因此需要遭受损害之第三人向非终局责任人让与赔偿请求权。

综上，我国《民法典》《保险法》《海商法》等现行法中对于赔偿请求权让与之规定，在法律适用过程中，首先需要确认谁是终局责任人，谁不是终局责任人之问题。只有当非终局责任人向受害人为给付之后，才有权取代赔偿权利人向终局责任人进行追偿。

4. 赔偿请求权让与之产生往往与请求权竞合有关。而其他的多数人之债之产生，通常并不涉及请求权竞合问题。

5. 赔偿请求权让与不是连带债务，也不是不真正连带债务，因为非终局责任人清偿债务之后，终局责任人的赔偿义务并不消灭，只是赔偿请求权由权利人转让给了非终局责任人而已。对于请求权法定转移（cessio legis），情况亦复如此。

在请求权法定转移（cessio legis）的情形，不是连带债务，也不是不真正连带债务。比如保险公司或者社会保障机构给付保险金、赔偿金以后，侵权等责任人的损害赔偿义务并不消灭，被保险人的请求权即依法转移给保险公司或者社会保障机构（《德国民法典》第 843 条第 4 款），保证的情形亦发生请求权的法定转移，因此保证人的责任并非连带责任（《德国民法典》第 774 条）。此外，《德国民法典》第 1607 条还规定了扶养请求权的法定转移。之所以说请求权法定转移的情形不是连带债务，也不是不真正连带债务，是因为社会保险承办机构、保证人等第二顺位债务人作出给付以后，侵权责任人等第一顺位债务人的债务并没有因此而消灭，只是请求权主体即债权人依照法律规定发生转移而已，《德国民法典》第 423 条关于免除的效力、第 424 条关于债权人迟延的效力（既然第二顺位债务人的给付不能使第一顺位债务人免责，那么债权人对于第二顺位债务人的受领迟延同样不应该使第一顺位债务人受益）以及第

426 条关于补偿和追偿的效力，对于请求权法定转移的情形均不能适用。①但是对于连带债务，任一连带债务人为给付之后，其他连带债务人的给付义务在作出的给付范围内却同归于消灭，二者明显存在不同之处。

6. 赔偿请求权让与对于受让人可索赔之范围具有严格限制，通常以受让人（非终局责任人）所作代偿及预付为准。受让人超出代偿及预付范围请求及受领赔偿，构成不当得利。对此问题，大陆法系各国（地区）在立法上鲜有明文规定，但是各国（地区）司法实务上无不坚持该原则。例如，保险标的因发生保险事故而遭受损失时，如果根据法律之规定应由实施侵权行为之第三者负责赔偿的，则保险人在作出先行赔付之后，通常即取得被保险人向第三者进行索赔之权利。②但是，保险人向第三者进行索赔不能超过保险人所赔付之金额。保险人索赔到的金额小于或等于赔付金额的，归保险人所有，如果保险人索赔之金额大于赔付金额，第三者有权进行抗辩。

7. 赔偿请求权之让与人，对于所让与之赔偿请求权，不负权利瑕疵担保责任。也就是说，赔偿请求权之让与人，不对其所让与之赔偿请求权的实现承担权利瑕疵担保责任，也不对债务人的清偿能力承担担保责任，这与其他的多数人之债显然有别。之所以确立该项原则，是因为非终局责任人相对于终局责任人具有较低程度或者较少的可归责性，但是相对于赔偿请求权之让与人，仍然具有损害之可归责性，法律上不能期望被害人保证加害人或者其他责任人所作代偿及预付能够如数挽回，否则将害及甚至否定法律上确立赔偿请求权让与制度之价值。③

8. 赔偿请求权之让与具有非对称性。赔偿权利人请求非终局责任人承担责任的请求权基础，在种类以及性质上，与非终局责任人有权请求终局责任人承担责任之请求权基础，可能并不相同甚至完全不同。就拿本章开头部分所举案例来说，甲将某物寄存于乙，因为乙之保存不得宜，此物被丙取去。此时甲对于乙，基于寄存合同，有违约损害赔偿请求权。甲对于丙，基于侵权行为，则有所有物返还请求权或者侵权损害赔偿请

---

① ［德］迪特尔·梅迪库斯：《德国债法总论》，杜景林、卢谌译，法律出版社 2004 年版，第 611 页。

② 我国《保险法》第 62 条规定："除被保险人的家庭成员或者其组成人员故意造成本法第六十条第一款规定的保险事故外，保险人不得对被保险人的家庭成员或者其组成人员行使代位请求赔偿的权利。"

③ Münchener Kommentar zum bürgerlichen Gesetzbuch，Band 2，6 Aufl. Verlag C. H. Beck München，2012，S. 575-579.

求权。乙承担责任之基础在于违约，属于债权请求权，而甲让与给乙从而乙得以对丙行使之请求权，则为物权性质之所有物返还请求权以及债权性质之侵权损害赔偿请求权，所让与之请求权在种类、数量以及性质上，均具有非对称性。

9. 非终局责任人向赔偿权利人承担责任之后，通过赔偿请求权让与，即取代赔偿权利人，有权行使赔偿权利人对于终局责任人之请求权。问题在于，非终局责任人须以何人名义行使该受让之请求权，是以自己名义、让与人名义抑或是以赔偿权利人之代理人名义？大陆法系各国（地区）立法上对此并无明确一致之规定，学界及司法实务上对此意见不一。本书认为，非终局责任人应该以自己名义行使受让之请求权，无须以让与人名义、终局责任人名义或者终局责任人的代理人名义行使请求权，这里不存在委任及代理关系，非终局责任人无须听命于终局责任人之安排及指示。

我国《保险法》对于保险人究竟应以自己名义还是以被保险人名义行使代位求偿权没有明文规定。司法实践中主要采纳保险人以自己的名义行使代位求偿权。而按照我国《海事诉讼特别程序法》第 94 条之规定，保险人行使代位求偿权，应当以自己的名义向造成保险事故的第三人提起诉讼。

10. 赔偿请求权让与在内涵上无法包含债的保全制度中的债权人代位权。赔偿请求权让与与债权人代位权并非同一概念，其规范旨趣相差甚远。债的保全，是指法律为了防止因债务人的责任财产不当减少给债权人之债权带来损害，允许债权人代债务人之位向第三人行使原属于债务人之权利，或者请求法院撤销债务人与第三人之间法律行为的债法制度，包括债权人代位权与债权人撤销权这两种债的保全措施。

赔偿请求权让与与债权人代位权存在以下一些明显区别：

（1）在赔偿请求权让与之情形，存在着终局责任人与非终局责任人之分。只有非终局责任人在赔偿之后才有权请求终局责任人进行赔偿请求权让与，反之，终局责任人在赔偿之后则无权请求非终局责任人进行赔偿请求权让与。而对于债权人代位权之情形，则不存在终局责任人与非终局责任人之分。

（2）赔偿请求权让与往往与请求权竞合有关，而债权人代位权并不涉及请求权竞合问题。

（3）代位权行使的核心要件是"债务人怠于行使其债权或者与该债权有关的从权利"，而赔偿请求权让与恰恰表现为赔偿权利人积极行使其权利。

（4）赔偿请求权让与具有非对称性，非终局责任人请求终局责任人承担责任之请求权基础，可以异于赔偿权利人请求非终局责任人承担责任之请求权基础。而债权人代位权只能依照原属于债务人权利之固有性质、内容予以行使，请求权基础具有同一性，只是行使权利之主体不同。相对人对债务人的抗辩，可以向代位之债权人主张。

（5）赔偿请求权让与在适用范围上并无特殊规定，只要是基于"物或者权利之丧失"所引发之损害赔偿责任均可，而债权人代位权具有一定的范围限制，具有人身专属性之养老金、退休金、抚恤金、安置费、人寿保险、劳动报酬、人身伤害赔偿请求权等权利通常被排除在外。①

（6）赔偿请求权让与之受让人，行使受让之请求权并非必须经由法院，而债权人代位权之行使则必须经由法院，由法院认定代位权是否能够成立。②

三、赔偿请求权让与之类型

本书认为，我国现行法所规定之赔偿请求权让与，主要包括以下一些类型：

1. 产品责任中的赔偿请求权让与（《民法典》第1203、1204条）。

2. 盗窃、抢劫或者抢夺的机动车发生交通事故责任中的赔偿请求权让与（《民法典》第1215条第2款）。

3. 机动车交通事故驾驶人存在逃逸行为赔偿责任中的赔偿请求权让与（《民法典》第1216条）。

4. 因药品、消毒产品、医疗器械的缺陷，或者输入不合格的血液造成患者损害赔偿责任中的赔偿请求权让与（《民法典》第1223条）。

5. 因第三人的过错污染环境、破坏生态损害赔偿责任中的赔偿请求权让与（《民法典》第1233条）。

6. 因第三人的过错致使动物造成他人损害赔偿责任中的赔偿请求权让与（《民法典》第1250条）。

7. 建筑物、构筑物或者其他设施倒塌、塌陷造成他人损害赔偿责任中的赔偿请求权让与（《民法典》第1252条第1款）。

---

① 《民法典》第535条第1款，《最高人民法院关于适用〈中华人民共和国合同法〉若干问题的解释（一）》第12条。《最高人民法院关于适用〈中华人民共和国合同法〉若干问题的解释（一）》现已废止，新的司法解释正在起草过程中。

② 我国《民法典》第535、536、537条。

8. 建筑物、构筑物或者其他设施及其搁置物、悬挂物发生脱落、坠落造成他人损害赔偿责任中的赔偿请求权让与（《民法典》第1253条）。

9. 从建筑物中抛掷物品或者从建筑物上坠落的物品造成他人损害赔偿责任中的赔偿请求权让与（《民法典》第1254条第1款）。

10. 保险损害赔偿中的赔偿请求权让与（《保险法》第60条第1款、第61条，《海商法》第252条）。司法实践中，有些判决对于赔偿请求权让与和不真正连带责任不加区分，明显混淆了赔偿请求权让与和不真正连带责任之界分，与《保险法》第60条第1款、第61条之规定明显不符。①

最后还须指出的是：《民法典》第62、222、312条，第1191条第1款，第1192条第1款第1、2句所规定之追偿权，自请求权之行使以及义务人之角度而言，损害赔偿请求权人无权选择债务人行使其请求权，第一顺位的责任人法律已经明确规定了，权利人只能向该第一顺位的责任人请求赔偿，在此情形下并不存在并列的多数债务人可供选择之问题，这与上文所讨论之赔偿请求权让与完全不同，因此并非本章意义上之赔偿请求权让与。另外，《民法典》第524条第2款规定："债权人接受第三人履行后，其对债务人的债权转让给第三人，但是债务人和第三人另有约定的除外。"该款所规定者为债权的法定移转，亦并非本章意义上的赔偿请求权让与。

四、赔偿请求权让与之效力

赔偿请求权让与之效力，涉及对内和对外两个方面。对外效力是指数个责任人与赔偿请求权权利人之间所发生之效力，对内效力是指数个责任人相互之间所发生之效力。

（一）对外效力

综合来看，赔偿请求权让与之对外效力，主要包括以下几个方面：

1. 赔偿请求权权利人有权在多数债务人中择一行使其请求权。目前，在我国民事诉讼司法实践中，人民法院对于赔偿请求权让与案件之处理，有持权利人只能择一（责任人）起诉观点者，也有持权利人可以同时起诉全体责任人观点者，还有允许权利人择一起诉之后再行起诉其

---

① 何庆宜、谭伟明：《广东省东莞市国威运输服务有限公司与中华联合财产保险公司东莞中心支公司财产保险合同纠纷上诉案——保险案件中不真正连带债务的承担》，广东省东莞市中级人民法院［2006］东中法民二终字第392号之评析，载 https://www.pkulaw.com/case/，最后访问日期：2021年10月10日。

他责任人观点者。①

本书认为，对于赔偿请求权让与案件，应该坚持权利人只能择一（责任人）进行起诉之原则。因为，如果权利人既可以择一起诉又可以同时起诉多个责任人，那么赔偿请求权让与案件与连带责任案件将事实上被同等化处理了，该处理方式缺少法律依据。法律并没有规定赔偿请求权让与情形下数个责任人之间须承担连带责任，也没有规定权利人既可以择一起诉又可以同时起诉多个责任人，权利人只能择一（责任人）起诉最符合立法本意。

2. 如果赔偿请求权权利人择一起诉某一责任人诉讼未果或者执行未果的，应该允许权利人再行起诉其他责任人。不同责任人尽管责任层次不同，承担责任之法律依据不同，但是全体责任人均有义务使得权利人受损之权利、利益获得完全弥补。法律规定赔偿请求权让与制度，本身即包含扩大责任人范围，便利及保障债权实现之目的，如果权利人起诉某一责任人诉讼未果或者执行未果，唯有允许权利人再行起诉其他责任人，才能确保这一立法目的之实现。

3. 赔偿请求权权利人就其损害只能获得责任人方面一次完全之给付，权利人之权利实现之后，不能针对其他责任人再次提出请求。权利人超出受损范围接受给付，则构成不当得利，应予返还。

4. 非终局责任人向赔偿请求权权利人为给付之后，赔偿请求权权利人之请求权在给付范围内应该让与给作出给付之非终局责任人。非终局责任人向赔偿请求权权利人作出给付之前，有权要求赔偿请求权权利人让与其对于终局责任人之赔偿请求权，赔偿请求权权利人拒绝让与请求权的，非终局责任人有权拒绝赔偿。

5. 赔偿请求权权利人对于所让与之赔偿请求权，不负权利瑕疵担保责任。也就是说，赔偿请求权之让与人，不对其所让与之赔偿请求权的实现承担权利瑕疵担保责任，也不对债务人的清偿能力承担任何担保或者保证责任。②

6. 终局责任人向赔偿请求权权利人为给付之后，赔偿请求权权利人

① 冯昌盛：《不真正连带责任诉讼形态研究——以侵权法为分析视角》，西南政法大学 2019 年硕士学位论文，第 7~8 页。作者在论文中将一些赔偿请求权让与之案型归为不真正连带责任之案型，尽管与本文对于多数人之债问题在分类上存在区别，但是对于诉讼程序及诉讼形态问题不生影响。

② Münchener Kommentar zum bürgerlichen Gesetzbuch, Band 2, 6 Aufl. Verlag C. H. Beck München, 2012, S. 578.

之请求权在给付范围内消灭，不发生赔偿请求权之让与问题。

7. 赔偿请求权权利人在获得赔偿之前免除终局责任人全部或者部分责任的，于免除责任的范围内无权请求非终局责任人承担责任。赔偿请求权权利人在获得非终局责任人赔偿之后免除终局责任人全部或者部分责任的，该免除行为对于非终局责任人无效。[1]

8. 赔偿请求权权利人在获得赔偿之前全部或者部分免除非终局责任人责任的，仍然有权请求终局责任人承担全部责任。

（二）对内效力

综合来看，赔偿请求权让与之对内效力，主要包括以下几个方面：

1. 在赔偿请求权让与之情形中，数个责任人之间并不存在行为共同、目的共同或者固有法律关系之共同，只是基于法定的代偿关系，数个责任人之间才发生法律关联。因此，对于责任人之一所发生之事项，除清偿行为外，原则上对于其他责任人不发生任何影响，即其效力不及于其他责任人。[2]

2. 任一责任人所为之给付行为，其效力及于其他责任人，其他责任人无须重复给付。任一责任人所为之代物清偿、提存、抵销等亦复如此，以免权利人重复得利、不当得利。

3. 非终局责任人向赔偿请求权权利人为给付的，终局责任人的赔偿义务并不消灭，只是发生非终局责任人取代赔偿请求权权利人的法律地位而已。而终局责任人向赔偿请求权权利人为给付的，非终局责任人的赔偿义务亦归于消灭。

4. 赔偿请求权权利人对于终局责任人之给付受领迟延的，对于其他非终局责任人亦发生受领迟延之效力。赔偿请求权权利人对于非终局责任人之给付受领迟延的，对于终局责任人一般不发生受领迟延之效力，权利人仍然有权请求终局责任人为给付。

5. 非终局责任人向赔偿请求权权利人为给付之后有权向终局责任人追偿。非终局责任人向终局责任人进行追偿时，可以以自己之名义提出请求，无须借助权利人之名义。终局责任人向赔偿请求权权利人为给付之后无权向非终局责任人追偿。

6. 非终局责任人向终局责任人进行追偿时，其追偿范围以非终局责任人向赔偿请求权权利人为给付之范围为限，非终局责任人无权超出自

---

[1]　孔祥俊：《论不真正连带债务》，载《中外法学》1994 年第 3 期，第 22 页。

[2]　Dieter Medicus, Grundwissen zum Bürgerlichen Recht, 8. Auflage, München, Carl Heymanns Verlag, 2008, S. 156.

己所给付之数额及范围进行追偿。

7. 非终局责任人向终局责任人进行追偿时，其请求权基础来自于赔偿请求权权利人赔偿请求权之让与，抑或来自法律对于追偿权本身之规定？本书认为，应该来自于赔偿权利人赔偿请求权之让与，即使该赔偿请求权已罹于时效或者正遭遇抗辩。但是，赔偿请求权权利人基于合同关系对于终局责任人所享有之请求权，不移转给非终局责任人。①因此，非终局责任人向终局责任人进行追偿时，受到自赔偿请求权权利人处所受让赔偿请求权消灭时效（诉讼时效）之约束。

8. 赔偿请求权之让与具有非对称性。赔偿请求权权利人请求非终局责任人承担责任的请求权基础，与非终局责任人通过赔偿请求权让与所获得之请求权，在种类以及性质上，可能并不相同甚至完全不同。因为，非终局责任人所受让之请求权，并非基于非终局责任人与终局责任人之固有法律关系而产生，而是基于赔偿权利人与终局责任人之间的法律关系所产生及继受而来。

五、赔偿请求权让与与连带责任之区别

赔偿请求权让与与连带债务同为多数人之债，二者的债务人均为二人以上，每一个债务人均有义务清偿全部的债务，任一债务人所为之给付行为，其效力及于其他债务人，其他责任人无须重复给付。尽管二者存在上述一些共同点，但是二者的区别亦十分明显，因此二者并非同一项制度。赔偿请求权让与与连带债务的主要区别包括以下几个方面：

1. 连带债务人之责任多具有同一层次性，而在赔偿请求权让与之情形，终局责任人与非终局责任人之责任均不具有同一层次性，非终局责任人之责任仅具有补充性（subsidiarität）。②

2. 按照大陆法系多数立法例，例如《德国民法典》第 426 条第 2 款、旧中国民法典第 281 条第 2 款等，任一连带债务人为给付之后，发生债权的法定移转（Legalzession），即债权人之债权法定移转为作出给付之连带债务人所享有，无须债权人与作出给付之连带债务人就债权移转达成合意。而对于赔偿请求权让与，不同责任层次的责任人之间并不发生赔偿请求权的法定移转，赔偿请求权之移转，仍须让与人与受让人就

---

① Münchener Kommentar zum bürgerlichen Gesetzbuch, Band 2, 6 Aufl. Verlag C. H. Beck München, 2012, S. 578.

② Münchener Kommentar zum bürgerlichen Gesetzbuch, Band 2, 6 Aufl. Verlag C. H. Beck München, 2012, S. 2845.

赔偿请求权让与达成合意。①

3. 任一债务人为给付，给付效果之不同。对于连带债务，部分连带债务人之给付，导致其他债务人对债权人的债务在相应范围内消灭；该债务人有权向其他债务人追偿（《民法典》第520条第1款）。而对于赔偿请求权让与，非终局责任人向权利人为给付的，终局责任人的赔偿义务并不消灭，只是发生为给付之非终局责任人取代权利人的法律地位而已。而终局责任人向权利人为给付之后，权利人之请求权在给付范围内消灭，不发生赔偿请求权之让与问题，亦不存在非终局责任人的责任问题。

4. 赔偿请求权之让与具有非对称性，而连带债务中债权人债权的法定移转则具有对称性。也就是，任一连带债务人为给付之后，有权就其给付之原样形态，保持原样地向其他连带债务人追偿。但是，对于赔偿请求权之让与，受让赔偿请求权之债务人，则未必有权依其给付之原有形态，向其他债务人追偿。例如保管人因为保管不慎，致使保管物被第三人盗窃。保管人对于委托人须给付金钱损害赔偿，但是保管人对于窃贼却只可以请求返还原物，原物发生毁损灭失才有权请求损害赔偿。②

5. 是否承担权利瑕疵担保责任或者履约保证之不同。对于连带债务，任一连带债务人为清偿或者为其他与清偿等效行为之后，就超出自己份额之给付，有权向其他连带债务人追偿。被追偿的连带债务人不能履行其应分担份额的，其他连带债务人应当在相应范围内按比例分担（《民法典》第519条第3款）。而对于赔偿请求权让与，权利人对于所让与之赔偿请求权，不负权利瑕疵担保责任，也不对债务人的清偿能力承担任何担保或者保证责任。③

6. 是否具有求偿权方面之不同。在赔偿请求权让与案型中，存在终局责任人与非终局责任人之分，如果给付系由终局责任人作出，那么终局责任人对于非终局责任人并无求偿权。如果给付系由非终局责任人作出，那么非终局责任人对于终局责任人就其给付享有100%的追偿权。④

---

① Münchener Kommentar zum bürgerlichen Gesetzbuch, Band 2, 6 Aufl. Verlag C. H. Beck München, 2012, S. 2845、2862.

② Münchener Kommentar zum bürgerlichen Gesetzbuch, Band 2, 6 Aufl. Verlag C. H. Beck München, 2012, S. 2862.

③ Münchener Kommentar zum bürgerlichen Gesetzbuch, Band 2, 6 Aufl. Verlag C. H. Beck München, 2012, S. 578.

④ Münchener Kommentar zum bürgerlichen Gesetzbuch, Band 2, 6 Aufl. Verlag C. H. Beck München, 2012, S. 574-575.

而在连带债务案型中，任一连带债务人为给付之后，有权就超出自己所应该承担之份额向其他债务人追偿，其他连带债务人中有不能偿还债务者，其余的连带债务人仍然有义务按照各自的债务比例予以分担。

7. 在赔偿请求权让与之情形中，数个责任人之间并不存在紧密联系。因此，对于责任人之一所发生之事项，除清偿行为外，原则上对于其他责任人不发生任何影响。对于连带债务而言，因为数个责任人之间存在较为紧密之联系，因此，就责任人之一所发生之事项，对于其他责任人之影响，远较赔偿请求权让与之情形复杂且广泛，例如就当事人之一所发生之履行、抵销、免除、提存、受领迟延、确定判决等，对于其他当事人亦产生影响。

8. 对于连带债务，债权人有权起诉一个、数个或者全体连带债务人，要求部分或者全部之给付。而对于赔偿请求权让与，债权人无权同时起诉全部责任人，权利人只能择一（责任人）进行起诉。权利人无法区分数个责任人之间属于连带债务关系抑或赔偿请求权让与关系的，权利人可以先让与请求权，如果最终确定责任人之间属于连带债务关系的，则发生债权的法定移转，权利人先前让与请求权之表示落空（die Abtretungserklärung ins Leere geht），这对于权利人没有任何损害可言。[1]权利人起诉终局责任人的，无须让渡其赔偿请求权给非终局责任人。权利人起诉非终局责任人的，首先须让渡其赔偿请求权给被诉之非终局责任人。

---

[1]　Münchener Kommentar zum bürgerlichen Gesetzbuch，Band 2，6 Aufl. Verlag C. H. Beck München，2012，S. 575.

第九章

补充责任

一、补充责任之概念

所谓补充责任，是指在违反安全保障义务侵权责任类型中，如果损害系由第三人之侵权行为直接造成，那么负有安全保障义务之人仅承担具有补充性、第二顺位性之多数人之债。负有安全保障义务之人在承担赔偿责任之后，有权向直接造成损害之侵权行为人追偿。

我国关于补充责任之规定，最早见于 2004 年 5 月 1 日起施行的《最高人民法院关于审理人身损害赔偿案件适用法律若干问题的解释》（以下简称《解释》）第 6 条和第 7 条，这两条规定，经过修改完善之后，为后来之《侵权责任法》所继受，《侵权责任法》在此基础上又增加规定了劳务派遣情形下的补充责任。[1]这两条规定同样为再后来之《民法典》所继受，但是《侵权责任法》增加规定之劳务派遣情形下的补充责任，因与涉及公共场所的安全保障义务并无直接关联，因此并未为《民法典》所继受。[2]

我国学界目前通说认为，上述《解释》第 6 条之规定，发轫于德国民法上借由司法裁判发展而来之交易安全义务（Verkehrspflicht）侵权行为之类型，[3]属于交易安全义务中国化之结果。所谓交易安全义务，原指交通安全义务，例如清除路上积雪或撒盐，是指个人或企业在社会活动上应防范其所开启或持续之危险，以避免伤害他人之义务。其功能系保护不因他人不作为或间接侵害而受损害，亦可称社会安全或社会保障注

---

① 《侵权责任法》第 34 条。

② 《民法典》第 1198、1201 条。

③ 冯珏：《安全保障义务与不作为侵权》，载《法学研究》2009 年第 4 期，第 63~66 页。

意义务。①《德国民法典》第 823、826 条规定了一般侵权行为之三种类型：侵害生命、身体、健康、自由、所有权或者其他权利之一般侵权行为、违反保护他人之法律之一般侵权行为、故意背俗侵害之一般侵权行为。②随着社会交往的频繁和加深，《德国民法典》施行之后，民事交往中发生了诸如"枯树案""撒盐案""兽医案"等案件，③这些案件具有如下一些共性特征：④

1. 某些产品、业务或者状态之持续潜含着某种危险；

2. 这种危险正常情况下应该能够被预见到，如果及时采取保护、预防措施，那么由此引发之损害本可以避免；

3. 损害之发生与特定主体之不作为或者间接侵害有关。⑤

藉由上述案件之处理，德国司法及学理上发展出交易安全义务侵权行为之类型及学理，认为个人、企业、社会活动之组织者甚或公共场所之管理者，对于由其开启之某种潜在危险，负有采取保护、预防措施之安全保障义务，对于因为不作为或者因为间接侵害而发生之损害后果，不履行交易安全义务者须承担侵权责任。⑥日耳曼民法较早区分了民事义务和民事责任，认为民事义务之不履行导致民事责任之产生。⑦德国民法上违反交易安全义务侵权行为之类型建构、法律续造及学理阐释依然遵循这一逻辑和方法，即针对特定潜在危险之开启人，以判例为其设立交易安全义务，对于因为不作为或者因为间接侵害而发生之损害后果，可认其为违反了交易安全义务，义务之违反导致责任之承担，依然是先有

---

① 王泽鉴：《侵权行为》，北京大学出版社 2016 年版，第 318~319 页。

② 章正璋：《中德一般侵权行为立法之比较》，载《比较法研究》2005 年第 6 期，第 48~57 页。

③ 王泽鉴：《侵权行为》，北京大学出版社 2016 年版，第 319 页。

④ 国内有学者归纳出不作为侵权行为的四大构成要件：（1）先行行为引发了危险；（2）行为人对损害有预见可能性；（3）行为人对损害结果有回避可能性；（4）作为义务的违反和损害的发生之间具有相当因果关系。参见班天可：《安全保障义务的边界——以多伊奇教授对交往安全义务的类型论为视角》，载方小敏主编：《中德法学论坛》（第 14 辑·下卷），法律出版社 2018 年版，第 177 页。

⑤ 所谓间接侵害行为是指开启了危险的行为，它导致了直接的侵害行为的发生，该直接侵害行为既可能是由另一人导致的（如母亲让孩子过长时间地吸吮含糖的饮料），也可能是由被害人自己导致的，也就是说导致损害结果的最后原因并非是由损害赔偿的义务人实施的，而是存在于受害人自己或第三人或一个外部的突发事件（如自然力）。其典型例子如，将危险物（如汽车、武器等）带入交易领域。参见李昊：《交易安全义务论——德国侵权行为法结构变迁的一种解读》，北京大学出版社 2008 年版，第 266 页。

⑥ Larenz/Canaris, Lehrbuch des Schuldrechts, Band Ⅱ, 13. Aufl. Verlag C. H. Beck München 1994, S. 401ff.

⑦ 梁慧星：《民法总论》，法律出版社 2011 年版，第 84 页。

义务，后有责任，逻辑上已然自治。①本书认为，德国民法上违反交易安全义务侵权行为类型之确立，以其说是法律解释，不如说是法律续造，实际上体现为法官造法之结果。造法过程中的利益衡量以及价值判断过程甚为明显，系为防范风险社会共同生活之所需而创设，其结果体现为对于"不法侵害他人权利"侵权责任构成要件之具体化，时至今日已发展为侵权行为法上的一个概括性条款。②

二、补充责任之种类

由上文可知，我国侵权法上的补充责任，滥觞于德国民法上的违反交易安全义务侵权行为，但是谈到补充责任，我们必须将目光转回国内。因为我国侵权法上的补充责任，与德国民法上的违反交易安全义务侵权行为，已然不可同日而语，系对于德国民法上的违反交易安全义务侵权行为进行中国化改造之结果。

1.《最高人民法院关于审理人身损害赔偿案件适用法律若干问题的解释》之规定

我国关于补充责任之规定，最早见于 2004 年 5 月 1 日起施行的《最高人民法院关于审理人身损害赔偿案件适用法律若干问题的解释》第 6 条和第 7 条，该《解释》第 6 条和第 7 条分别规定了两类补充责任之情形：

其一，从事住宿、餐饮、娱乐等经营活动或者其他社会活动的自然人、法人、其他组织，因为过错未尽合理限度范围内的安全保障义务，应当在其能够防止或者制止损害的范围内承担相应的补充赔偿责任。安全保障义务人承担责任后，可以向第三人追偿。

其二，第三人侵害学校、幼儿园或者其他教育机构之未成年人使其

---

① 我国有学者认为：事实上，法院在审判实践中感受到的特殊困难，源于不作为或间接致害侵权的结构性特征，即损害的发生往往有第三人或受害人自己的介入行为，并且该介入行为是损害发生的直接原因，正是该特征给人们带来了因果关系认定问题上的困难。参见冯珏：《安全保障义务与不作为侵权》，载《法学研究》2009 年第 4 期，第 78 页。

② 无论是"法益保护型"，还是"危险源监控型"，在义务存在的前提下，判断是否违反义务，还需要考察以下要件：（1）危险防控措施的必要性，这需要考虑危险的烈度和频度。（2）防控措施的期待可能性，这主要考虑义务人的经济承担能力。（3）人身利益损害，财产利益能否通过交往安全义务保护，颇有争议。（4）至于违反行为是作为还是不作为，两者都可能构成违反交往安全义务。Siehe Deutsch, Deliktsrecht, 4 Aufl. Köln, 2002, Rn. 257ff. 转引自班天可：《安全保障义务的边界——以多伊奇教授对交往安全义务的类型论为视角》，载方小敏主编：《中德法学论坛》（第 14 辑·下卷），法律出版社 2018 年版，第 174 页。

遭受人身损害，学校、幼儿园等教育机构有过错的，应当承担相应的补充赔偿责任。

综上，按照该《解释》，责任人承担补充责任实行过错责任归责原则，无过错可以免责。另外，在第一种情形下，安全保障义务人承担责任后，可以向第三人追偿。而在第二种情形下，责任人承担补充责任后能否行使追偿权，该《解释》无明文规定。

2.《侵权责任法》之规定

其一，劳务派遣法律关系中，被派遣工作人员因执行工作任务而侵权的，由接受劳务派遣的用工单位承担侵权责任。如果派遣单位有过错，则承担相应的补充责任（《侵权责任法》第 34 条第 2 款）。

其二，公共场所侵权法律关系中，对于发生于公共场所的第三人侵权所造成的损害，公共场所的管理人或者群众性活动的组织者如果未尽到安全保障义务，则承担相应的补充责任（《侵权责任法》第 37 条第 2 款）。

其三，无民事行为能力人或者限制民事行为能力人在教育机构学习、生活期间，因第三人侵权所造成的损害，教育机构未尽到管理职责的，承担相应的补充责任（《侵权责任法》第 40 条）。

综上，与《最高人民法院关于审理人身损害赔偿案件适用法律若干问题的解释》相比，《侵权责任法》对于补充责任之规定进行了部分修改：首先，《侵权责任法》增加了承担补充责任之责任主体范围，将劳务派遣单位作为补充责任之责任主体纳入侵权法当中。并且规定："劳务派遣单位有过错的，承担相应的补充责任。"可见，劳务派遣单位承担之补充责任属于过错责任。其次，《侵权责任法》对于宾馆、商场、银行、车站、娱乐场所、幼儿园、学校或者其他教育机构承担补充责任，不再使用"过错"一词，而是改为"管理人或者组织者未尽到安全保障义务""幼儿园、学校或者其他教育机构未尽到管理职责"。最后，《侵权责任法》对于劳务派遣单位、宾馆、商场、银行、车站、娱乐场所、幼儿园、学校或者其他教育机构承担了补充责任之后能否行使追偿权，无明文规定。

3.《民法典》之规定

其一，《民法典》第 1198 条第 2 款之规定，主要继受了《侵权责任法》第 37 条第 2 款之规定，但是增加了"经营者"承担责任之规定，另外增加规定了经营者、管理者或者组织者在承担补充责任之后所享有的追偿权。①

其二，《民法典》第1201条之规定，主要继受了《侵权责任法》第40条之规定，但是增加规定了教育机构在承担补充责任之后所享有的追偿权。

须指出的是，《民法典》第1188条规定了监护人及被监护人对于被监护人侵权行为的损害赔偿责任，该条规定并不属于本章所谓的补充责任。首先，该条规定并不属于违反安全保障义务的侵权责任类型。其次，按照该条规定，责任人只有监护人，并无其他人。当监护人为一人时，并非复数债务人和多数人之债，而是单数债务人，无从区分第一顺位责任人和第二顺位责任人。当监护人为二人以上时，尽管存在复数债务人和多数人之债，但是各债务人之债务不分顺位主次，同样无法区分第一顺位和第二顺位。例如父母是未成年子女的监护人，而父母作为未成年子女的监护人，对于被监护人的侵权行为之债，监护人之间往往形成债权债务的共同共有关系。最后，由监护人赔偿不足部分属于监护人的最终责任，而安全保障义务人（补充责任人）仅承担中间责任、垫付责任，补充责任人在承担赔偿责任之后，有权向直接造成损害之侵权行为人全额追偿，这与监护人责任之承担显然有别。

综上，《民法典》首先将补充责任之种类由三类修改为两类，不再将劳务派遣单位作为补充责任之责任主体予以规定。其次，《民法典》对于两类补充责任人均赋予追偿权，补充责任人承担补充责任之后有权向直接造成损害之第三人进行追偿。最后，《民法典》对于宾馆、商场、银行、车站、机场、体育场馆、娱乐场所等经营场所、公共场所的经营者、管理者或者群众性活动的组织者，对于幼儿园、学校或者其他教育机构等承担补充责任，同样不再使用"过错"一词，而是改为"经营者、管理者或者组织者未尽到安全保障义务""幼儿园、学校或者其他教育机构未尽到管理职责"。尽管"过错"一词不再使用，但是究其归责原则，仍属于过错责任。②

---

① "为统一相关案件的裁判尺度，司法解释以一般安全注意义务理论和我国目前的社会发展程度为基础，以利益平衡为方法论制定了本条。旨在解决安全保障义务人疏于该义务的不作为与损害结果的关系问题，弘扬合理分配社会正义。"参见最高人民法院民事审判第一庭编著：《最高人民法院人身损害赔偿司法解释的理解与适用》，人民法院出版社2015年版，第91页。

② 张新宝：《中国民法典释评·侵权责任编》，中国人民大学出版社2020年版，第122、130页。

三、补充责任之特征

补充责任之所以能够成为一类独立的多数人之债，是因为补充责任具有与按份之债、协同之债、可分之债、不可分之债、连带之债、赔偿请求权让与、债权准共有、债务共有、债权债务共同共有等其他典型的多数人之债所不同之内涵及旨趣，其主要特征是：

1. 补充责任性质上属于侵权行为之责任，与特定主体之不作为息息相关。仅此而论，补充责任与上述其他类型之多数人之债判然有别。

2. 补充责任存在之前提在于特定主体之先行行为开启或者持续了某种潜在之危险，危及交易或者交往相对人之人身财产安全。①这与上述其他类型之多数人之债明显有别。开启危险之人由此负有采取保护、预防措施之安全保障义务，行为人对于因其不作为或者因为间接侵害而发生之损害后果，须承担不履行交易安全、交往安全义务之侵权责任。

3. 补充责任之承担具有补充性、偶然性、不确定性。补充责任人是否承担侵权责任，取决于直接侵权之第三人是否具有完全赔偿能力。正如有学者指出的那样："所谓补充责任，则意味着安全保障义务人承担的是第二顺位的赔偿责任。在第三人致害的情况下，实施直接侵权行为的第三人作为直接责任人承担的是第一顺位的赔偿责任，安全保障义务人作为补充责任人承担的则是第二顺位的赔偿责任。只有当第一顺位的直接责任人无力赔偿时，第二顺位的安全保障义务人才作为补充责任人承担赔偿责任。"②这与上述其他类型之多数人之债亦明显有别。

4. 补充责任之承担与安全保障义务人不履行安全保障义务之过错程度有关，实行过错责任归责原则。这与上述其他类型之多数人之债明显有别。

5. 补充责任之承担与特定的场所紧密相连，这些特定的场所大多具有公共性、公开性和人流密集性之特征。而上述其他类型之多数人之债，均不具有该特性，或者不将强调该特性之存在作为承担责任之前提。

6. 补充责任人承担补充责任之后，享有完全之追偿权。所谓完全之追偿权，是指补充责任人就自己承担补充责任所为之给付，有权100%向直接侵权之第三人请求偿还。因为"第三人距离损害更近，属于终局责

---

① 李昊：《交易安全义务论——德国侵权行为法结构变迁的一种解读》，北京大学出版社2008年版，第366~367页。

② 张新宝：《中国民法典释评·侵权责任编》，中国人民大学出版社2020年版，第122页。

任人，安全保障义务人可以向其追偿"。①这与按份之债、协同之债、可分之债、不可分之债、连带之债（例外情形下除外）、②债权准共有、债务共有、债权债务共同共有等多数人之债明显有别。③

7. 赔偿权利人有受领补充责任人赔偿给付之权，而无担保直接侵权之第三人之履行能力、偿还能力之责。也就是说：追偿权的行使是否能够实现，不影响未尽到安全保障义务的经营者、管理者或者组织者承担相应的补充责任。承担此等相应补充责任的经营者、管理者或者组织者，需自己承担追偿不能之风险，尽管安全保障义务人承担了相应的补充责任，但是实际上却存在这样的风险——无法全部或者部分从造成损害的第三人一方得到追偿。④

四、补充责任与赔偿请求权让与之关系

补充责任与上文所讨论之赔偿请求权让与，存在一定的相似之处，但是亦存在一些明显区别，下文分别阐述之。

（一）补充责任与赔偿请求权让与的相似之处

1. 二者均存在多数债务人，因此同属多数人之债，权利人有权同时请求多数债务人为给付。

2. 多数债务人对于损害之发生，并非处在同一责任层次。从因果关系远近、过错程度、致害原因力大小及可归责性等方面判断，有距离损害较近者，有距离损害较远者。在此情况下距离损害较近者为终局责任人，距离损害较远者为非终局责任人。

3. 如果非终局责任人首先进行了给付，则其给付具有代偿及预付性质，非终局责任人于给付后，有权向终局责任人进行追偿。而终局责任

---

① 黄薇主编：《中华人民共和国民法典释义》，法律出版社 2020 年版，第 2326 页。

② 《民法典》第 519 条规定，"连带债务人之间的份额难以确定的，视为份额相同。实际承担债务超过自己份额的连带债务人，有权就超出部分在其他连带债务人未履行的份额范围内向其追偿，并相应地享有债权人的权利，但是不得损害债权人的利益。其他连带债务人对债权人的抗辩，可以向该债务人主张。被追偿的连带债务人不能履行其应分担份额的，其他连带债务人应当在相应范围内按比例分担。"第 700 条规定："保证人承担保证责任后，除当事人另有约定外，有权在其承担保证责任的范围内向债务人追偿，享有债权人对债务人的权利，但是不得损害债权人的利益。"

③ 对此问题，学界尚存在不同意见，也有学者认为："法律没有规定安全保障义务人在承担了补充责任后是有权向造成损害的第三人全部追偿还是部分追偿。这一问题有待司法实践摸索经验来解决。"参见张新宝：《中国民法典释评·侵权责任编》，中国人民大学出版社 2020 年版，第 123 页。

④ 张新宝：《中国民法典释评·侵权责任编》，中国人民大学出版社 2020 年版，第 123 页。

人为给付后，无权向非终局责任人进行追偿。[1]

4. 非终局责任人追偿权之范围，被严格限定在其所作给付之范围内。非终局责任人超出代偿及预付范围进行追偿的，终局责任人有权进行抗辩。非终局责任人超出代偿及预付范围受领赔偿的，构成不当得利，终局责任人有权请求返还。

5. 受领给付之赔偿权利人，对于非终局责任人向终局责任人行使追偿权，不负权利瑕疵担保责任或者履行能力之担保。

6. 非终局责任人向终局责任人行使追偿权，无须借助他人名义，仅须以自己名义行使追偿权即可。

（二）补充责任与赔偿请求权让与的不同之处

1. 赔偿请求权让与与请求权竞合有关，而补充责任通常并不涉及请求权竞合问题。

2. 补充责任性质上属于侵权责任，赔偿请求权让与并非总与侵权行为有关。补充责任之承担与安全保障义务人不履行安全保障义务之过错行为有关，实行过错责任归责原则，补充责任人承担补充责任之范围亦与其过错程度密切相关，而赔偿请求权让与并非如此。

3. 补充责任存在之前提在于特定主体之先行行为开启或者持续了某种潜在之危险。这种危险正常情况下应该能够被预见到，如果及时采取保护、预防措施，那么由此引发之损害本可以避免。负有交易安全保障义务之人——补充责任人，对此存在消极之不作为，由此须承担侵权损害赔偿之补充责任。而赔偿请求权让与并不涉及潜在之危险，与交易安全保障义务亦无必然联系。

4. 补充责任之承担与特定的场所紧密相连，这些特定的场所大多具有公共性、公开性和人流密集性之特征。而赔偿请求权让与并无场所特定性方面之要求。

5. 赔偿请求权让与主要针对物或者权利之丧失情形，通常不涉及人身损害之赔偿问题，而补充责任则主要针对人身损害赔偿之情形。[2]

6. 请求权权利来源上之区别。赔偿请求权之让与，其发生原因包括

---

[1] 张新宝：《中国民法典释评·侵权责任编》，中国人民大学出版社 2020 年版，第 131 页。

[2] 我国《保险法》第 60 条第 1 款规定："因第三者对保险标的的损害而造成保险事故的，保险人自向被保险人赔偿保险金之日起，在赔偿金额范围内代位行使被保险人对第三者请求赔偿的权利。"该条规定在《保险法》"财产保险合同"一节，而"人身保险合同"一节并未规定保险人之代位求偿权。可见，《保险法》所规定的法定赔偿请求权让与同样不涉及人身损害之赔偿问题。

法定让与（代位）及约定让与，大陆法系各国（地区）立法上多具有明文规定，我国司法实践中对于约定之赔偿请求权让与，向来亦予以认可。而对于补充责任，其发生原因则直接出自法律规定。尽管承担一般保证责任之保证人依约亦承担"补充责任"，但是保证人依照从合同所承担之"补充责任"，与侵权法上之"补充责任"判然有别，对此问题将在下文详细阐述。

7. 补充责任之承担具有补充性、偶然性、不确定性。只要第一顺位责任人有赔偿能力，补充责任人无须承担补充赔偿责任。而赔偿请求权让与不具有上述特性，尽管赔偿请求权之让与人对于受让人亦不负权利瑕疵担保责任或者其他履行能力之保证。

8. 赔偿请求权之让与具有非对称性，对此详见上文之阐述。而补充责任与第一顺位责任人所承担之赔偿责任在责任内容及责任形式方面均具有同质性，补充责任人亦只能就自己所为之给付，向直接侵权的第一顺位责任人进行追偿。

9. 补充责任与赔偿请求权让与在诉讼时效的构造方面亦存在明显区别。补充责任人对于第一顺位侵权责任人进行追偿之诉讼时效，应该自补充责任人向被害人作出赔偿之时起算。因为补充责任之承担具有补充性、偶然性、不确定性，只有补充责任人向被害人作出了赔偿，其才有可能知晓自己的权利受到第一顺位侵权责任人之侵害。而对于赔偿请求权让与，因为受让人乃受让原权利人之赔偿请求权，因此受让人受原权利人赔偿请求权诉讼时效之约束。

10. 补充责任与赔偿请求权让与在权利顺位方面亦存在不同之处。对于赔偿请求权让与，因为受让人乃受让原权利人之赔偿请求权，因此原权利人之赔偿请求权顺位，包括查封财产之顺位，亦为受让人所承继。而对于补充责任，补充责任人对于第一顺位侵权责任人进行追偿之请求权，并无权利顺位之承继问题。

第十章
保证责任

一、保证责任之概念

所谓保证责任，是指为了担保债权之实现，保证人和债权人约定，当债务人不履行到期债务或者发生当事人约定之其他情形时，保证人基于保证合同所承担之履行责任或者其他责任之多数人之债（《民法典》第681条）。所谓履行责任，是指当主债务人不履行债务时，保证人代主债务人为履行。保证人代主债务人为履行之债务，只能是非专属性债务，对于专属性债务，例如艺术创作、授课、表演、诊疗手术等，保证人不能代债务人为履行，而只能承担债务不履行的损害赔偿等其他法律责任。所谓其他责任，是指当主债务人预期违约或者履行期届满后实际违约时，保证人须承担支付违约金、损害赔偿等责任。①传统民法认为，保证人本无债务，但是因为充当保证人而有责任。这与自然债务刚好相反，自然债务属于有债务而无责任之债。②该观点仅就主债而言无疑能够成立。保证人并非主债之债务人，主债之债务人亦不能就自己负担之主债充当保证人，主债务人应以其全部财产充当履行之保证。但是当主债务人不履行债务或者发生违约损害赔偿时，保证人所承担之履行责任、赔偿责任等当然属于债之范畴。

在保证情形下，当主债务人不履行债务或者发生违约损害赔偿时，主债务人和保证人同为债务人，因此保证责任亦属于多数人之债之具体形式，例如，《日本民法典》第三编"债权"第一章"总则"，即将"保证债务"规定在该章第三节"多数人之债"之内（第446—465条）。

---

① 谢鸿飞、朱广新主编：《民法典评注·合同编·典型合同与准合同》（2），中国法制出版社 2020年版，第7~8页。

② Götz Schulze, Die Naturalobligation, Mohr Siebeck Tübingen, 2008, S. 49、262-265.

再例如，《法国民法典》第 1216 条规定，连带债务之发生仅与全体连带债务人当中之一人有关的，在内部关系上，应该由该债务人承担全部责任，其他债务人仅视为该债务人之保证人。保证责任具有不同于其他多数人之债的债务清偿规则以及对内对外效力，亦构成我国现行民法中多数人之债的基本形式。

二、保证责任之种类

按照我国《民法典》第 686 条之规定，保证责任包括两种责任形式：一般保证和连带责任保证。所谓一般保证，是指当事人在保证合同中约定，债务人不能履行债务时，由保证人承担之保证责任。所谓连带责任保证，是指当事人在保证合同中约定，保证人和债务人对债务承担连带给付责任之保证责任。

一般保证和连带责任保证的主要区别在于，一般保证之保证人享有检索抗辩权，而连带责任保证之保证人则不享有该抗辩权。所谓检索抗辩权，又称为先诉抗辩权，是指一般保证的保证人在主合同纠纷未经审判或者仲裁，并就债务人财产依法强制执行仍不能履行债务前，有权拒绝向债权人承担保证责任之抗辩权（《民法典》第 687 条）。检索抗辩权是一般保证的保证人依其地位可以享有之特殊权利，行使该抗辩权可以达到延期履行保证责任之效果，因此检索抗辩权之性质属于延期履行之抗辩权。《民法典》第 687 条第 2 款规定了行使检索抗辩权的除外规则，在该款所规定的四种情形下，检索抗辩权被依法排除。

在连带责任保证中，保证人和债务人对债务承担连带给付责任。因此，连带责任保证性质上属于连带债务，应该适用《民法典》合同编通则第四章"合同的履行"部分对于连带债务之规定（《民法典》第 518—520 条）。国内有学者认为："在连带责任保证中，主债务人和保证人承担的债务形态，就是不真正连带债务，而非连带债务或者连带责任。"[1]不真正连带责任的特征之一为："不真正连带责任是基于同一损害事实发生的侵权责任。"[2]本书对此无法赞同。该学者认为连带责任保证人所承担之保证责任属于不真正连带债务，这与我国立法上对于连带责任保证

---

[1] 杨立新：《侵权责任法》，北京大学出版社 2014 年版，第 154 页。

[2] 该学者认为：所谓的不真正连带债务，是指多数债务人就基于不同发生原因而偶然产生的同一内容的给付，各负全部履行之义务，并因债务人之一的履行而使全体债务人的债务均归于消灭的债务。参见杨立新：《侵权责任法》，北京大学出版社 2014 年版，第 154~155 页。

之规定直接相悖。另外，连带责任保证人所承担之保证责任乃基于保证合同而发生，责任之方式、范围和期间均可以合同约定（《民法典》第684条），这亦与该学者所归纳之"不真正连带责任是基于同一损害事实发生的侵权责任"在性质上完全相悖。该学者之学术观点前后矛盾，无法自圆其说。《民法典》第518条第2款规定："连带债权或者连带债务，由法律规定或者当事人约定。"无论以什么理由和标准将当事人约定的连带责任保证排除在连带债务之外，都与上述我国《民法典》之规定直接矛盾。

鉴于连带债务问题上文已有阐述，此处不赘。下文对于保证责任之研究，系针对一般保证责任而展开。

三、保证责任之特征

保证责任之所以能够成为一类独立的多数人之债，是因为保证责任具有与按份之债、协同之债、可分之债、不可分之债、连带之债、债权准共有、债务共有、债权债务共同共有、赔偿请求权让与、补充责任等多数人之债所不同之内涵及旨趣，其主要特征是：

1. 保证责任性质上属于多数人之债。主债务人和一般保证人同为债务人，均对主债务之履行承担责任（《民法典》第699条）。

2. 保证责任具有从属性。保证责任作为从债，从属于主债。保证合同作为从合同，从属于主合同（《民法典》第682条第1款）。从债无论是发生还是消灭，均从属于主债。主债是从债发生的根据，或者说主债是从债得以发生的基础关系，没有主债，从债无所依附。主债的效力决定从债的效力，主债不成立或者无效，从债同其命运。主债因清偿等原因而消灭时，从债亦随之消灭。反之，从债不成立或者无效，对于主债则不产生影响。

3. 保证责任受到保证期间和诉讼时效的双重限制。①具体内容详见《民法典》第693、694条之规定。

4. 保证责任具有补充性、偶然性、不确定性。只要主债务人具有清偿能力，依约履行其债务，那么保证人无须承担保证责任。此外，一般

---

① 《民法典》第692条第2、3款规定："债权人与保证人可以约定保证期间，但是约定的保证期间早于主债务履行期限或者与主债务履行期限同时届满的，视为没有约定；没有约定或者约定不明确的，保证期间为主债务履行期限届满之日起六个月。债权人与债务人对主债务履行期限没有约定或者约定不明确的，保证期间自债权人请求债务人履行债务的宽限期届满之日起计算。"

保证的保证人在主合同纠纷未经审判或者仲裁，并就债务人财产依法强制执行仍不能履行债务前，有权拒绝向债权人承担保证责任，法律另有规定者除外。

5. 保证责任之发生遵循私法自治、契约自由之原则。保证合同当事人就保证的方式、范围和期间等事项可以自由约定。当事人亦可以签订反担保合同及最高额保证合同等（《民法典》第 684、689、690 条）。

6. 保证责任之主体具有资格之限制。机关法人、其他以公益为目的的非营利法人、非法人组织不得为保证人（《民法典》第 683 条）。

7. 保证人承担保证责任之后，在其承担保证责任的范围内，原则上有权向主债务人追偿，当事人另有约定者除外（《民法典》第 700 条）。本书认为，即使当事人在保证合同中对于保证人承担保证责任后是否享有追偿权无约定或者约定不明，只要当事人没有明确排除追偿权，保证人即有权向主债务人进行追偿。

四、保证责任与补充责任之区别

保证责任与补充责任同属于多数人之债，二者在责任承担上均具有补充性、偶然性、不确定性。同时，权利人有受领保证责任人及补充责任人给付之权，而无担保其追偿权实现之责。二者均具有扩大责任人范围，增加债权人债权实现机会之立法功能等。尽管存在上述相似之处，保证责任与补充责任亦存在下列诸多不同之处：

1. 从发生原因及法律性质上看，保证责任性质上属于合同责任，而补充责任并非合同责任，而属于违反安全保障义务之侵权责任。

2. 保证责任具有从属性。保证合同是从合同，保证债务是从债。主债不成立或者无效，从债同其命运。[①]主债因清偿等原因而消灭时，从债亦随之消灭。而补充责任并非从债，违反安全保障义务之侵权责任只存在一个债权债务关系，但是存在两个不同顺位之责任人。第一顺位之责任人无法确定或者无力承担全部赔偿责任时，第二顺位之责任人才承担补充责任。

3. 保证责任性质上属于合同责任，因此保证责任之发生遵循私法自治、契约自由之原则。保证合同当事人就保证的方式、范围和期间、反担保、最高额保证等事项均可以事先自由约定。因此，保证人保证范围

---

① 保证责任之从属性并非一项绝对原则，一些立法例上亦规定有例外情形。例如旧中国民法典第 743 条规定："保证人对于因行为能力之欠缺而无效之债务，如知其情事而为保证者，其保证仍为有效。"即其著例。

可以是主债务的一部分, 同一主债务亦可以有数个保证人等。而补充责任属于侵权责任、法定责任, 当事人无法就责任之方式、范围和期间等事项进行事先约定或者豁免等。

4. 保证责任系主要针对债务不履行而设立, 通常不涉及人身损害赔偿问题。而补充责任则主要针对人身损害赔偿之情形。

5. 保证责任受到保证期间和诉讼时效的双重限制。[①]而补充责任没有责任期间之说, 只受诉讼时效之约束。

6. 保证责任之主体具有资格之限制。机关法人、以公益为目的之非营利法人、非法人组织等不得为保证人, 而上述主体完全可以成为补充责任之责任人。

7. 补充责任之承担与安全保障义务人不履行安全保障义务之过错程度有关, 实行过错责任归责原则。而保证责任之承担, 并非保证人具有可归责之过错, 保证人并非承担过错责任。

8. 保证人承担保证责任之后, 在其承担保证责任的范围内, 对于主债务人是否享有追偿权, 取决于当事人之约定。而补充责任人承担补充责任之后, 依照我国《民法典》之规定, 当然享有追偿权。

五、共同保证

所谓共同保证, 是指同一债务有两个以上保证人之保证 (《民法典》第 699 条)。同一债务有两个以上保证人时, 主债务人与各保证人均对主债务之履行承担责任, 自可成立多数人之债。我国《民法典》规定了一般保证、连带责任保证以及最高额保证等三类保证责任 (《民法典》第 687、688、690 条)。[②] 因此, 从理论上说, 当同一债务有数个保证人时,

---

[①] 《最高人民法院关于适用〈中华人民共和国民法典〉有关担保制度的解释》第 35 条规定: "保证人知道或者应当知道主债权诉讼时效期间届满仍然提供保证或者承担保证责任, 又以诉讼时效期间届满为由拒绝承担保证责任或者请求返还财产的, 人民法院不予支持; 保证人承担保证责任后向债务人追偿的, 人民法院不予支持, 但是债务人放弃诉讼时效抗辩的除外。"

[②] 《最高人民法院关于适用〈中华人民共和国担保法〉若干问题的解释》 (法释〔2000〕44 号, 现已废止) 第 19 条规定: "两个以上保证人对同一债务同时或者分别提供保证时, 各保证人与债权人没有约定保证份额的, 应当认定为连带共同保证。连带共同保证的保证人以其相互之间约定各自承担的份额对抗债权人的, 人民法院不予支持。"第 20 条规定: "连带共同保证的债务人在主合同规定的债务履行期届满没有履行债务的, 债权人可以要求债务人履行债务, 也可以要求任何一个保证人承担全部保证责任。连带共同保证的保证人承担保证责任后, 向债务人不能追偿的部分, 由各连带保证人按其内部约定的比例分担。没有约定的, 平均分担。"

数个保证人之间的保证关系可以演化为以下 7 种类型：（1）全部承担一般保证责任；（2）全部承担连带责任保证之责任；（3）全部承担最高额保证责任；（4）一般保证、连带责任保证和最高额保证并存；（5）一般保证和连带责任保证并存；（6）一般保证和最高额保证并存；（7）连带责任保证和最高额保证并存。

从共同保证的发生上看，共同保证可基于同一份保证合同而发生，也可基于两份或者两份以上的保证合同而发生，各共同保证人对于共同保证行为可能相互知晓也可能并不相互知晓。大陆法系各国（地区）立法上多有规定，数人对同一债务为保证，即使保证人互不知晓，除当事人另有约定外，数保证人仍应连带负责或者对全部债务承担保证责任，例如《德国民法典》第 769 条、旧中国民法典第 748 条、《法国民法典》第 2025 条、《奥地利民法典》第 1359 条等。而按照我国《民法典》第 699 条之规定，共同保证人有约定时按照其约定，无约定时债权人可以请求任一保证人在其保证范围内承担保证责任。

但是，《日本民法典》对于共同保证则采用了分割债务、按份债务之立法例。按照《日本民法典》第 456 条之规定，有数个保证人时，即使数个保证人以个别行为负担债务，亦适用第 427 条关于分割债务之规定。当事人无约定时，各个债权人、债务人应该以均等的比例享有权利、负担债务，而不是承担连带责任或者全部债务。

结合我国《民法典》及《最高人民法院关于适用〈中华人民共和国民法典〉有关担保制度的解释》之规定，①本书认为，共同保证除了具有上文所阐述保证责任之特征外，确定各共同保证人之间所（可能）发生的对内对外效力须遵守以下规则：

1. 按照私法自治原则，各共同保证人对于如何承担保证责任具有明确约定时，应该按照其约定承担保证责任。

2. 数保证人均承担连带责任保证的，无论是否基于同一份保证合同或者相互知晓，一保证人承担了债务人全部或者部分债务的保证责任后，不仅对于主债务人享有追偿权，数保证人之间亦应该作为连带债务人享有追偿权，对此应该适用《民法典》第 519 条之规定。

3. 共同保证人在同一份合同书上签字、盖章或者按指印，但是未对相互追偿作出约定，亦未约定承担连带共同担保的，承担了担保责任的任一担保人有权请求其他担保人按照比例分担向债务人不能追偿之部分

———
① 《最高人民法院关于适用〈中华人民共和国民法典〉有关担保制度的解释》第 13、14 条。

（《最高人民法院关于适用〈中华人民共和国民法典〉有关担保制度的解释》第 13 条第 2 款）。

4. 承担最高额保证之保证人，应该依最高限额确定其责任或者分摊比例，并且无论如何仅在最高额保证限额内承担保证责任。

5. 除上述情形外，承担了担保责任的担保人，无权请求其他担保人分担向债务人不能追偿之部分（《最高人民法院关于适用〈中华人民共和国民法典〉有关担保制度的解释》第 13 条第 3 款）。

6. 任一共同保证人受让债权的，人民法院应当认定该行为系承担担保责任。受让债权的担保人无权作为债权人请求其他担保人承担担保责任。但是，受让债权的担保人，有权请求其他担保人分担相应份额（《最高人民法院关于适用〈中华人民共和国民法典〉有关担保制度的解释》第 14 条）。

7. 任一共同保证人之保证责任不因其他共同保证人保证契约（约款）之无效或者被撤销而受影响。例如 A、B 两份保证契约，A 有效，B 无效。甲乙二人之保证，甲之保证有效，乙之保证因为乙缔约时无民事行为能力而无效，等等。无论数保证人之保证责任是否基于同一契约（约款），除非保证合同约定某一保证责任之有效以他人之保证责任有效为条件，否则任一共同保证人之保证责任不因其他共同保证人保证契约（约款）之无效或者被撤销而受影响。无效之保证自始不存在，纵令一保证人误信其他保证人之保证有效而为保证，其保证责任亦不因其他保证人保证契约（约款）之无效或者被撤销而受影响。①

---

① 《民法典》第 156 条。

第十一章

重复保险、重复委托、共同委托

在重复保险、重复委托、共同委托的情况下，针对同一债务，同样可能产生多数人之债，因此同样属于多数人之债的重要发生原因。

一、重复保险

（一）重复保险之概念

所谓重复保险，是指投保人对同一保险标的、同一保险利益、同一保险事故分别与两个以上保险人订立保险合同，且保险金额总和超过保险价值的保险（我国《保险法》第56条第4款）。

（二）重复保险之特征与效力

重复保险具有以下之特征及效力：

1. 投保人对同一保险标的、同一保险利益、同一保险事故分别与两个以上保险人订立保险合同，因此重复保险于发生保险事故之后，在理赔情形下往往存在多数债务人。

2. 重复保险之发生乃基于两份以上各自独立、平行之保险合同，因此属于意定之债。就发生原因而言，其他的多数人之债很少基于两份以上各自独立、平行之主合同。

3. 重复保险的各保险人赔偿保险金的总和不得超过保险价值。除合同另有约定外，各保险人按照其保险金额与保险金额总和的比例承担赔偿保险金的责任。因此重复保险的各保险人之间承担可分之债、按份之债。鉴于上文对于可分之债、按份之债已有详细论述，此处不赘。

4. 重复保险的投保人应当将重复保险的有关情况通知各保险人。因为重复保险的投保人未将重复保险的有关情况通知各保险人，造成各保险人重复理赔之保险赔偿金总和超过保险价值的，对于超出的部分，违反《保险法》之规定，没有法律依据，构成不当得利，重复保险的投保人应当将超出的部分按照各保险人承保之比例退还给各保险人（《保险法》第 55 条第 3 款）。

5. 重复保险的投保人可以就保险金额总和超过保险价值的部分，请求各保险人按比例返还保险费。

6. 保险事故发生后，各保险人已支付了全部保险金额，并且保险金额等于保险价值的，受损保险标的的全部权利归各保险人共有，各保险人按照其保险金额与保险金额总和的比例按份共有受损保险标的及其有关权利（《保险法》第 59 条）。

7. 重复保险的各保险人之间不具有紧密联系，发生于任一保险人之法律事实原则上对于其他保险人不生影响，包括但是不限于履行不能、履行迟延、拒绝履行、清偿、代物清偿、抵销、免除、混同，提存、确定判决、时效完成以及债权人受领迟延等情形。

二、重复委托

（一）重复委托之概念

所谓重复委托，又称为另行委托，是指委托人将同一事务通过签订两份及两份以上委托合同之方式委托给两个以上受托人进行处理之委任（《民法典》第 931 条）。

重复委托之发生乃基于两份以上各自独立、平行之委托合同，因此属于意定之债。就发生原因而言，其他的多数人之债很少基于两份以上各自独立、平行之主合同。

（二）重复委托之对内对外效力

重复委托之对内对外效力主要包括以下几个方面：

1. 委托合同双方当事人订立合同的基础在于存在着相互信任，从而委托合同具有严格的人身属性。委托合同签订之后，受托人基于信任而开展工作，为此而有所付出及投入，如果委托人仍然有权就同一事项再行委托他人，可能会增加受托人处理事务之成本或者给受托人造成其他损失。因此，如果委托人欲就同一事项再行委托他人，须征得受托人之同意。①

2. 按照我国《民法典》第 931 条之规定，经受托人同意，委托人可以再行委托第三人处理委托事务。问题在于：如果委托人未经受托人同意，那么委托人和第三人所签订的重复委托合同效力又如何呢？对此主

① 黄薇主编：《中华人民共和国民法典释义》，法律出版社 2020 年版，第 1651 页。

要存在着无效说和有效说两种观点。

无效说认为：鉴于另行委托导致两个委托关系并存，如果未经受托人同意，另行委托将损害受托人利益，以及使受托人与第三人的事务处理权限发生冲突。因此，"委托人经受托人同意"系强制性规定，另行委托违反该规定将无效。①例如，有司法判决认为："未取得受托人郑某某的同意，卓某、满某又将讼争房产的出售另行委托付某某，属于重复委托。后委托书虽然有到公证处办理公证，但未取得原受托人郑某某的同意，违背了法律强制性规定，应为无效。"②

有效说则认为：委托人重复委托未经受托人同意，不影响另行委托的效力。即使未取得受托人同意，或者受托人明示不同意，另行委托的效力均不受影响。理由在于，委托人对另行委托其事务具有自主决定权，即使受托人不同意，委托人仍有权另行委托他人处理同一事务，此系私法自治的要求。如果另行委托造成受托人利益损失，此时仅涉及委托人对受托人的损害赔偿责任，而不涉及任何公益保护问题，也就不会导致另行委托无效。③本书赞同有效说，《民法典》第931条所规定的"委托人经受托人同意"并非效力强制性规定，委托人违反该规定另行委托他人，所签委托合同并不因此而无效。

3. 如果受托人不同意委托人再行委托第三人处理委托事务的，原委托合同当事人双方均有权解除合同，并且有权请求对方当事人赔偿己方因为合同解除所造成的损失。因此，如果委托人未经受托人同意而擅自重复委托的，不仅需要向受托人支付全部报酬，受托人遭受其他损失的，委托人亦应赔偿。④但是，受托人不具有相应的事务处理能力，或者受托人违反勤勉、忠实义务而导致委托人再行委托第三人处理委托事务或者解除合同的，委托人对于原受托人通常不负损害赔偿责任，当事人另有约定的，按照其约定（《民法典》第928条第2款之反面解释）。

4. 委托人重复委托经受托人同意的，多个受托人均有义务处理同一事务。可以区分为如下两种情形：其一，受托人与第三人分别处理事务。其二，受托人与第三人共同处理事务。对于第一种情形，各受托人之间

① 谢鸿飞、朱广新主编：《民法典评注·合同编·典型合同与准合同》（4），中国法制出版社2020年版，第256~257页。
② 福建省厦门市中级人民法院［2014］厦民终字第2281号民事判决书。
③ 谢鸿飞、朱广新主编：《民法典评注·合同编·典型合同与准合同》（4），中国法制出版社2020年版，第257页。
④ 黄薇主编：《中华人民共和国民法典释义》，法律出版社2020年版，第1651页。

并不直接发生关联，亦不相互负责。对于第二种情形，各受托人应该协力完成受托事务，有义务就受托事务的进展相互报告、协调等。但是各受托人彼此独立、互不隶属，彼此之间不存在指示与服从关系，亦无须对其他受托人处理受托事务的行为及其后果负责。

5. 我国《民法典》第三编之第二分编第二十三章规定了"委托合同"，该章之规定，对于重复委托当然适用。具体内容，将在第三部分共同委托中一并阐述。

三、共同委托

（一）共同委托之概念

共同委托是指委托人委托两个以上的受托人共同处理事务之委托（《民法典》第932条）。在委托合同关系中，委托方或受托方均可为一人或多人。有学者认为，对于共同委托，委托方必须为单个委托人。[①]《民法典》第932条对此并无明文规定，因此，对于共同委托，委托方可为一人或多人。但是，如果委托人为多人而受托人只有一人时，则并非《民法典》第932条所规定的共同委托。

共同委托不同于重复委托，共同委托只存在一个委托合同关系，而重复委托则存在两个及两个以上的委托合同关系。[②]

共同委托亦不同于转委托，共同委托是委托人委托两个以上的受托人，而转委托是受托人与第三人之间所成立的委托关系，该委托关系的内容是受托人受托事务之全部或者部分。

（二）共同委托之对内对外效力

共同委托之对内对外效力主要包括以下几个方面的内容：

1. 对于共同委托，两个以上的受托人对委托人须承担连带责任（《民法典》第932条）。关于连带责任，上文已有详细阐述，此处不赘。

《民法典》本条规定在性质上为任意性规范，当事人可在委托合同中约定各受托人不承担连带责任，即排除本条的适用。也就是说，在共同委托合同中，委托方和受托方可以约定，多个受托人共同处理事务，但是多个受托人相互之间不承担连带责任，而承担按份责任。[③]

例如，甲商贸公司委托胡某某、肖某某、王某某到某煤矿购买煤炭

---

① 高富平、王连国：《委托合同·行纪合同·居间合同》，中国法制出版社1999年版，第109页。

② 黄薇主编：《中华人民共和国民法典释义》，法律出版社2020年版，第1651~1652页。

③ 胡康生主编：《中华人民共和国合同法释义》，法律出版社2013年版，第629页；梁慧星主编：《中国民法典草案建议稿附理由：合同编》（下册），法律出版社2013年版，第717页。

并发运至指定地点，但此后受托人未退还剩余的煤炭款；委托方与受托方签订补充协议，由各受托人按份偿还煤炭款，此项协议的效力得到法院判决之确认。①

2. 所谓共同处理，是指在委托关系中，各受托人均负有处理事务的义务。如果在委托合同中当事人约定了受托人处理事务的分工，多个受托人各自独立处理事务，那么不成立共同委托，而是委托人分别与多个受托人单独成立多个相互独立的委托合同。②在一起委托合同纠纷中，鉴于"甲公司和乙公司虽然均接受丙公司的委托，但二者分工明确，各自的受托事项也不相同，实际履行中，它们也是按照合同约定的事项各自独立处理委托事务"，法院据此认为，甲公司和乙公司不属于共同处理事务。③

然而，如果在委托合同中当事人未约定各受托人处理事务的分工，而只是各受托人内部约定其各自事务的分工，那么此种约定不改变受托方与委托人的外部关系，各受托人仍须依共同委托对委托人承担连带责任。④例如，黄某某和何某某委托甲房地产经纪公司和李某处理房屋买卖事宜，虽然在合同关系存续过程中仅由李某实际处理事务，但法院认为，甲房地产经纪公司与李某应依共同委托承担连带责任。⑤

3. 此所谓"承担连带责任"，可以有两种解释：连带履行责任及连带赔偿责任。如果两个以上的受托人须承担连带履行责任，那么每一个受托人无须其他受托人之协力即应该有能力单独作出完全之给付。因此，单个受托人如果不具有独立完成全部受托事务之能力，则其无法与其他受托人承担连带履行之责任。而如果两个以上的受托人须承担债务不履行之连带赔偿责任，那么每一个受托人无须具有单独作出完全给付之能力，各受托人应该协力完成受托事务，各受托人须就债务不履行之损害赔偿承担连带责任。准此而言，《民法典》第932条仍然存在解释及细化之必要。

4. 对于共同受托处理之委托人事务，两个以上的受托人应该协力处

① 云南省富源县人民法院［2017］云0325民初2492号民事判决书。
② 谢鸿飞、朱广新主编：《民法典评注·合同编·典型合同与准合同》（4），中国法制出版社2020年版，第260页。
③ 上海市高级人民法院［2013］沪高民二（商）终字第32号民事判决书。
④ 谢鸿飞、朱广新主编：《民法典评注·合同编·典型合同与准合同》（4），中国法制出版社2020年版，第260页。
⑤ 云南省昆明市中级人民法院［2014］昆民一终字第211号民事判决书。

理，一受托人无权排斥他受托人。此所谓协力义务，通常并不导致协同之债的产生，两个以上的受托人都应该具有独立完成受托事务之能力。因此，两个以上的受托人之给付债务，应该是可分之债。关于可分之债，上文已有详细阐述，此处不赘。

如果两个以上的受托人均不具有独立完成受托事务之能力，受托事务之完成须各受托人协力才能完成，那么两个以上的受托人与委托人之间即产生协同之债。对于协同之债，上文已有详细阐述，此处不赘。如果两个以上的受托人与委托人之间产生协同之债，那么《民法典》第932条之规定，只能解释为两个以上的受托人承担连带赔偿责任而非连带履行或者连带清偿责任。

5. 两个以上的受托人作为共同代理人时，除非当事人另有约定，应当共同行使代理权，一代理人无权排斥他代理人进行共同代理（《民法典》第166条）。

此外，我国《民法典》第三编之第二分编第二十三章规定了"委托合同"，该章之规定，对于重复委托和共同委托当然适用。涉及重复委托及共同委托对内对外效力者主要包括：

1. 对于重复委托和共同委托，受托人均应当亲自处理受托事务。受托人如欲转委托，应该经委托人同意。受托人仅就第三人之选任及其对该第三人之指示承担责任。委托人对转委托表示同意或追认的，其有权直接指示接受转委托之第三人。转委托未经委托人同意及追认的，受托人须对接受转委托第三人之行为承担责任；但是紧急情况下受托人为了维护委托人之利益需要进行转委托者除外（《民法典》第923条）。

2. 对于重复委托和共同委托，合同之相对性原则有所突破，主要表现在：

（1）受托人如果以自己之名义而非委托人之名义，在委托授权范围内与第三人签订合同，该第三人于签订合同时知道受托人、委托人之间存在代理关系的，当事人所签订之合同，除有相反证据者外，对于委托人和该第三人具有直接约束力（《民法典》第925条）。

（2）受托人在受托权限内以自己之名义而非委托人之名义与第三人订立合同，第三人对于受托人、委托人之间的代理关系不知情的，如果受托人因该第三人之原因对委托人不履行义务而向委托人披露了该第三人，那么委托人可以行使受托人对该第三人之权利。但是，第三人与受托人于订立合同时如果知道受托人、委托人之间存在代理关系就不会订约者除外（《民法典》第926条第1款）。

（3）因为委托人之原因造成受托人对第三人无法履行义务的，受托人应当向第三人披露其委托人，第三人有权选择向受托人或者向委托人行使请求权，选定之相对人不得变更（《民法典》第 926 条第 2 款）。

（4）委托人行使受托人对第三人的权利的，第三人可以向委托人主张其对受托人的抗辩。第三人选定委托人作为其相对人的，委托人可以向第三人主张其对受托人的抗辩以及受托人对第三人的抗辩（《民法典》第 926 条第 3 款）。

3. 对于重复委托和共同委托，其基础在于当事人之间的信任关系，如果该信任关系被打破，那么当事人有权随时解除委托合同。因为解除合同而给对方造成损失的，除了不可归责于该当事人之事由外，对于有偿的委托合同，解除方应当赔偿对方的直接损失，合同履行后之可得收益亦应赔偿。对于无偿的委托合同，解除方应当赔偿因解除时间不当而给对方造成之直接损失（《民法典》第 933 条）。

4. 对于重复委托和共同委托，委托人与受托人之间存在费用请求权、报酬请求权、损害赔偿请求权等诸多请求权，这与其他多数人之债存在明显区别，这些请求权主要包括：

（1）委托人应当预付受托人处理受托事务之费用。受托人为处理受托事务而垫付必要费用的，委托人应当偿还并且应当支付利息（《民法典》第 921 条）。

（2）受托人完成受托事务的，委托人应当依约付酬。因不可归责于受托人之事由，委托合同解除或者委托事务无法完成的，除当事人另有约定外，委托人仍然应当向受托人支付相应的报酬（《民法典》第 928 条）。

（3）受托人超越委托权限给委托人造成损失的，应该承担损害赔偿责任。此外，对于有偿的委托合同，因受托人之过错而给委托人造成损失的，受托人应该承担损害赔偿责任。对于无偿的委托合同，因受托人的故意或者重大过失而给委托人造成损失的，受托人亦应该承担损害赔偿责任（《民法典》第 929 条）。

（4）受托人处理受托事务过程中，因不可归责于自身之事由而遭受损失的，有权向委托人主张损害赔偿，委托人对此应该承担损害赔偿责任（《民法典》第 930 条）。

第十二章

请求权竞合

一、请求权竞合之概念

同一法律事实符合数个请求权规范要件，使得该数个请求权均能够成立，即发生实体法上的请求权竞合关系。请求权竞合问题发轫于罗马法时代的诉之竞合、诉权竞合（concursus actionum）。萨维尼（Savigny）最早提出私法诉权说，温德沙伊德（Windscheid）则最早提出请求权之概念，指出请求权是重要的实体法权利。赫尔维格（Hellwig）则最早将诉权、诉讼上的请求权和实体法上的请求权三个概念区别开来。此后，学者 Lent、Schmidt、v. Tuhr、Cosack、Endemann、Oertmann v. Blume、Heck 等人对于请求权竞合问题各有著述，形成了法条竞合说、请求权竞合说（复数请求权说）、请求权规范竞合说（单一请求权说）等多种理论学说。目前大陆法系各国对于请求权竞合之理论、立法及实践尚不统一，例如对于违约与侵权之竞合，即存在允许竞合和排斥竞合两种立法及实践态度，对于其他竞合情形，亦存在较多分歧。

二、请求权竞合之本质

目前，学界对于请求权竞合之本质问题认识不一，主要包括以下三种学说：

1. 法条竞合说（Gesetzkonkurrenz Lehre）。法条竞合说最初是由德国法学家赫尔维格将刑法上的法条竞合说引入民法领域而形成。该说认为：基于相同的法律事实而有复数请求权并存，这些请求权具有同一之目的时，实际上是一种法条竞合的现象。竞合者乃法条，而不是请求权竞合，真正的请求权只有一个。以违约责任和侵权责任之竞合为例，违约责任性质上属于特别规定，侵权责任性质上属于一般规定，因此违约责任排斥侵权责任，权利人实体法上的请求权只有一个，就是违约损害的赔偿请求权。①19 世纪末和 20 世纪初期，违约责任与侵权责任竞合之情形，德国学者多采法条竞合说进行解释。

2. 请求权竞合说（Anspruchskonkurrenz Lehre）。请求权竞合说认为，基于相同的法律事实而有复数请求权并存，这些请求权具有同一之目的时，实际上是一种请求权竞合现象。各个竞合之请求权相互独立、互不影响，权利人可以自由处分、转让各个竞合的请求权。权利人有权选择主张一个、数个或者全部之请求权，亦可就不同的请求权先后为主张。但是，如果其中一个请求权获得满足，那么其他请求权亦随之消灭。②

3. 请求权规范竞合说（Anspruchsnormenkonkurrenz Lehre）。此说为德国学者拉伦茨（Larenz）所提出。拉伦茨认为，基于相同的法律事实而有复数请求权并存，被害人实体法上的请求权只有一个，竞合者乃请求权基础规范，而不是法条竞合或者请求权竞合。以违约责任和侵权责任之竞合为例，此情形下仅仅产生单一的请求权，但是该单一请求权却具有复数的请求权基础。权利人（被害人）可选择的并非两个以上的请求权，而是两个以上的请求权基础规范。以同一给付为目的，而有数个责任规范作为其请求权基础，权利人只能请求一次，债务人只须履行一次，该请求权经裁判后，权利人不得对同一事实以其他的法律规定再行提起新的诉讼。

本书认为，所谓请求权，是指一种请求他人作为或者不作为的权利。请求权性质上属于一种实体性民事权利，该实体权利同时具有程序上的功能。③而请求权竞合，是指同一法律事实符合数个请求权规范要件，使得该数个请求权均能够成立之权利竞合现象。请求权和请求权基础规范无法分离，不产生具体请求权的请求权基础规范实在难以想象，亦不具有存在价值及意义。反之，不依赖请求权基础规范的请求权亦无处藏身。因此，请求权竞合说和请求权规范竞合说只是各家借名抒意而已，大陆法系各国（地区）成文法中根本不存在请求权竞合而请求权规范不竞合之法条，亦不存在请求权规范竞合而请求权不竞合之立法例。不同的请

---

① Rolf Dietz, Anspruchskonkurrenz bei Vertragsverletzung und Delikt, Ludwig Röhrscheid Verlag, Bonn u. Köln, 1934, S. 29.

② Rolf Dietz, Anspruchskonkurrenz bei Vertragsverletzung und Delikt, Ludwig Röhrscheid Verlag, Bonn u. Köln, 1934, S. 31-32.

③ ［德］卡尔·拉伦茨：《德国民法通论》（上册），王晓晔等译，法律出版社 2003 年版，第322 页。

求权基础，在成立要件方面，在归责原则、免责事由、赔偿范围、举证责任、甚至诉讼时效等方面并非完全一致。在此情况下，认为存在复数请求权之理由明显强于认为只能存在一个请求权之理由。请求权可以有多个，但是被害人就某一损害，只能要求一次足额赔偿，不得要求重复赔偿或者叠加的倍数赔偿，惩罚性赔偿除外。因此，以上诸说，以请求权竞合说具有比较的优势和理由。但是，该说认为权利人（被害人）可以同时主张所有的请求权，该观点明显混淆了请求权竞合和请求权聚合之关系。另外，该说认为权利人可以自由处分、转让各个竞合的请求权，该观点在实践中亦会导致"所有权利人同时为主张"之结果，浪费司法资源，徒增烦扰。

三、我国《民法典》中请求权竞合之类型化

综合来看，我国《民法典》中对于请求权竞合之规定，可以区分为以下八种类型：

1. 违约损害赔偿请求权与侵权损害赔偿请求权之竞合。例如承租人出卖（无权处分）租赁物，保管人损毁保管物，医疗、美容、运输、仓储、承揽、知识产权等合同中的违约与侵权责任之竞合等。目前实践中所发生的请求权竞合案例，大多属于此类。

2. 违约损害赔偿请求权与不当得利返还请求权之竞合。例如承租人出卖（无权处分）租赁物并获得不当得利，此时即发生违约损害赔偿请求权与不当得利返还请求权之竞合。

3. 侵权损害赔偿请求权与不当得利返还请求权之竞合。传统民法将不当得利区分为侵害型不当得利与给付型不当得利，对于侵害型不当得利即发生侵权损害赔偿请求权与不当得利返还请求权之竞合。例如，擅取他人水泥、砖瓦、木料，用于修补自家房屋，此情形下即发生侵权损害赔偿请求权与不当得利返还请求权之竞合。

再例如，"不真正无因管理主要包括三种情况……二是误信的无因管理，即将他人的事务误认为是自己的事务进行管理的行为。这种误信有可能是因本人的原因导致的，也有可能是管理人自己的原因导致的，还有可能是双方共同的过错导致的，对于误信的无因管理应当适用不当得利或者侵权行为制度进行处理，具体的处理结果因发生原因的不同而不同。三是幻想管理，即误将自己的事务作为他人事务进行管理的行为，因其不满足无因管理中为他人管理事务的实质要求，也不构成无因管理，而是不

当得利或者侵权行为。"①因此，在误信的无因管理以及幻想管理之情形下，亦可发生侵权损害赔偿请求权与不当得利返还请求权之竞合。

4. 无因管理之债请求权与侵权损害赔偿请求权之竞合。无因管理之成立通常即排除侵权责任之成立，但是对于不符合被管理人真实意思的、不合法、不真正的无因管理（《民法典》第 980 条）以及对于不适当的无因管理，得发生无因管理之债请求权与侵权损害赔偿请求权之竞合。

所谓不适当的无因管理，就是管理人没有法定的或者约定的义务，为避免他人利益受损失而管理他人事务，但不符合受益人真实意思的管理行为。例如，某自然人代朋友保管一古董花瓶，其朋友明确告之该花瓶为传家宝，属于非卖品，但该自然人在保管期间发现该花瓶在古董市场的价格有可能下跌，为了朋友的利益不受损，将花瓶及时卖掉。对于不适当无因管理的后果，根据《民法典》第 979 条第 2 款之规定，除受益人的真实意愿违反法律或者违背公序良俗外，不适当无因管理的管理人原则上不享有请求受益人偿还必要费用和补偿损失的权利。然而，现实生活是复杂的，实践中，不适当无因管理的管理行为虽不符合本人的真实意思，但是本人事实上却享有了管理人在管理过程中所获得的管理利益。从公平的角度讲，且考虑到这种管理的管理人仍有为本人利益进行管理的意愿，本人在享受管理利益的同时也有义务偿还管理人在管理事务中所支付的必要费用；管理人因管理事务受到损失的，也可以请求本人给予适当补偿。但是，受益人向管理人偿还的费用和补偿的损失不超过其在管理中获得的利益，对超出所得利益范围的费用和损失，其不承担偿还和补偿责任。

基于此，《民法典》第 980 条规定，管理人管理事务不属于第 979 条第 1 款规定的情形，但是受益人享有管理利益的，受益人应当在其获得的利益范围内向管理人承担第 979 条第 1 款所规定之责任。②因此，对于不适当的无因管理，亦可发生侵权损害赔偿请求权与不当得利返还请求权之竞合。

另外，对于不法管理，即明知是他人事务，但非为他人利益进行管理，而是为自己利益而为管理，例如无权处分行为。这种管理因管理人没有为他人管理的意思，本就不属于无因管理的范围，但考虑到本人依据侵权行为或者不当得利请求损害赔偿或者返还利益时，其请求范围反

---

① 黄薇主编：《中华人民共和国民法典释义》，法律出版社 2020 年版，第 1784~1785 页。
② 黄薇主编：《中华人民共和国民法典释义》，法律出版社 2020 年版，第 1783~1784 页。

倒不如依据无因管理请求管理人返还的利益范围大，因此，若不准用无因管理的返还请求权制度，不但对于本人不公正，而且还有可能诱使更多的不法管理行为发生。因此，对于不法管理这种不真正的无因管理，可以准用真正的无因管理返还制度，即本人可以向管理人主张不法管理所获得的利益。①此情形下，亦可发生侵权损害赔偿请求权与不当得利返还请求权之竞合。

5. 物上请求权与占有保护请求权之竞合。例如擅自占有、使用他人车位，擅自占有、使用他人闲置、抛荒之房屋、土地等，即发生物上请求权（《民法典》第 235、236 条）与占有保护请求权（《民法典》第 462 条）之竞合。

6. 物上请求权与继承回复请求权之竞合。我国《民法典》对于继承回复请求权未作规定，《民法典》侵权责任编亦未如原《侵权责任法》第 2 条第 2 款那样列举继承权受侵权法保护。我国学界对于继承权是否具有可侵性从而受侵权法保护存在争议，否定论者认为继承权为一过性权利，继承从被继承人死亡时开始，继承权不可能受到侵害，受到侵害的只能是构成遗产的具体权利，例如物权等。肯定论者则认为，继承权作为一项重要的民事权利，具有可侵性，这也是罗马法以来，大陆法系多数国家设立继承回复诉权的根本原因。②

针对上述争议，本书认为：继承权作为一项重要的民事权利，具有可侵性。凡权利，必有其权能，继承权作为一种概括的取得权，目的在于保证继承人依法取得被继承人的遗产，如果被继承人死亡以后，非继承人主张继承权，而真正的权利人却无法取得遗产，实现对于遗产的占有、用益和处分，或者部分继承人占据全部的遗产，否定其他共同继承人之继承权，这无疑构成继承权的侵害。③这与偷窃行为侵害所有权的道理一样，尽管所有权人并不因为偷窃行为而丧失所有权，其所丧失的仅仅为对物的直接占有、用益和处分，但是人们无法想象偷窃行为只是侵害了占有、用益和处分，而没有侵害所有权。上述否定说本质上混淆了继承权和构成遗产的具体财产权之间的关系，如果当事人对于继承权的归属没有争议，而只是争议具体财产是否属于遗产以及该财产的实际归属，真正继承人如果主张该财产上的权利当然只能以具体的财产权受侵

---

① 黄薇主编：《中华人民共和国民法典释义》，法律出版社 2020 年版，第 1784 页。

② 章正璋：《继承权法律保护的六个疑难问题探析》，载《现代法学》2012 年第 4 期，第 79 页。

③ Dieter Medicus, Grundwissen zum Bürgerlichen Recht, 8. Aufl. Carl Heymanns Verlag München 2008, S. 170.

害为由起诉，比如所有权受侵害等，此时当然不存在继承权侵害的问题。而如果非继承人主张继承权，或者部分继承人超越份额及权利范围行使继承权，无疑构成继承权的侵害。①因此，如果僭称继承人占有属于遗产之物而拒绝返还，或者继承人超越份额及权利范围处分属于遗产之物，无疑侵害其他合法继承人之继承权，亦同时侵害其他合法继承人之物权，此时物上请求权与继承回复请求权（侵害继承权）竞合。例如甲和乙为兄妹二人，甲因为虐待被继承人——其老父亲，情节严重，已确定丧失继承权。甲在被继承人亡故后一直霸占被继承人名下房产一套，甲霸占被继承人房产之行为既侵害乙之继承权，又侵害乙之物权，得发生物上请求权与继承回复请求权之竞合。

7. 占有保护请求权与继承恢复请求权之竞合。继承从被继承人死亡时开始（《民法典》第 1121 条第 1 款），占有亦同样从被继承人死亡时发生转移，被继承人为直接占有人的，则继承人成为直接占有人，被继承人为间接占有人的，则继承人成为间接占有人。侵害继承人依法享有继承权之动产、不动产或者权利，可以成立侵害占有或者侵害准占有。与被继承人存在合同或者其他法律关系者，应该首先按照合同或者各该法律关系之固有内容、原则处理。剥夺继承人之直接占有，否定继承人同为直接占有人之身份、地位，或者否定继承人作为上级的间接占有人等情形，无疑侵害继承人之占有，此时占有保护请求权与继承回复请求权竞合。例如甲和乙为兄妹二人，甲因为虐待被继承人——其老父亲，情节严重，已确定丧失继承权。甲在被继承人亡故后，采用溜门撬锁之方式，占据被继承人名下房产一套，甲占据被继承人房产之行为既侵害乙之继承权，又侵害乙之占有，得发生占有保护请求权与继承回复请求权之竞合。

8. 占有保护请求权与不当得利返还请求权之竞合。占有是一种事实关系，占有亦同时体现为一种事实上之利益。对于动产以及不动产的债权性占有人，例如承租人、保管人、借用人、承揽人等，首先债权不受侵权法保护，债权性占有人一般不能行使侵权法上之请求权，其次债权性占有人亦非物权人，亦不能行使物上请求权。但是债权性占有人因为他人之非法侵夺行为而导致其丧失占有的，受占有保护以及受不当得利法之保护固无问题，此时占有保护请求权与不当得利返还请求权竞合。

---

① 章正璋：《继承权法律保护的六个疑难问题探析》，载《现代法学》2012 年第 4 期，第 79~80 页。

四、我国《民法典》对于请求权竞合之立法模式

我国《民法典》对于请求权竞合之八种类型，可以区分为以下四种不同的立法模式：

1. 选择型竞合。例如《民法典》第 186 条对于违约责任与侵权责任竞合之规定，第 588 条第 1 款对于违约金责任与定金责任竞合之规定，第 312 条对于损害赔偿请求权与返还原物请求权竞合之规定等。

2. 减缓型竞合。例如《民法典》第 662 条第 2 款所规定的赠与人责任、第 897 条所规定的保管人责任、第 929 条第 1 款所规定的受托人责任等。上述情形下，如果一方行为导致他方以损害，进而发生违约责任与侵权责任竞合时，应该将侵权责任规范视为一般规范，将违约责任规范视为特别规范，优先适用违约责任规范，也就是优先适用《民法典》合同编之规定。①

另外，《民法典》第 1217 条所规定的非营运机动车发生交通事故之责任，以及《民法典》第 1224 条所规定的三类"医疗机构不承担赔偿责任"之情形，上述情形下，亦可能发生违约责任与侵权责任之竞合，但是无论受害方要求他方当事人承担违约责任抑或侵权责任，他方当事人均有权依《民法典》侵权责任编之上述规定，主张减轻责任或者免除责任，因此同样属于减缓型责任竞合之规定。

3. 加重型竞合。例如《民法典》第 1185 条所规定的故意侵害他人知识产权者，应该承担的惩罚性赔偿责任；第 1207 条所规定的明知产品存在缺陷仍然生产、销售或者不采取有效补救措施者，应该承担的惩罚性赔偿责任；第 1232 条所规定的故意污染环境、破坏生态造成严重后果者，应该承担的惩罚性赔偿责任等。学界关于惩罚性赔偿请求权与其他侵权之债请求权之间的关系仍然存在争议，本书认为《民法典》上述三条之规定属于一般侵权责任与加重侵权责任之竞合，侵权人除了按照《民法典》第 1179、1182、1183、1184 条承担侵权行为的一般赔偿责任外，尚需按照上述三条有关惩罚性赔偿之规定，承担加重侵权之责任，属于典型的请求权加重型竞合。

4. 自由型竞合。除了上述请求权竞合类型外，《民法典》对于违约损害赔偿请求权与不当得利返还请求权之竞合、侵权损害赔偿请求权与

---

① Siehe Dietz, Das Problem der Konkurrenz von Schadensersatzansprüchen bei Vertragsverletzung und Delikt, Deutsche Landesreferate zum VI. Intern. Kongreß für Rechtsvergleichung 1962, S. 192ff.

不当得利返还请求权之竞合、无因管理之债请求权与侵权损害赔偿请求权之竞合、物上请求权与占有保护请求权之竞合、物上请求权与继承回复请求权之竞合、占有保护请求权与继承回复请求权之竞合、占有保护请求权与不当得利返还请求权之竞合等情形，均未规定特殊的竞合规则，属于请求权自由型竞合。对于请求权自由型竞合，因为法无明文规定，有关的请求权竞合规范适用问题，尤其值得研究和关注。

五、请求权竞合之规范适用原则

请求权竞合的一个核心问题，在于法律规范之适用。也就是当数个请求权并存时，应该如何处理各个请求权之间的关系，以及如何处理围绕某个请求权而发生之时效届满、中止、中断及其对于其他请求权之影响等问题。通常而言，处理请求权竞合问题，应该遵循以下原则：

1. 法律就处理某类请求权竞合问题具有明文规定时，应优先适用法律之规定。法条所体现和宣示之价值，成文法之稳定性、确定性、安定性，应该予以尊重、遵守和维护。上述选择型竞合、减缓型竞合以及加重型竞合，属于典型的法律具有明文规定，自应优先适用法定之竞合规则，毋庸赘言。

2. 法律就处理某类请求权竞合无明文规定时，应该允许权利人自由选择适用对其有利之请求权。权利人以某一请求权起诉后无法达成权利保护之目的，例如以物上请求权起诉但是不能证明自己拥有合法有效之物权，从而诉讼遭驳回或者败诉，那么应该允许当事人再行以他种请求权起诉，例如再行以占有保护请求权提起诉讼。

3. 某一请求权因罹于时效而遭对方当事人行使时效完成抗辩权对抗之后，例如权利人行使侵权损害赔偿请求权超过《民法典》第 188 条所规定之三年时效期间，但是并未超出《民法典》第 594 条所规定之四年时效期间，则应该允许其变换请求权继续诉讼，或者允许其再行以他种请求权起诉。

4. 某一请求权消灭而他种请求权仍然存续的，应该允许当事人以他种仍然存续之请求权继续诉讼。例如占有人返还原物请求权因为超过《民法典》第 462 条所规定之一年期间而消灭，应该允许权利人按照《民法典》第 196 条之规定行使物权人之返还原物请求权。

5. 权利人以某一请求权提起诉讼的，针对行使该请求权而发生的诉讼时效中止以及中断，对于其他不同性质之请求权不生影响，其他不同性质请求权之诉讼时效期间分别独立计算，不因此而发生中止或者中断。

例如权利人提起违约损害赔偿请求权之诉，对于与该违约责任竞合之侵权行为以及不当得利之请求权，在诉讼时效方面不发生影响。

6. 权利人行使某一请求权，因为该请求权罹于时效、因为该请求权自身消灭（例如《民法典》第 462 条第 2 款）或者因为无法举证证明等原因而导致其诉讼被驳回、遭遇对方抗辩、败诉等结果，权利人再行以他种竞合之请求权起诉的，不属于《最高人民法院关于适用〈中华人民共和国民事诉讼法〉的解释》第 247 条所规定的重复起诉情形，①人民法院应当依法受理。

7. 对于狭义的请求权竞合，权利人行使某一请求权实现权利保护目的之后，其他竞合之请求权因为权利保护目的之实现统归于消灭，权利人通常不得再行以他种竞合之请求权起诉，如果权利人再次起诉应该认定为重复起诉，人民法院不应当再次受理。但是该原则不应当绝对化，特定情形下应该允许权利人再行以他种竞合之请求权起诉或者寻求其他救济之道，尤其对于责任人存在诉讼欺诈之情形。例如侵权与不当得利发生竞合时，责任人隐瞒真实的不当得利数额，导致权利人选择以侵权之诉结案之后，方才得知责任人实际的不当得利数额远大于侵权损害赔偿数额，此情形下一概否认权利人再行以他种竞合之请求权起诉之权利，反而有违公平原则和诚实信用原则。②

而对于请求权并存之情形（广义的请求权竞合），③如果权利人起诉责任人之一无法获得赔偿或者无法获得足额赔偿，权利人应该有权再行起诉其他责任人要求承担责任。该再行起诉不应该被认定为重复起诉，人民法院应当受理。

8. 同一法律事实符合数个请求权规范要件，使得该数个请求权均能够成立，而发生竞合的数个请求权虽然分属不同之权利人，但是服务于

---

① 《最高人民法院关于适用〈中华人民共和国民事诉讼法〉的解释》第 247 条规定："当事人就已经提起诉讼的事项在诉讼过程中或者裁判生效后再次起诉，同时符合下列条件的，构成重复起诉：（一）后诉与前诉的当事人相同；（二）后诉与前诉的诉讼标的相同；（三）后诉与前诉的诉讼请求相同，或者后诉的诉讼请求实质上否定前诉裁判结果。当事人重复起诉的，裁定不予受理；已经受理的，裁定驳回起诉，但法律、司法解释另有规定的除外。"

② 赵盛和：《论不真正连带债务请求权的诉讼形态——以民事程序法与实体法的协调与契合为分析路径》，载《湖南社会科学》2015 年第 3 期，第 90~95 页；冯昌盛：《不真正连带责任诉讼形态研究——以侵权法为分析视角》，西南政法大学 2019 年硕士学位论文，第 28 页。

③ 例如《民法典》第 1203 条规定："因产品存在缺陷造成他人损害的，被侵权人可以向产品的生产者请求赔偿，也可以向产品的销售者请求赔偿。产品缺陷由生产者造成的，销售者赔偿后，有权向生产者追偿。因销售者的过错使产品存在缺陷的，生产者赔偿后，有权向销售者追偿。"

不同权利人相同之给付目的，也就是不同权利人之利益发生重合、一致的，在此情形下，数个权利人可以协商确定仅行使其中某一个请求权。协商不成的，数个权利人均有权行使其各自之请求权，不构成重复起诉。因为数个权利人之诉讼标的同一，人民法院对于此类案件应该合并审理，债务人向一方请求权人承担赔偿等给付责任后，其他请求权往往即消灭。例如乙租赁甲之摩托车，乙委托丙代为保管该摩托车，而丙无权处分或者损毁该摩托车，则丙对乙构成违约，对甲则构成侵权。丙对乙承担违约责任之后，丙对甲的侵权责任可全部或者部分不予承担，因为乙和甲的给付利益具有同一性，此时给付服务于不同权利人相同之给付目的。针对摩托车之毁损灭失或者无权处分行为，丙不可能也不应该针对债权人乙完整赔偿一次，然后针对物权人甲再完整赔偿一次。

9. 同一法律事实符合数个请求权规范要件，使得该数个请求权均能够成立，而发生竞合的数个请求权分属不同之权利人，并且服务于不同权利人完全不同之给付目的，也就是不同权利人之利益并不重合、并不一致的，在此情形下，各个权利人之请求权均得以成立，当事人行使其请求权无须协商一致，数个权利人之诉讼标的亦不相同。例如租赁物、借用物等遭受第三人侵害，承租人、借用人等债权性占有人有权行使占有保护请求权，所有权人则有权行使物上请求权以及侵权损害赔偿请求权。从上述当事人之间具体的民事法律关系进行分析，承租人、借用人等对于租赁物、借用物具有用益之利益，该利益为债权所生。而租赁物、借用物作为财产本身则体现为固有利益、归属利益，该固有利益、归属利益通常依附于所有权等物权，归属于出租人、出借人。因此，第三人侵害租赁物、借用物，导致租赁物、借用物毁损灭失进而无法正常占有、使用的，出租人、出借人与承租人、借用人之利益并非完全同一或者重合。如果当事人主张的利益并不重合、并不一致，例如承租人主张租赁物无法正常使用之用益损失，而出租人则主张租赁物本身毁损灭失之损失，在此情形下，数个权利人之请求权并行不悖，均得以成立。

10. 请求权聚合并非请求权竞合。对于请求权聚合，各个请求权均得以同时行使和合并适用。例如侵占他人房屋、汽车的，权利人有权行使物上请求权和债权请求权，请求返还财产、赔偿用益损失等（《民法典》第239条）。对于校园霸凌者殴伤同学，毁损、抢走同学财产，严重侮辱同学人格之行为，被侵权人有权请求返还被抢走的财产、原物，有权请求修复或者赔偿遭毁损的财产，有权请求赔偿医疗费、营养费等费用，并有权请求精神损害赔偿，此时数个请求权发生聚合而非竞合，可以一并适用。

11. 鉴于当事人对于请求权竞合及其法律适用问题在理解及认知上存在一定困难，应该允许法官就请求权竞合问题进行一定范围及程度之释明，但是涉及请求权罹于时效问题除外，以利于《民法典》请求权规范竞合之规定正确、全面实施。

六、请求权竞合与多数人之债

请求权竞合与多数人之债并非同一范畴，二者各有其不同的关注重心，请求权竞合之关注重心在于，同一法律事实符合数个请求权规范要件，使得该数个请求权均能够成立之法律现象。而多数人之债的关注重心则在于，基于同一个法律关系或者关联关系，债权人以及债务人方面至少有一方人数为二人以上之法律现象。尽管请求权竞合与多数人之债的关注重心各不相同，但是二者亦可能发生交叉重叠现象。

通常情况下，如果竞合的各个请求权单属于一个主体（权利人），并且请求权相对人也就是对方当事人亦为单一主体，此时不发生多数人之债的问题。例如所有权人 A 将耕牛出租给 B，B 无权处分该耕牛，将耕牛卖给善意之 C，得买卖价款 20 000 元。基于本案事实，A 对于 B 享有违约损害赔偿请求权、侵权损害赔偿请求权以及不当得利 20 000 元之返还请求权，上述三个请求权竞合，A 有权选择一个对于自己较为有利之请求权而为主张，因为 A 与 B 均为单一主体，此时不发生多数人之债的问题。

但是，如果竞合的各个请求权不单单属于一个主体（权利人），而是归属于不同之主体（权利人）。或者请求权相对人也就是对方当事人（责任人）不单单为一个主体，而是复数主体，此时必然产生多数人之债的问题。前者例如甲、乙将其按份共有之耕牛出租给 A，A 无权处分该耕牛，将耕牛卖给善意之 B，得买卖价款 20 000 元。此时针对 A 之请求权，即归属于甲、乙二人，从而产生多数债权人之问题。后者例如所有权人 A 将耕牛出租给 B，B 无权处分该耕牛，将耕牛卖给恶意之 C 和 D，得买卖价款 20 000 元。C 和 D 约定各出买卖耕牛的一半价款，并且按份共有该头耕牛。因为 C 和 D 为恶意，因此无权主张善意取得该耕牛。此时 A 对于 B 以及对于 C 和 D，依法享有违约损害赔偿请求权、侵权损害赔偿请求权、不当得利返还请求权以及原物返还请求权等请求权，上述请求权竞合，而义务主体为复数，从而产生多数债务人之问题。

综上，尽管请求权竞合与多数人之债分属不同的民事法律制度，各有不同的规制对象，但是二者时常发生关联，尤其表现在不真正连带债务领域，对此国内学界尚存在较多争议，有必要加以专门研究。

七、请求权竞合与不真正连带债务

（一）请求权竞合与不真正连带债务的关系

请求权竞合与不真正连带债务分属不同的民事制度领域。请求权竞合非必与连带债务或者不真正连带债务发生关联，但是不真正连带债务却总与请求权竞合或者请求权并存有关。正如孔祥俊教授所指出的那样：不真正连带债务属于广义的请求权竞合，是指债权人就同一给付义务对数个债务人基于不同的法律原因同时享有各别之请求权，因一请求权之满足导致其他请求权亦统归消灭。广义的请求权竞合与狭义的请求权竞合应予区分，前者例如：甲委托乙保管房屋，乙保管房屋期间，该房屋被丙不慎引起火灾而损毁，那么甲既可按照保管合同请求乙承担房屋损毁的违约损害赔偿责任，又可按照侵权行为之规定请求丙承担房屋损毁的侵权损害赔偿责任，乙、丙对同一损害基于不同的法律原因而各负全部损害赔偿责任，任一责任人为赔偿之后其他责任人的损害赔偿义务亦随之消灭。后者例如：甲委托乙保管房屋，结果乙不慎引起火灾而损毁其受托保管之房屋，在此情形下，甲既可以基于违约责任之规定，又可以基于侵权责任之规定，请求乙承担损害赔偿责任，违约责任请求权与侵权责任请求权并存，甲只可择一有利之请求权而行权。[①]

史尚宽先生也认为："不真正连带债务，属于广义的请求权并存之一种。惟一般请求权之并存，乃于特定之一债权人与一债务人间，就单一法益发生数个之请求权，而不真正连带债务，则就单一法益而发生对于数个不同之债务人之请求权。然一般之连带债务，有确保债权之作用，且为依契约而发生，而不真正连带债务几全依法规之竞合，偶然的发生，其依契约发生者极少，二者不但性质上有区别，而且关于连带债务之规定，对于不真正连带债务多不适用。"[②]

从私法史的角度来看，不真正连带债务理论滥觞于罗马法时期的争点决定制度（Litis contestatio），而德国19世纪普通法时期区分共同连带与单纯连带的连带债务二分法思想，则将不真正连带债务理论在德国的理论和实践推向一个新高度。法学家们试图依照不同的区分标准为数人

---

① 孔祥俊：《论不真正连带债务》，载《中外法学》1994年第3期，第19~20页。
② 史尚宽：《债法总论》，中国政法大学出版社2000年版，第672页。

负担同一给付构建不同的连带债务模型，这些区分标准主要包括是否存在意思联络、是否存在共同给付目的、是否基于同一个原因事实或者相同的法律关系、性质上为单数之债抑或复数之债（Einheit der Obligation oder Mehrheit der Obligation）、是否存在最终责任人以及相互之间是否具有必然的分担部分以及追偿权等。法学家们构建不同的连带债务模型之目的，在于试图筑牢分类规制之思想，为所谓的真正连带与不真正连带的当事人、债务人确定不同的权利义务关系，尤其是发生于任一当事人之法律事实，诸如清偿、代物清偿、抵销、免除、提存、混同、债的更新、迟延、过错、履行不能、诉讼时效完成、有既判力之判决等，对于其他当事人具有何种效力，不能不有所斟酌和区别。既然真正连带和不真正连带并非同一事物，那么区别对待就是最大的公平和正义。法学家们之所以会产生上述观念和思想，与文艺复兴以来，尤其是 18、19 世纪以来欧洲知识界所弥漫着的唯理主义、理性主义密不可分。法学家们的思想越是受到理性主义所支配、驱使，就越是倾向于用一种原则、一种"写定下来的理性"去公正地解决各个具体案件，也就越是追求内容广泛之体系。在此背景下，"写定下来的理性"具有十分尊崇之地位，成为欧陆诸国法治的一个重要因素和主要推动力，这种努力成为普遍理性需求的一部分。

但是，出台于 19 世纪末的《德国民法典》却不再区分共同连带与单纯连带，对于不真正连带债务亦无明文规定。《德国民法典》第 421 条对于连带债务之成立，采纳了准则主义立法模式，只将连带债务的几个核心特征涵摄在连带债务的概念及成立要件当中，例如：每一个债务人均有义务履行全部义务；债权人可以随意请求任一债务人为全部或者部分之给付，但是债权人仅有权请求债务人方面一次完全之给付；直至全部债务履行完毕之前，每一个债务人仍须承担给付义务。[①]按照这一立法例，德国普通法时代学者们所归纳和总结出来的不真正连带债务的案型，大多可以纳入真正连带债务当中，亦有部分可被纳入《德国民法典》第 255 条所规定的赔偿请求权让与（Abtretung der Ersatzansprüche）类型当中，所谓的不真正连带债务理论及司法实践，在其发源地德国终于云开雾散。

《德国民法典》之所以抛弃共同连带与单纯连带二分法之立法，主

---

① 章正璋：《我国〈侵权责任法〉中没有规定不真正连带责任——与杨立新等诸先生商榷》，载《学术界》2011 年第 4 期，第 111 页注释［10］。

要理由在于经济社会之发展、变迁，时代风尚随之变化，时人的法律观念和法律思想业已更新换代，立法者不得不顺应时势、改弦更张。一切封建时代所遗留下来的身份符号、形式主义、繁文缛节，在新法律中全部予以重新审视和甄别，原先形式化、贵族化、烦琐化之立法，转向为平民化、简约化之立法，立法开始走向亲民化之道路。①《德国民法典》抛弃共同连带与单纯连带二分法，对于不真正连带债务理论及司法实践来讲，无异于釜底抽薪，彻底否定了不真正连带债务的理论源头和理论基础，使得原先在德国甚嚣尘上的不真正连带债务理论，由此开始式微。

尽管如此，同一法律事实符合数个请求权规范要件，使得该数个请求权均得以成立之事实，从而导致数个请求权竞合之现象在所难免。这个现象在德国法以外之某些法域，仍然作为不真正连带债务予以解释、适用和言说，使得请求权竞合与不真正连带债务仍然密切关联，该事实亦无法否认。

综合来看，德国普通法时期学者们所归纳和总结出来的不真正连带债务案型，主要包括 12 类，②继受德国法学理的旧中国民法学家则归纳和总结出旧中国民法上的 8 类不真正连带债务案型，③而当代中国大陆学者有归纳和总结出来 4 类不真正连带债务案型者，④有归纳和总结出来 6 类不真正连带债务案型者，⑤还有归纳和总结出来 10 类不真正连带债务案型者，⑥具体内容将在下文予以详述，此处不赘。

（二）关于不真正连带债务之概念

自从 19 世纪初德国法学家凯勒（Keller）和里宾特洛甫（Ribbentrop）提出共同连带（真正连带债务）和单纯连带（不真正连带债务）二分法以来，学者们对于不真正连带债务概念之表述各有侧重，可以分为以下三种学说：

1. 不同原因说。该说由德国学者米塔斯（Mitteis）所提出，米塔斯认为，真正连带的产生系基于同一个原因事实，而不真正连带的产生系

---

① Siehe Werner Korintenberg, echte und unechte Gesamtschuld, Duisburg, 1931, S. 18.

② 章正璋：《不真正连带债务理论溯源及其在我国的理论与实践分析》，载《财经法学》2018年第 3 期，第 41~44 页。

③ 章正璋：《不真正连带债务理论溯源及其在我国的理论与实践分析》，载《财经法学》2018年第 3 期，第 53~56 页。

④ 孔祥俊：《论不真正连带债务》，载《中外法学》1994 年第 3 期，第 21 页。

⑤ 马强：《债权法新问题与判解研究》，人民法院出版社 2002 年版，第 192 页。

⑥ 王竹：《侵权责任分担论——侵权损害赔偿责任数人分担的一般理论》，中国人民大学出版社 2009 年版，第 170~171 页。

基于不同的原因事实。不真正连带债务关系中只存在给付利益的同一性，却不存在债务发生原因的同一性。①史尚宽先生赞同此观点，先生认为："不真正连带债务，谓数债务人基于不同之发生原因，对于债权人负以同一之给付为标的之数个债务，依一债务人之完全履行，他债务因目的之达到而消灭之法律关系。"②王利明教授也认为："所谓不真正连带责任，是指数个责任人基于不同的原因而依法对同一被侵权人承担全部的赔偿责任，某一责任人在承担责任之后，有权向终局责任人要求全部追偿。"③

2. 偶然结合说。该说系德国学者艾泽勒（Eisele）对于米塔斯上述不同原因说之调整及修正，艾泽勒认为，不真正连带债务是指数债务人分别对于债权人负担数个债务，因一债务人之完全给付，他债务人的债务亦因此而消灭，但是各债务之间无内在之关联，仅仅偶然地服务于债权人同一利益之满足之连带债务。④孔祥俊教授对于不真正连带债务之定义，部分融入了该学说之观点，孔教授认为："不真正连带债务是指多数债务人就基于不同发生原因而偶然产生的同一内容的给付，负全部履行之义务，并因债务人之一的履行而使全体债务均归消灭的债务。"⑤

3. 不同目的说。该说系由目的共同说发展演化而来，德国学者恩内克鲁斯（Enneccerus）、Siber、Staudinger、Warneyer、Cosack、拉贝尔（Rabel）、克林米勒（Klingmüller）等均持该说。例如德国学者恩内克鲁斯（Enneccerus）即认为，连带债务关系均以一个共同的目的为基础，所有债务均为服务于实现一个共同目的之工具，即为债权之担保和债权之实现而服务。如果欠缺这样的共同目的，这些债务人对债权人毋宁是承担没有相互关系的、偶然的给付责任，不能成立连带债务。比如纵火者与保险人，甚至小偷与因为过错而致使占有物被盗之承租人或借用人，虽然他们对同一损害承担给付责任，但他们之间并不发生连带责任，因为上述行为人之间欠缺给付之共同目的。⑥该说认为，连带债务有目的之共同，而不真正连带债务仅具有偶然的标的同一，不具有目的之共同。

① Mitteis, Zur Lehre von den passive Gesamtschuldverhältnissen, Grünhuts Zeitschrift für das privat- und öffentliche Recht der gegenwart, 14, 1887, S. 477.
② 史尚宽：《债法总论》，中国政法大学出版社 2000 年版，第 672 页。
③ 王利明：《侵权责任法》，中国人民大学出版社 2021 年版，第 16 页；王利明主编：《中国民法案例与学理研究·债权篇》，法律出版社 2003 年版，第 3 页。
④ Eisele, Korrealität und Solidarität, AcP 77, 1891, S. 464.
⑤ 孔祥俊：《论不真正连带债务》，载《中外法学》1994 年第 3 期，第 19 页。
⑥ Enneccerus, Das Bürgerliches Gesetzbuch, Marburg 1910, S. 230–239.

有无目的之共同，为连带债务与不真正连带债务根本区别之所在。因此，所谓不真正连带债务，是指不具有共同给付目的之数债务人，因偶然的标的同一而负担同一项给付义务，并因任一债务人的完全给付而其他债务人的给付义务亦随之消灭的多数人之债。

我国学者郑玉波、陈荣隆等赞同该观点。[①]李永军教授亦持该学术观点。李永军教授认为：应该将行为人之间是否具有共同目的的主观关联，作为区分传统的普通连带责任与不真正连带责任之标准。对于普通连带责任，数个责任人之间具有共同目的的主观关联。而对于不真正连带责任，数个责任人之间则不具有这种共同目的的主观关联。[②]依此区分标准，李永军教授认为，我国《侵权责任法》第8、9、51条属于立法上对于真正连带责任之规定，而《侵权责任法》第10、11、36、43、59、74、75、83、85、86条则属于立法上对于不真正连带责任之规定。[③]

作为不真正连带债务理论之肯定说，以上三说皆有所长，亦皆有所短，与我国现今之民商事立法均存在无法调和之处，具体表现为：

其一，不同原因说所主张之"真正连带的产生系基于同一个原因事实，而不真正连带的产生系基于不同的原因事实"，与我国现行法多有不符。例如我国《票据法》第68条第1款对于出票人、背书人、承兑人和保证人连带责任之规定，上述当事人承担连带责任，分别基于出票、背书、承兑和保证行为，上述事实并非相同的原因事实。再例如，我国《证券法》第26、69、173条等对于发行人、上市公司、控股股东、实际控制人、上市公司的董监高以及其他直接责任人员以及保荐人、承销的证券公司之间须承担（真正的）连带责任之规定，上述董监高、发行人、上市公司、控股股东、实际控制人以及其他当事人依法应该承担连带责任，但是数个责任人承担连带责任显然并非基于相同的原因事实。

此外，当学者们论及产品责任的不真正连带责任时，对于生产者、销售者、运输者、仓储者（《民法典》第1203、1204条），总是认为系基于不同的原因事实而担责，也就是原因事实不同但是给付具有同一性。而对于何为相同的原因事实何为不同的原因事实却基本上不予阐述，学者们对于"原因事实"并无明确的、清晰的、一贯的理解和定义，标准

---

① 郑玉波：《民法债编总论》，中国政法大学出版社2004年版，第388、425页。

② 李永军：《论〈侵权责任法〉关于多数加害人的责任承担方式》，载《法学论坛》2010年第2期，第22~23页。

③ 李永军：《论〈侵权责任法〉关于多数加害人的责任承担方式》，载《法学论坛》2010年第2期，第22~23页。

不统一。

其二，偶然结合说认为不真正连带债务的各个债务之间无内在之关联，仅仅偶然地服务于债权人同一利益之满足，但是对于何为"偶然服务"或者"偶然结合"从未有过令人信服之定义或者解释。事实上，除了故意侵权和故意违约外，大量民事责任之发生均具有一定的偶然性。根本无法通过是否为"偶然服务"或者"偶然结合"而将真正连带和不真正连带区分开。

例如《民法典》第 67 条第 2 款所规定的法人分立由分立后的法人享有和承担连带债权、连带债务，第 75 条第 1 款所规定的法人设立失败由二个以上的设立人享有和承担连带债权、连带债务，第 786 条所规定的二个以上的承揽人对定作人享有和承担连带债权、连带债务等。上述法人分立、法人设立失败、共同承揽等情形下当事人依法承担连带责任，如果不属于"偶然结合"，那么其"必然性"体现在哪里？请求权基础规范均来源于民事生活实践，某一请求权基础规范既然入法，当事人据此主张责任人承担某种责任即具有实定法上的必然性。

就学者们所举案例来说："甲不法占有他人之物，乙不法毁灭之，甲乙之间产生不真正连带债务。""因承租人之不注意，租赁物被第三人毁坏或盗取；因保管人之不注意，保管物被第三人毁坏或盗取。承租人、保管人与第三人之间产生不真正连带债务。"上述案型中，"不法毁灭""毁坏"既可基于过失亦可基于故意，而"盗取"只能基于故意。因此，违约与侵权责任竞合所导致之不真正连带责任，本身即包括故意违约或者故意侵权在内，学者们所谓的"偶然结合"在不同案例当中的判断标准甚为模糊。甚至还有学者认为，连带责任保证人与主债务人之间同样承担的是不真正连带责任，在当事人之间对于承担连带责任已然明确约定的情形下，仍然属于所谓"偶然结合"的不真正连带责任，简直让人匪夷所思，不知道其中的"必然性"和"偶然性"到底应该如何区分。

其三，不同目的说所主张之"连带债务有目的之共同，而不真正连带债务仅具有偶然的标的同一，不具有目的之共同"，与我国现行法亦明显不符。事实上，除了约定连带外，法定连带债务的数个债务人，许多情形下并不存在主观意思之联络、主观目的之共同或者同一之给付目的，数个责任人之所以承担同一之给付义务，纯为法律之强行规定。其立法目的在于扩大义务人范围，增加清偿债务的总括责任财产，损害赔偿的社会化分担，方便请求权人求偿，保障债权最大限度之实现等。

连带债务具有目的之共同，尽管为一些德国法学家所倡，但是《德国民法典》等德国现行立法并未采纳该学说。例如《德国民法典》（BGB）第 769 条对于共同保证人连带责任之规定，《德国保险合同法》（VVG）第 78 条对于重复保险人连带责任之规定，《德国汇票法》（WG）第 47 条第 1 款对于出票人连带责任之规定，《德国支票法》（ScheckG）第 44 条第 1 款对于支票债务人连带责任之规定等，上述法定连带债务之发生均不考虑当事人是否具有目的之共同，甚至一责任人对于现在或者将来是否存在其他责任人既不知情，亦不指望。①

（三）关于不真正连带与真正连带的区分标准问题

对于不真正连带与真正连带的区分标准问题，学者们在上述已有的法律思想和研究成果的基础上，亦进行了相关研究、补充和完善。

例如中国大陆有学者认为，不真正连带债务与连带债务具有显著的不同，主要包括以下五个方面：其一，产生原因不同。连带债务通常具有共同的产生原因，而不真正连带债务必须具有不同的发生原因。其二，目的不同。连带债务具有共同目的，而不真正连带债务的发生纯属偶然，数个责任人之间并不存在共同目的，只有各自的单一目的。其三，法律要求不同。连带债务实行法定主义，而不真正连带债务纯属偶然巧合而产生，勿庸法律明文规定，也不可能存在当事人约定的不真正连带。其四，对于真正连带债务，数个责任人之间必然存在内部分担关系以及求偿权，而对于不真正连带债务，数个责任人之间并不存在内部分担关系以及求偿权。其五，数个连带债务人在诉讼中作为共同被告固无问题，但是数个不真正连带债务人之间因为具有不同的法律关系，诉讼标的并不相同，在涉讼中能否将其作为共同被告则仍然存在疑问。②

中国大陆也有学者认为，不真正连带债务与连带债务的区别主要体现在以下五个方面：一是发生原因不同；二是债务人之间是否具有关联性不同；三是数个债的目的是否同一不同；四是债务人之间的份额关系不同；五是数个债务人之间的求偿关系不同。③

针对上述不真正连带与真正连带的区分标准问题，其中的"产生原因不同"及"目的不同"在上文"关于不真正连带债务之概念"中已有论述，此处不赘，针对其他几点区分标准，本书认为：

---

① Siehe Münchener Kommentar zum bürgerlichen Gesetzbuch, Band 2, 6 Aufl. Verlag C. H. Beck München, 2012, S. 2848.
② 孔祥俊：《论不真正连带债务》，载《中外法学》1994 年第 3 期，第 20 页；张广兴：《债法总论》，法律出版社 1997 年版，第 155~156 页。
③ 张广兴：《债法总论》，法律出版社 1997 年版，第 155~156 页。

1. 关于"法律要求不同"，连带债务实行法定主义，而不真正连带债务均系偶然巧合而产生，勿庸法律明文规定，更不存在当事人的约定。对于不真正连带债务肯定说而言，该观点亦时常陷入自相矛盾当中。肯定说的学者们一方面列举我国《侵权责任法》《民法典》等诸多法条之明文规定，确认这些被列举出来的法条就是立法上对于不真正连带债务之明文规定，另一方面却认为不真正连带债务无法实行法定主义，亦勿庸法律明文规定，明显前后矛盾。此外，有持肯定说的学者认为连带责任保证即为不真正连带债务之著例，另一方面也有持肯定说的学者认为不真正连带责任不存在因为当事人约定而产生之情形。同为肯定说，但是不同学者的学理主张却大相径庭甚至完全相反，让人无所适从。

2. 关于"求偿权"及"分担部分"。有些持不真正连带债务肯定说的学者认为：对于真正连带债务，数个责任人之间必然存在内部分担关系以及求偿权，而对于不真正连带债务，数个责任人之间并不存在内部分担关系以及求偿权。数个不真正连带债务人之间即使发生互相求偿也非基于分担关系，而是由于承担终局责任之结果。[①]上述观点不仅缺少事实和法律依据，而且直接与论者所列举出来的不真正连带责任当时的典型立法条文前后矛盾，具体表现在：

首先，1994年1月1日起施行的《消费者权益保护法》第35条第2款所规定的生产者、销售者对于缺陷商品所造成损害的赔偿责任，以及2010年7月1日起施行的《侵权责任法》第59条所规定的生产者、血液提供机构、医疗机构对于药品、消毒药剂、医疗器械的缺陷以及不合格血液肇致损害的赔偿责任，上述立法例属于论者所认为的典型的不真正连带责任，但是上述立法例均明文规定了数个责任人相互之间的追偿、求偿机制。这方面的立法例很多，此处无法一一列举。可见，所谓不真正连带债务不发生内部求偿关系，根本于法无据，不能成立。

其次，连带债务的各债务人之间也可能存在着终局责任人，非终局责任人作出完全给付以后，有权要求终局责任人全额返还，而如果终局责任人作出了完全给付，则其无权向非终局责任人追偿，各连带债务人之间并非必然存在分担部分。例如，负连带责任保证的保证人，即没有应该负担的部分，再比如汇票等票据的出票人、背书人、承兑人和保证人虽然依法承担连带责任，但是却存在着终局责任人，非终局责任人有

---

① 王利明：《侵权行为法研究》（下卷），中国人民大学出版社2004年版，第722页。

权向终局责任人全额追偿。①实际上，连带债务人在内部责任的分配上，可以从 0 到 1，既可能不承担责任，也可能承担 100% 的责任，这属于连带债务消灭阶段的追偿问题，对于连带债务能否成立不发生影响，也无法作为区分真正连带与不真正连带的标准。②可见，所谓连带债务人之间存在当然的内部分担关系，据此关系存在内部求偿权，该观点同样无法成立。

最后，流行于旧中国学界的一种观点认为："连带债务各债务人之间必有负担部分，而在不真正连带债务中，原则上各债务人之间无负担部分。"③该观点为大陆学界一些学者所继受。但是，就不真正连带债务肯定论者所列举的典型案例来看，比如产品责任中的生产者和销售者，原则上各债务人之间无分担部分，但是在混合过错的情形，必然存在着责任分担的问题。例如，在"程某与上海市永怡律师事务所法律事务代理合同纠纷上诉案"④中，主审法官即认为："应该对传统的不真正连带责任理论进行调整，突破任一责任人应为全部履行、数个责任人之间无各自负担部分之成见，对于数个责任人存在混合过错之情形，以数个责任人的过错程度及致害原因力的比例为标准对不真正连带责任进行份额化处理。"⑤

综上，依照责任分担部分之有无以及责任人相互之间有无求偿权这个区分标准，同样无法区分真正连带与不真正连带。

3. 关于"共同过错"。我国学界有学者认为，应该以行为人是否具有共同过错作为区分真正连带与不真正连带的标准，该观点的主要依据为《民法典》第 1168 条之规定。⑥

该观点明显缺少事实和法律依据，因为除了《民法典》第 1168 条所

---

① 章正璋：《我国〈侵权责任法〉中没有规定不真正连带责任——与杨立新等诸先生商榷》，载《学术界》2011 年第 4 期，第 109 页。

② Larenz, Lehrbuch des Schuldrechts, Band 1, 14. Aufl. C. H. Beck München, 1987, S. 635.

③ 戴修瓒：《民法债编总论》，会文堂新纪书局 1947 年版，第 360 页；史尚宽：《债法总论》，荣泰印书馆 1954 年版，第 642、643 页；郑玉波：《民法债编总论》，中国政法大学出版社 2004 年版，第 425 页。

④ 上海市第二中级人民法院［2009］沪二中民一（民）终字第 1804 号。

⑤ 武之歌、玄玉宝：《程某与上海市永怡律师事务所法律事务代理合同纠纷上诉案——违约赔偿责任的构成及不真正连带责任的份额化处理》，上海市第二中级人民法院［2009］沪二中民一（民）终字第 1804 号之评析，载 https://www.pkulaw.com/case/，最后访问日期：2021 年 12 月 12 日。

⑥ 最高人民法院侵权责任法研究小组编著：《〈中华人民共和国侵权责任法〉条文理解与适用》，人民法院出版社 2010 年版，第 69、72 页。

规定的二人以上共同侵权须承担连带责任外，我国《民法典》等现行民商事立法亦规定了许多不以共同侵权或者共同过错为真正连带责任成立要件的侵权行为。例如，《民法典》第 67 条第 2 款所规定的法人分立时的连带责任，《民法典》第 1195 条第 2 款所规定的网络用户与网络服务提供者之间的连带责任，《民法典》第 1214 条所规定的对于拼装及报废机动车交通事故造成损害的连带责任，《民法典》第 1242 条所规定的所有人、管理人与非法占有人对于非法占有高度危险物造成他人损害的连带责任，《民法典》第 1252 条所规定的建设单位与施工单位对于建筑物、构筑物或者其他设施倒塌造成他人损害的连带责任，《公司法》第 93 条所规定的发起人补缴出资的连带责任，《公司法》第 94 条第 1、2 项所规定的公司设立失败发起人对于设立费用、股款返还的连带责任，《公司法》第 176 条所规定的公司分立时的连带责任等，这方面的立法例不胜枚举。

可见，过错责任原则是侵权行为法的归责原则之一，但是"共同过错"并非侵权责任法当中成立真正连带的普适性要件，无论是法定真正连带还是约定真正连带，当事人存在过错或者共同过错并非成立连带责任必须考量之因素。《民法典》第 518 条第 2 款只规定了法定和约定两种情形作为成立真正连带的原因，"共同过错"并非真正连带成立的必要条件，既然如此，是否具有"共同过错"是区分真正连带与不真正连带之标准却无从谈起。

（四）关于我国不真正连带债务之法律规定及案型

针对我国现行法有没有规定不真正连带债务，如果有那么哪些法条属于不真正连带债务之规定，学界目前尚存在较大争议。从肯定论者之论述来看，主要包括以下一些观点：

1. 王利明教授认为，我国《民法典》下列条文属于不真正连带债务之规定：[①]

（1）第 1203 条关于产品的生产者和销售者之间的连带责任。

（2）第 1223 条关于医疗领域产品责任的连带责任。

（3）第 1233 条关于因第三人过错污染环境造成损害的责任。

（4）第 1250 条关于第三人过错造成动物致害的责任。

2. 杨立新教授认为，中国侵权法所规定的不真正连带责任主要包括

---

① 王利明：《侵权责任法》，中国人民大学出版社 2021 年版，第 16 页。

以下四类，每一类均包含着追偿权。①

（1）典型的不真正连带责任。包括《民法典》第 1203 条、第 1223 条、第 1233 条、第 1250 条、第 1252 条。

（2）补充责任。包括《民法典》第 1198 条第 2 款、第 1201 条。

（3）先付责任。包括《民法典》第 1204 条。

（4）附条件的不真正连带责任。《民法典》没有规定附条件的不真正连带责任。《消费者权益保护法》第 44 条以及《电子商务法》第 38 条规定的网络交易平台提供者的侵权责任，是附条件的不真正连带责任。

上述四类不真正连带责任中都包含追偿权，都是先承担了中间赔偿责任的一方责任人对应当承担最终责任的责任人享有追偿权，区别在于有的是全额追偿权，有的是限额追偿权。

杨立新教授还认为，《物权法》第 20 条所规定的不动产登记机构与错误登记人的赔偿责任也属于不真正连带责任。②此外，"在保证责任中，连带责任保证（《民法典》第 688 条）的保证人承担的也是不真正连带责任，债权人主张保证人承担清偿债务的，保证人就要承担清偿责任，之后找债务人追偿。这不是补充责任，而是典型的不真正连带责任"。③

针对业已废止的我国《侵权责任法》，杨立新教授认为，该法规定了以下 7 种不真正连带责任：④

第一，第 41 条至第 43 条规定的产品责任；

第二，第 59 条规定的医疗产品损害责任；

第三，第 68 条规定的因第三人的过错污染环境造成损害的赔偿责任；

第四，第 83 条规定的因第三人的过错致使动物造成他人损害的赔偿责任；

第五，第 44 条规定的因运输者、仓储者等第三人的过错使产品存在缺陷造成他人损害的赔偿责任；

---

① 杨立新：《侵权责任追偿权的"背锅"理论及法律关系展开——对〈民法典〉规定的侵权责任追偿规则的整理》，载《求是学刊》2021 年第 1 期，第 126~127 页。

② 此处杨立新教授似有笔误，应该为《物权法》第 21 条第 2 款，现为《民法典》第 222 条。参见杨立新：《论不真正连带责任类型体系及规则》，载《当代法学》2012 年第 3 期，第 57 页。

③ 杨立新：《侵权责任追偿权的"背锅"理论及法律关系展开——对〈民法典〉规定的侵权责任追偿规则的整理》，载《求是学刊》2021 年第 1 期，第 126~127 页；杨立新：《论不真正连带责任类型体系及规则》，载《当代法学》2012 年第 3 期，第 57 页。

④ 杨立新：《侵权法论》，人民法院出版社 2011 年版，第 746 页。

第六，第 85 条规定的建筑物、构筑物或者其他设施及其搁置物、悬挂物发生脱落、坠落造成他人损害的责任；

第七，第 86 条第 1 款规定的建筑物、构筑物或者其他设施倒塌造成他人损害的赔偿责任。

在侵权法中，凡是这样的侵权行为，都适用不真正连带责任形态，以更好地保护受害人的民事权利，救济损害造成的后果。①

3. 李永军教授认为：我国《侵权责任法》第 10、11、36、43、59、74、75、83、85、86 条则属于立法上对于不真正连带责任之规定。②

尽管我国《侵权责任法》业已废止，但是上述《侵权责任法》原有条文经局部微调修改之后已整体纳入《民法典》侵权责任编当中，因此上述学术观点仍然具有相当之代表性、现实性，当自成一家言。

4. 张广兴教授认为："在我国法律上，具有不真正连带债务性质的规定有：《海商法》第 252—254 条规定的保险财产的损害由第三人造成的，保险人与该第三人的赔偿责任；《保险法》第 44、45 条规定的保险标的由第三人损害时，保险人与该第三人的赔偿责任；《消费者权益保护法》第 35 条第 2 款规定的消费者受到损害时，销售者和生产者的赔偿责任等。"③

当然，针对我国现行法有没有规定不真正连带债务，我国学界亦存在持否定论之学者，例如张新宝教授即认为："具体到侵权法领域，不真正连带责任就是两个以上的行为人因违反了法定义务而对一个受害人实施了加害行为，或者不同的行为人因各自不同的行为而使受害人的权利受到侵害，各行为人对损害的发生各负全部的赔偿责任，并因行为人之一的履行而使全体责任人的责任归于消灭的一种侵权责任形态。不真正连带责任一直没有被我国法律所采用。"④

也有学者认为："《侵权责任法》实施以后，一些学者将该法第 10、11、36、74、75 条所规定的法定连带责任解释为不真正连带责任，缺少事实和法律依据，明显与立法不符。另有学者以德国民法早期的不真正连带债务理论解释《侵权责任法》第 43、59、68、83、85、86 条，亦缺少事实和法律依据，明显与现行立法以及司法实践不符。这些所谓的不

---

① 杨立新：《侵权法论》，人民法院出版社 2011 年版，第 746 页。

② 李永军：《论〈侵权责任法〉关于多数加害人的责任承担方式》，载《法学论坛》2010 年第 2 期，第 22~23 页。

③ 张广兴：《债法总论》，法律出版社 1997 年版，第 156~157 页。

④ 张新宝：《我国侵权责任法中的补充责任》，载《法学杂志》2010 年第 6 期，第 3 页。

真正连带的规定，本质上体现的是赔偿请求权让与的法理，各债务人的债务根本不具连带性，亦不发生连带的效果，与普通债务相比，只不过债务人具有一定的可选择性而已，在性质上与连带以及不真正连带相去甚远。我国现行法律能够解决所有这些所谓的不真正连带债务在实体法以及程序法方面的问题，这些债务并非由来所谓的'不真正连带债务'。"①

从司法实务层面来看，我国学者亦提出一些不真正连带债务之实践案型，孔祥俊教授认为可以区分为以下四种类型，分别是：②

（1）数个独立的侵权行为因偶然竞合而产生的不真正连带债务；

（2）一人的债务不履行行为与他人的债务不履行行为竞合而产生的不真正连带债务；

（3）一人的债务不履行行为与他人的侵权行为发生竞合而产生的不真正连带债务；③

（4）因合同上约定的当为义务（债务）与其他债务不履行行为或侵权行为发生竞合而产生的不真正连带债务。

王竹教授认为可以将不真正连带债务区分为以下十种类型，分别是：④

（1）数人因个别之债务不履行而负担同一损害赔偿债务；

（2）数人之个别之债务而负担同一给付；

（3）债务不履行之损害赔偿与债务之履行竞合；

（4）数个侵权行为之间竞合；

（5）债务不履行与侵权行为竞合；

（6）侵权行为与债务之履行竞合；

（7）法律规定与债务履行之竞合；

（8）契约上之损害赔偿债务竞合；

（9）保险赔偿之债与侵权赔偿之债的竞合；

（10）雇主责任与侵权赔偿之债的竞合。

① 章正璋：《我国〈侵权责任法〉中没有规定不真正连带责任——与杨立新等诸先生商榷》，载《学术界》2011年第4期，第110~111页。
② 孔祥俊：《论不真正连带债务》，载《中外法学》1994年第3期，第21页。
③ 最高人民法院法（经）复（1988）45号："关于信用社违反规定手续退汇给他人造成损失应当承担责任的批复。"转引自孔祥俊：《论不真正连带债务》，载《中外法学》1994年第3期，第19~21页。
④ 王竹：《侵权责任分担论——侵权损害赔偿责任数人分担的一般理论》，中国人民大学出版社2009年版，第170~171页。

而学者马强则认为不真正连带债务可以区分为以下六种类型，分别是：①

（1）一人的债务不履行行为与他人的侵权行为发生竞合而产生；

（2）合同的债务竞合；

（3）因合同上的损害赔偿债务与他人侵权行为相互竞合而产生；

（4）因一人侵权行为与他人债务不履行竞合而产生；

（5）基于法律规定的债务与合同上债务的竞合；

（6）数人分别因各自的侵权行为，使他人遭受同一的损害。

本书认为上述基于司法实务之分类虽然比较直观，但是无法穷尽所有的不真正连带债务的类型，从纯粹的理论角度考察，任何两个或两个以上债务的发生原因存在竞合现象，都可能产生不真正连带债务。

可见，我国学界对于不真正连带债务之法律规定及案型问题争议极大，迄未能够形成一致意见，共识很少，言人人殊。本书之所以将主要学者们不同的学术观点——罗列出来，在于展示有关学说史之全貌，勿使以偏概全。本书对于不真正连带债务问题之理解和总结，将在本章最后一个部分予以阐述，在此先指出如下两点：

其一，有些学者将我国立法上明文规定的真正连带责任，解释为不真正连带责任，无论基于何种理由，均于法无据。这样解释，会导致对于《民法典》第518条以下法律规定的适用产生争议，徒增烦扰。例如，有学者将我国《消费者权益保护法》第44条、《电子商务法》第38条、《民法典》第688条等所规定的连带责任解释为不真正连带责任，明显于法无据。②

还有学者认为，我国《侵权责任法》（有关立法条文现已纳入《民法典》侵权责任编当中）第10条与第11条（无意思联络而分别实施侵权行为造成同一损害）、第36条（网络侵权责任）、第74条（遗弃高度危险物造成他人损害的侵权责任）、第75条（非法占有高度危险物造成他人损害的侵权责任）、第86条（建筑物、构筑物或者其他设施倒塌致人损害的侵权责任）等均为不真正连带责任。③

事实上，大陆法系其他国家（地区）民商事立法上所规定的真正连

---

① 马强：《债权法新问题与判解研究》，人民法院出版社2002年版，第192页。

② 杨立新：《侵权责任追偿权的"背锅"理论及法律关系展开——对〈民法典〉规定的侵权责任追偿权规则的整理》，载《求是学刊》2021年第1期，第126~127页。

③ 李永军：《论〈侵权责任法〉关于多数加害人的责任承担方式》，载《法学论坛》2010年第2期，第22~23页。

带责任，即使仅就侵权法领域进行观察，也早已不再那么"纯洁"或者"纯粹"，更遑论整个民商事领域了。试想一下，我国法律明确规定法人分立、法人设立不成功的，特定当事人须承担真正连带责任，上述情形下当事人有何过错可言。各国（地区）在真正连带责任的成立上早已摒弃"行为人具有主观意思联络""行为人具有共同过错""行为人具有共同给付目的"等共同性主客观要件了。真正连带责任在制度设计上早已脱离了罗马法简单商品经济条件下惩罚行为人共同欺诈、共同恶意、共同侵权、共同过错之立法阶段和立法理念。自从人类进入工业社会以来，各种工业事故、交通事故、环境污染事故、产品责任、医疗责任等大量发生，人类无时无刻不处于风险社会当中，侵权法作为矫正法和救济法，不仅担负保障个体的生命安全、财产安全和人身自由等责任，对于集体的经济安全、社会安全亦担负责任。在此情况下，对于法定的真正连带责任，其制度设计的重心早已由关注"行为人过错"转为关注"弥补损害、恢复秩序"。在此背景下，法定的真正连带责任在类型及范围设定上早已今非昔比，规范目的和价值考量早已多元化、社会化，不仅注重惩戒，同时亦更加注重预防、救济和恢复功能，从而扩大义务人范围，增加清偿债务的总括责任财产，损害赔偿的社会化分担，方便请求权人求偿，保障债权最大限度之实现等。正如有学者所指出的那样："危险责任自产生以来，促进了侵权责任法的发展。由于危险责任通过损害的分配实现公平正义，不以行为人的过错为归责根据，使侵权责任法的哲学基础由矫正正义转向矫正正义与分配正义并存，侵权责任法的归责原则从过错责任原则转向过错责任与无过错责任并存。"[1]

其二，有些学者认为我国《物权法》第 21 条（现《民法典》第 222 条）所规定的不动产登记机构与错误登记人的赔偿责任也属于不真正连带责任。[2]本书对此无法赞同。按照该学者对于不真正连带债务之定义，不真正连带债务应该属于多数人之债，并且任一债务人"各负全部履行之义务"，权利人亦可以选择任一债务人进行起诉或者请求给付。[3]但是，

---

[1] 郭明瑞：《危险责任对侵权责任法发展的影响》，载《烟台大学学报（哲学社会科学版）》2016 年第 1 期，第 24 页。

[2] 杨立新教授论文原文为"《物权法》第 20 条"，似存在笔误，应该为《物权法》第 21 条第 2 款，现为《民法典》第 222 条。参见杨立新：《论不真正连带责任类型体系及规则》，载《当代法学》2012 年第 3 期，第 57 页。

[3] 杨立新：《论不真正连带责任类型体系及规则》，载《当代法学》2012 年第 3 期，第 57 页；杨立新：《侵权责任法》，北京大学出版社 2014 年版，第 154 页。

对照《物权法》第 21 条（现《民法典》第 222 条）法条原文："因登记错误，造成他人损害的，登记机构应当承担赔偿责任。登记机构赔偿后，可以向造成登记错误的人追偿。"按照该款规定，债务人只有一个，为单数债务人，并非多数债务人，权利人仅可起诉不动产登记机构，权利人无从选择债务人，根本谈不上任一债务人"各负全部履行之义务"，论者对此明显前后矛盾。

（五）关于不真正连带债务之法律效果

关于不真正连带债务之法律效果，主要包括对内对外效力这两个方面，对内效力是指在不真正连带债务人之间所发生之效力，对外效力是指在不真正连带债务人和债权人之间所发生之效力，以下分别阐述。

1. 对内效力

（1）任一不真正连带债务人所发生之法律事实对于其他不真正连带债务人之效力。任一不真正连带债务人所发生之如下法律事实，具有绝对效力，对于其他不真正连带债务人亦发生效力。

第一，任一不真正连带债务人所为之清偿、代物清偿、提存、抵销等行为，客观上具有满足债权实现之效果，其效力及于其他不真正连带债务人，其他不真正连带债务人之债务亦随之消灭。

第二，债权人免除终局责任人债务的，该免除行为之效力及于其他非终局责任人，其他非终局责任人之债务在免除之限度内同归于消灭。因为一旦债权人免除终局责任人之债务，那么其他非终局责任人之求偿权很容易落空，为了维护公平正义，应该认为免除行为之效力及于其他非终局责任人。但是，如果被免除债务者并非终局责任人，免除行为之效力就不应该及于其他不真正连带债务人，以利于当事人之间行使求偿权。①

（2）任一不真正连带债务人为给付之后对于其他不真正连带债务人有无追偿权。对此问题，学界目前仍然存在着肯定说和否定说两种不同看法。

肯定说认为，与真正连带债务的债务人不同，数个不真正连带债务人之间并不必然存在内部分担关系，因此也不存在基于内部分担关系而产生的求偿权，任一不真正连带债务人为给付之后，并非毫无限制的对于其他所有不真正连带债务人均有权请求分摊，其仅能向应负终局责任

---

① 孔祥俊：《论不真正连带债务》，载《中外法学》1994 年第 3 期，第 22 页。

之不真正连带债务人请求偿还 。①

否定说则认为，对于不真正连带债务内部关系而言，数个不真正连带债务人相互之间并无分担部分，亦不发生求偿关系。②

中国大陆学者对此问题多持肯定说，司法实践中也大多采纳肯定说之见解。

2. 对外效力

有学者认为：不真正连带债务的对外效力主要包括：第一，债权人对于全体不真正连带债务人得同时或先后请求全部或不分之履行。第二，任一不真正连带债务人履行债务之后，其他不真正连带债务人之债务亦随之消灭。第三，不真正连带债务本质上乃系各个独立之债务，权利人对于任一不真正连带债务人所为之免除、履行请求，或者发生时效完成、混同等事项，原则上对于其他不真正连带债务人不发生效力。③也有学者对此存在不同看法，认为不真正连带责任是各个独立的责任，基于不同违法行为而分别存在，对于行为人之一所发生事项之效力及于其他行为人。④

此外，也有学者认为："受害人享有的不同的损害赔偿请求权，只能'择一'行使。雇员即受害人或者向雇主请求承担赔偿责任，或者向第三人请求承担赔偿责任，而不是分别行使各个请求权。受害人选择的一个请求权实现之后，其他请求权消灭。这是不真正连带责任的'最近规则'，就是受害人可以选择距离自己最近的法律关系当事人作为被告，起诉其承担中间责任。"如果受害人选择起诉最终责任人，那么最终责任人无权向非最终责任人追偿。而如果受害人选择起诉中间责任人（非最终责任人），那么中间责任人在承担损害赔偿责任之后有权向最终责任人追偿。⑤

综上，我国学界对于不真正连带债务的法律效果问题，与上文对于不真正连带债务的概念问题、不真正连带债务的区分标准问题、法定不

---

① 孔祥俊：《论不真正连带债务》，载《中外法学》1994年第3期，第22页；林诚二：《民法债编总论——体系化解说》，中国人民大学出版社2003年版，第477~478页。

② 王泽鉴：《法律思维与民法实例：请求权基础理论体系》，中国政法大学出版社2001年版，第162页。

③ 该学者同时认为：一个不真正连带债务人履行全部债务以后，对于其他不真正连带债务人是否享有追偿权，应视具体情况而定。参见张广兴：《债法总论》，法律出版社1997年版，第151、152、157页。

④ 杨立新：《论不真正连带责任类型体系及规则》，载《当代法学》2012年第3期，第58页。

⑤ 杨立新：《论不真正连带责任类型体系及规则》，载《当代法学》2012年第3期，第59页。

真正连带债务的类型问题以及不真正连带债务的实践案型等问题一样，迄未形成一致意见。学界的主要分歧在于，其一：发生于任一不真正连带债务人之法律事实，对于其他不真正连带债务人究竟发生抑或不发生效力。其二，权利人对于全体不真正连带债务人应该如何行使诉权。有人认为权利人只可以"择一起诉"，也有人认为权利人对于不真正连带债务人中的一人、数人或全体，得同时或先后请求全部或部分之债务履行。

（六）对于请求权竞合与不真正连带债务问题之反思

自从德国法学家米塔斯（Mitteis）和艾泽勒（Eisele）于19世纪末期提出不真正连带债务理论以来，德国学界以及该理论传入中国以后的中国学界，从来不乏对此理论持否定见解的学者。批评者和否定论者所提出之理由，主要在于该理论对于不真正连带债务之概念缺乏清晰、一贯之界定，一直存在前后矛盾，顾头不顾尾之现象。按照该理论及其对于不真正连带债务之概念界定，无法准确区分真正连带与不真正连带。

不真正连带债务在中国大陆的理论和实践则表明，不真正连带债务在理论上缺乏逻辑一贯性、连贯性和穿透力，往往顾此失彼。在实践上则各行其是，缺乏一致的理解和区分标准，无法概括总结出统一的不真正连带债务法律效果，甚至对于不真正连带债务的类型都无法达成一致。有关的学理及学术观点时常沦落为口袋和套语，本质上属于旧瓶装新酒。在"不真正连带债务"这个统一的名称下，学者们各有其不同的叙事内容和主张，结果导致认识上的僵化和误区，只要不是真正连带，那么必然就是不真正连带。改革开放以后，我国民商法学界对于单一的民商事法律问题，投入如此巨大的研究热情，产生如此巨大的学术分歧和持久争议，实属罕见。

中国大陆学者所谓的不真正连带债务，与德国学者所谓的不真正连带债务，存在截然之不同。因为《德国民法典》对于真正连带债务之产生，并未采纳法定连带除外的主观目的共同说（《德国民法典》第421条）。《德国民法典》并没有规定只能依照法律明文规定或者当事人约定才能产生真正连带，这与旧中国民法典（旧中国民法典第272条第2款）以及我国《民法典》（第518条第2款）存在本质性区别。因此，我国学者所谓的不真正连带债务，按照德国民法大多可以归入真正连带债务当中，这没有任何逻辑上、构造上的困难。另外，《德国民法典》第255条明文规定了赔偿请求权让与制度，将处在不同责任层次的数个责任人，区分为终局责任人与非终局责任人，权利人有权直接追究终局责任人之责任，亦可在让与请求权给某一非终局责任人之后，请求该非终局责任人承担责任。而我国《民法典》对于赔偿请求权让与制度并无一般性、原则性之规定。

改革开放以来，尤其是1994年《消费者权益保护法》施行以来，中国大陆一些学者针对该法所规定的生产者与销售者之间的责任，认定该责任即为不真正连带责任。论者所谓的不真正连带责任与旧中国学者以及我国台湾地区学者所谓的不真正连带责任，亦存在截然之不同。尽管旧中国民法典与新中国《民法典》在（真正）连带债务的成立上，均规定只能依照法律明文规定或者当事人之约定才能产生。但是学者们讨论该问题的前提却存在根本性区别，主要表现在：

1. 旧中国民法典与新中国《民法典》在侵权行为部分的立法内容上存在巨大区别，侵权行为在旧中国民法典当中仅占一款，即第二编"债"第一章"通则"第一节"债之发生"第五款"侵权行为"，全部法条仅有15个（第184—198条）。而在新中国《民法典》当中，侵权责任却独立成编（第七编），全部法条总计有95个（第1164—1258条）。新中国《民法典》侵权责任编当中所规定的、真正连带责任之外的，针对同一损害而有多个责任人并存之诸多情形，在旧中国民法典当中根本未曾有过类似之规定。

2. 中国大陆学者认为属于典型的不真正连带责任，诸如产品责任、动物致害责任、建筑物致害责任等（我国《民法典》第1203、1250、1252条等），[①]旧中国民法典对此却存在截然不同之规定，旧中国民法学者以及我国台湾地区民法学者亦未见有人认其为不真正连带责任者，例如：

（1）旧中国民法典第190条（动物占有人之责任）。

动物加损害于他人者，由其占有人负损害赔偿责任。但依动物之种类及性质，已为相当注意之管束，或纵为相当注意之管束而仍不免发生损害者，不在此限。

动物系由第三人或他动物之挑动，致加损害于他人者，其占有人对于该第三人或该他动物之占有人，有求偿权。

（2）旧中国民法典第191条（工作物所有人之责任）。

土地上之建筑物或其它工作物所致他人权利之损害，由工作物之所有人负赔偿责任。但其对于设置或保管并无欠缺，或损害非因设置或保管有欠缺，或于防止损害之发生，已尽相当之注意者，不在此限。

---

① 王利明：《侵权责任法》，中国人民大学出版社2021年版，第16页。

前项损害之发生，如别有应负责任之人时，赔偿损害之所有人，对于该应负责者，有求偿权。

（3）旧中国民法典第190条之一（商品制造人之责任）。

商品制造人因其商品之通常使用或消费所致他人之损害，负赔偿责任。但其对于商品之生产、制造或加工、设计并无欠缺或其损害非因该项欠缺所致或于防止损害之发生，已尽相当之注意者，不在此限。

前项所称商品制造人，谓商品之生产、制造、加工业者。其在商品上附加标章或其它文字、符号，足以表彰系其自己所生产、制造、加工者，视为商品制造人。

商品之生产、制造或加工、设计，与其说明书或广告内容不符者，视为有欠缺。

商品输入业者，应与商品制造人负同一之责任。

按照旧中国民法典之上述规定，动物占有人之责任、工作物所有人之责任，以及商品制造人之责任均属于单一责任人之债务，并不发生多数责任人之债，权利人根本无权选择债务人，从而无从产生学者们所谓的"不真正连带"债务关系。总体而言，旧中国民法学者以及现今我国台湾地区民法学者所列举之不真正连带债务案型，以及依照旧中国民法典所作出的司法裁判中，只存在法律适用过程中因为责任竞合而产生的不真正连带债务，并不存在法定型的不真正连带债务，这与中国大陆学者每每指出某法某条某款之规定，即为法律对于不真正连带债务之规定迥然有别。

3. 旧中国民法典第280条之一确立赔偿请求权让与为特定情形下损害赔偿请求权行使之一般原则，而新中国《民法典》对此并无规定。

4. 关于追偿权，这在目前海峡两岸不真正连带债务理论与司法实践上，亦呈现出截然不同之理解和处理结果。大陆学者一般肯定不真正连带债务关系中作出给付之债务人享有追偿权，如果给付系由非终局责任人作出。而我国台湾地区多数学者及司法实践上对此问题均持否定观点，认为不真正连带债务人相互之间并无追偿权，只有真正连带债务人之间才存在追偿权问题。兹举例如下：

案例一：在1996年台上字第975号判决一案，甲公司的司机乙与丙公司雇用的司机丁分别驾驶大客车，因过失的侵权行为致诉外人戊受伤。在此情形甲公司与其司机乙应对戊负连带损害赔偿责任（旧中国民法典第188条），丙公司与其丁司机亦同（旧中国民法典第188条），乙司机与丁司机则构成共同侵权行为，应负连带赔偿（旧中国民法典第 185 条）。问题在于甲对戊为损害赔偿后得否向丙公司请求依其丁司机过失（50%）应分担的部分。对此问题，我国台湾地区"司法"采否定说，认为甲公司与丙公司对戊之损害无须承担连带责任，仅成立所谓的不真正连带债务。裁判理由略谓："不真正连带债务因只有单一之目的，各债务人间无主观之关联，而连带债务则有共同之目的，债务人间发生主观的关联，二者不同，故连带债务之有关规定，于不真正连带债务并不当然适用。就不真正连带债务人与债权人间之外部关系而言，债权人对于不真正连带债务人之一人或数人或全体，得同时或先后为全部或部分之请求。不真正连带债务人中之一人为清偿，满足债权之给付，同时满足不真正连带债务之客观上单一目的时，发生绝对效力。就不真正连带债务相互间之内部关系而言，不真正连带债务人相互之间并无分担部分，因而亦无求偿关系。"①

案例二：某甲与某乙共同伤害原告之身体，某丙为某甲之法定代理人，某丁为某乙之法定代理人，法院是否得命某丙与某丁连带赔偿原告之损害？研究意见：连带债务须以契约明示或有法律规定者为限（旧中国民法典第 272 条参照），依题意所示，某甲与其法定代理人某丙、某乙与其法定代理人某丁依第 187 条第 1 项（旧中国民法典）规定，应连带赔偿原告所受伤害。至于某丙与某丁间，对于原告虽负同一给付，但其发生之原因各别，即丙因甲之侵权行为而负责，丁因乙之侵权行为而负责，丙与丁则无负连带赔偿责任之规定，核其性质为不真正连带债务，而不真正连带债务，与连带务在性质上并不相同，因此法院不得命某丙与某丁连带赔偿原告所受之损害，即以甲说为当（1987 厅民 1 字第 2991 号）。②

案例三：本件被上诉人（台南县新营市公所）主张：上诉人杜天辉即天辉土木包工业（下称天辉土木）于 2000 年 9 月承揽伊之新营市嘉芳街南侧拓宽工程（下称系争工程），并由上诉人九宜工程顾问有限公司（下称九宜公司）负责监造。讵天辉土木开挖排水沟后，竟未于工地设置警示标志及夜间警示灯，九宜公司亦未就工地交通安全之维护为确实监督，致被害人何岳轩于 1999 年 6 月 26 日夜间骑乘机车冲入排水沟，

---

① 王泽鉴：《法律思维与民法实例：请求权基础理论体系》，中国政法大学出版社 2001 年版，第 161~162 页。

② 王泽鉴：《法律思维与民法实例：请求权基础理论体系》，中国政法大学出版社 2001 年版，第 162 页。

受有头部外伤合并颅内出血、双侧肢体瘫痪及肢体不自主震颤等伤害。嗣何岳轩依国家赔偿法规定诉请伊赔偿损害，经另件判决伊败诉确定，已赔偿何岳轩新台币（下同）三百四十八万九千七百五十六元。依伊与天辉土木及九宜公司分别签订之契约书约定，应由天辉土木负最终赔偿责任；九宜公司未善尽监督责任，为债务不完全履行，应依不真正连带关系，同负赔偿责任。求为命上诉人赔偿上开金额本息之判决。

裁判要旨： 国家机关因公有公共设施之设置或管理有欠缺，致人民生命、身体或财产受损害时，负无过失赔偿责任。惟对于损害原因应负责任之人，有求偿权，此观国家赔偿法第三条规定自明。其立法目的在于以国家之财力，就公共设施之设置或管理欠缺所造成人民之损害，给予赔偿，原不以国家机关有可归责之原因为必要。仅于另有应负责任之人，赋与国家机关对之有求偿权而已。因此，若国家机关对于损害之发生，同属应负责任之人，在其应负责任范围内，即应自负其责，尚不得藉由契约之约定转嫁己责于他人，以规避国家机关应负之赔偿责任。①

5. 关于法源问题。旧中国民法典第 1 条所规定之法源包括三类：法律、习惯以及法理。而按照我国台湾地区"司法"观点，比较法具有法理的地位，凡是比较法上共通的、文明的、先进的东西，可以经由法律解释的方法而融入我国台湾地区的法理之中，这就是"comparative law on the matter of interpretation"。②

因此，我国台湾地区对于涉及不真正连带债务案例之裁判，因为并不存在法定型的不真正连带债务，更不可能存在对于不真正连带债务法律效果之规定，因此只能借助于比较法及学理通说。这与中国大陆之情形判然有别，我国《民法典》第 10 条所规定的民法法源只包括法律和习惯，不包括法理，这与旧中国民法典明显不同。

中国大陆地区学者们所谓的不真正连带债务概念及理论，主要来自旧中国学者之研究及著述，而旧中国学者们所谓的不真正连带债务概念及理论，则继受自德国。因此，对于中国大陆地区不真正连带债务法律问题之研究，无法离开与德国、旧中国以及我国台湾地区有关的立法、学理及实践之比较。尽管不同国家（地区）的学者们都在使用"不真正连带债务"这个相同术语，貌似学者们所讨论的问题具有同一性。但是，对于诸如什么是真正连带责任、是否存在法定的不真正连带责任类型、

① 参见 2007 年度台上字第 2495 号。
② 王泽鉴等：《德国民法的继受与台湾民法的发展》，载《比较法研究》2006 年第 6 期，第 7 页。

任一不真正连带责任人清偿债务之后是否享有追偿权、是否存在赔偿请求权让与制度的一般规定等问题上，不同国家（地区）却存在截然不同的学理、立法及司法裁判方法。结果导致中国大陆地区学者所谓的不真正连带债务，既非德国民法学者所谓的不真正连带债务，又非旧中国以及现今我国台湾地区民法学者所谓的不真正连带债务，实属旧瓶装新酒。

本书认为，对于请求权竞合与不真正连带债务，以下一些问题值得反思和深入研究：

1. 不真正连带债务的理论源头为德国19世纪普通法时期共同连带与单纯连带的区分思想，其更早的理论渊源则滥觞于古罗马法上的争点决定（Litis contestatio、Streitbefestigung）制度。共同连带、单纯连带与争点决定制度，均非我国的固有法制，植根于该土壤上的不真正连带债务制度，亦非我国固有法制。从比较法上来看，大陆法系的德国、旧中国以及我国台湾地区对于不真正连带债务制度研究和关注较多，并对改革开放之后的新中国学理及司法实践产生了较大影响。而在世界上的其他法系及大陆法系其他国家（地区），对此问题的关注度则明显不高。

2. 在各个主权国家立法以及判例仍然存在诸多区别之前提下，对于某些法律问题以及社会问题之解决，往往并不存在普适性答案或者唯一答案。各成文法国家（地区）的法学理论及司法实践，首先应该遵守各国（地区）成文法的内在体系和内在逻辑，以维护成文法的稳定性、连续性以及裁判结果的确定性、统一性，任何情况下概念清晰、逻辑严密、体系完整均应该予以尊崇，拿来主义未必符合本国的实定法规范。

3. 改革开放以来，随着我国经济及社会的发展，分工和协作愈加广泛，多数人之债法律关系和法律形态越来越复杂和多元，其背后的利益格局与法律诉求越来越复杂化、多元化。我国对于多数人之债问题之立法，较多地体现了地方性知识和经验，具有一定的中国特色，对于中国的国情考虑较多，对于消费者以及经济及社会上的弱者考虑较多。

4. 不真正连带债务并非我国立法上之概念，我国大陆地区学者对于不真正连带债务法律问题和法律关系之研究和阐述，只是借用了"不真正连带债务"这个壳，学者们所谓的不真正连带债务，可以区分为两大类：其一是指广义的请求权竞合，也就是不仅针对某一损害赔偿的请求权为复数，而且不同的请求权系针对不同的责任人而产生，也就是符合上述条件的责任人同为复数。其二是指法定的责任人并存情形，也就是针对某一损害，法律为受害人规定了复数的责任人。因此，按照一些学者的观点，只要责任人为二人以上，任一责任人均有义务为完全给付，多数责任人之间如果不是真正连带，那么就是不真正连带。甚至还有一些学者将负担完全给付义务的责任人与负担不完全给付义务的责任人归入不真正连带责任之列。

5. 上述第一类不真正连带债务，其载体主要是司法实践中请求权竞合之案例。对此问题德国、旧中国以及新中国学者均曾经作出过"不真正连带债务实践案型"之归纳与分类，学者们称之为广义请求权竞合，其发生原因在于立法的内在逻辑、形式逻辑以及法律规范的概念化、体系化。上文"请求权竞合之规范适用原则"部分之分析和处理原则，应该适用。

上述第二类不真正连带债务，也就是法定的责任人并存情形，其载体主要是我国学者所列举的我国现行法上的一些具体法条。

上述两类"不真正连带债务"具有一个共同特征，那就是不同责任人对于损害之发生往往并非处在同一责任层次之上。有属于造成损害的直接原因方，也有属于造成损害的间接原因方。有属于直接加害者，也有因为过失等原因而为加害者提供了加害机会或者加害可能性的间接加害人。[1]此外，还有出于扩大义务人范围、增加总括责任财产、损害赔偿的社会化分担、方便权利人求偿、保障债权最大限度实现等立法政策考量而直接法定之多数责任人并存形态等。

上述两类"不真正连带债务"之发生，从因果关系远近、过错程度、致害原因力大小、可归责性、法律关系的性质等方面判断，有些当事人距离损害较近，有些当事人则距离损害较远。在此情况下，距离损害较近者为终局责任人，距离损害较远者为非终局责任人。按照请求权让与之法理，如果被害人直接向终局责任人请求损害赔偿，终局责任人在赔偿之后无权向其他非终局责任人追偿。而如果被害人直接向其他非终局责任人请求赔偿，那么非终局责任人有权请求受害人让与其针对终局责任人之赔偿请求权，受害人拒绝让与的，非终局责任人有权拒绝赔偿。非终局责任人赔偿后，在赔偿范围内，基于赔偿请求权让与契约有权代位行使受害人针对终局责任人之赔偿请求权，但是无权请求其他非终局责任人赔偿，或者请求其他非终局责任人分担其给付，其他非终局责任人对于终局责任人之赔偿能力亦不承担担保责任。关于赔偿请求权让与之具体内容，详见上文"赔偿请求权让与"一章之阐述。在此需要指出的是：赔偿请求权让与之法理、法律规定及司法实践，我国学界以

---

① Ehmann, Die Gesamtschuld, Duncker&Humblot/Berlin, 1972, S. 67ff.

及司法实务部门对此并不陌生，《民法典》第 524 条第 2 款、《民法典》第 700 条、《保险法》第 60 条第 1 款、第 61 条，《海商法》第 252 条等，均涉及赔偿请求权让与或者涉及权利代位问题，实践案例亦非常丰富。

6. 德国、旧中国以及我国台湾地区不真正连带债务理论与实践的重心均在于实践问题之解决，"不真正连带债务"之名远不及"不真正连带债务"之实来得重要，以避免买椟还珠、空炒概念之嫌。所谓"不真正连带债务"之实也就是"不真正连带债务"的对内对外效力，尤其是发生于任一当事人之法律事实对于其他当事人发生怎样的效果等问题。对此问题我国《民法典》等现行法无明文规定，学者们对此问题讨论甚少。法律知识主要属于实践性知识，重在解决实践性问题。多数人之债问题古已有之，各国（地区）在立法规制的目标、立法目的方面存在一定的共通性，主要体现在立法以及法律适用过程中对于平等、公平、正义、便利、效率等价值之追求，重心在于更好地保护被害人，为被害人提供行之有效的救济措施，以定分止争。因此，我国不真正连带债务理论与实践的重心应该回归实践问题之解决，最大限度实现个案当中的公平正义。

7. 最后需要指出的是，具有主从关系的债务不是连带债务，也不是不真正连带债务。主债务是指独立存在没有依附关系的债务，从债务是依附于主债务的债务，从债务起配合和补充主债务目的实现的作用，从属债务和补充债务为典型的从债务。从属债务和补充债务通常只构成主债务的一部分，而非主债务的全部，从债务人仅仅承担次要的和补充的责任，债权人无权任意向债务人为请求，只能首先向主债务人为请求，只有请求不能或者执行未果时才可以向从债务人请求，这些特征均与连带债务以及所谓的不真正连带债务的本旨不符。我国《民法典》第 687 条所规定的一般保证，保证人享有检索抗辩权，也就是一般保证的保证人对于主债务只承担次要和补充的责任，性质上即属于典型的具有主从关系的债务。此外，《民法典》第 1198 条第 2 款、第 1201 条亦明确规定了补充责任。①

---

① 在著名的"宾馆安保存在疏漏，旅客于旅馆房间被害"案件中，尽管许多学者认为在本案中宾馆和故意犯罪的侵害人应该承担不真正连带责任，但是受诉法院显然不认同该观点，不认为宾馆和故意犯罪的侵害人应该承担不真正连带责任。依照《侵权责任法》以及《民法典》之规定，宾馆只是承担补充责任，并非承担不真正连带责任。参见《王某毅、张某霞诉上海银河宾馆赔偿纠纷案》，载《中华人民共和国最高人民法院公报》2001 年第 2 期，第 55~59 页。

结　语

　　自罗马法以来，多数人之债法律问题，一直是大陆法系民商事立法、司法、学理研究的重点和难点问题，是债法的灵魂和精髓所在。社会交往越复杂，多数人之债法律问题越频发而重要。改革开放 40 多年来，我国学界、司法实务部门以及立法部门等对于多数人之债法律问题从未停止过关注。随着我国市场经济的大力发展，多数人之债法律问题的重要性与日俱增。《民法典》施行之后，多数人之债法律问题必将迎来学理研究、法律解释、法律续造、法律适用的高潮。

　　我国《民法典》明文规定的多数人之债发生原因主要包括按份之债、连带之债、债权让与、债务转移、债务加入、保证责任、重复委托、共同委托、赔偿请求权让与、债权准共有、债务共有、债权债务之共同共有、补充责任以及请求权竞合等，《保险法》对于重复保险亦具有明文规定。补充责任制度具有中国特色，为大陆法系其他国家（地区）立法所罕见。我国《民法典》中无明文规定，但是同样构成多数人之债基本发生原因者，例如协同之债、可分之债、不可分之债等，在我国民事生活和司法实践中亦时有发生，实践中从未缺席过，值得关注和研究，尤其是协同之债。

　　本书按照我国《民法典》对于多数人之债的立法顺序，遵循由一般到特殊之规范结构，同时考虑到具体多数人之债的逻辑依存及逻辑递进关系，全书共分十二章。详细研究了按份之债、可分之债与不可分之债、连带债权与连带债务、真正连带与不真正连带、协同之债、债权准共有、债务共有、债权债务共同共有、债权让与、债务转移、债务加入、赔偿请求权让与、补充责任、保证责任、重复保险、重复委托、共同委托、请求权竞合等多数人之债。着重从概念、特征、历史演进、相关制度比较以及对内对外效力等方面予以考察研究，既注重历史维度，又注重理论深度和实践面向，期能窥其全貌。

按份之债通常即为可分之债，而可分之债未必即为按份之债。按份之债具有已确定或者可确定之份额，而可分之债的数个当事人之间未必能够确定或者需要确定各自的给付份额。按份之债的给付标的通常应该可分，但是法律并不禁止当事人对于按份之债约定以不可分给付作为债权或者债务之内容。我国现行法所规定的主要责任、次要责任、同等责任、减轻责任以及相应责任等责任形式，性质上均属于按份之债、可分之债。

可分之债，是指基于同一个债之关系，而其给付可分之多数人之债。债权人为两人以上时，称之为可分债权，债务人为两人以上时，称之为可分债务，债权人以及债务人均为两人以上时，称为可分债权及可分债务。不可分之债，是指以事实上不可分之给付为标的或者当事人约定给付不可分之多数人之债。债权人为两人以上时，称之为不可分债权，债务人为两人以上时，称之为不可分债务，债权人以及债务人均为两人以上时，称之为不可分债权及不可分债务。我国《民法典》对于可分之债、不可分之债无明文规定，仅在第450、517条等提及"标的可分""可分物"等概念，按照反对解释以及客观交易实情，当然也会存在"标的不可分""不可分物"等情形。因此，按照自然法和自然理性，当事人之间所发生的以"标的不可分""不可分物"为给付内容之债务，当属于传统民法上所谓的不可分之债。反之，当事人以"标的可分""可分物"为给付内容之债务，当属于传统民法上所谓的可分之债，法律另有规定或者当事人另有约定者除外。

不可分之债与连带之债容易混淆，二者的主要区别在于：不可分之债的主要发生原因在于给付不可分，而连带之债的发生原因与给付可分不可分并不存在必然联系。不可分之债因为给付不可分，所以不存在部分给付之问题。而连带之债的债权人有权请求全部或者部分之给付，债务人亦可为全部或者部分之给付。不可分之债的各个当事人在对内关系上必有分担部分，只是给付不可分而已，而各个连带债务人在对内关系上则非必具有分担部分。

连带债权与连带债务，是我国《民法典》所规定的两类最为重要的多数人之债。连带债权实践中发生较少，意义、价值及适用性均赶不上连带债务。我国自《民法通则》（第87条）开始，对于连带关系之发生，即采纳了法定连带除外的主观目的共同说。除了法律明文规定的连带债权与连带债务外，连带关系之发生有赖于当事人之约定。而对于

《民法典》第 518 条第 2 款所谓"法律规定"之内涵，则存在两种不同的解释路径：其一，只采纳形式主义的解释方法，法定连带债务之成立，必须法条中明确使用或者出现了"连带"二字，例如"连带责任""连带负责""连带债务""连带关系"等；其二，同时采纳形式主义加内涵主义、实质主义的解释方法，法定连带债务之成立，除了法条中明确使用或者出现了"连带"二字之情形外，只要符合《民法典》第 518 条第 1 款后半句对于连带债务核心内涵的两个要素之规定，即为符合"法律规定"，亦能成立法定连带债务。《民法典》第 518 条第 1 款后半句所规定的连带债务核心内涵是：债务人为二人以上，债权人可以请求部分或者全部债务人履行全部之债务。

德国 19 世纪普通法时期学说上将发端于罗马法时期的连带之债，区分为共同连带与单纯连带，其所谓的共同连带也就是真正连带，其所谓的单纯连带也就是后来学说上所谓的不真正连带。所谓不真正连带债务，是指多数债务人基于不同之发生原因，对于债权人负以同一之给付为标的之数个债务，依一债务人之完全履行，其他债务因目的达到而消灭之多数人之债。真正连带与不真正连带的区分并未为《德国民法典》所采纳。德国立法者认为：连带债务的实践和经济目的的核心在于保障债权人债权实现的安全和便利，该原则对于所谓的不真正连带同样适用。不真正连带并非立法问题，而是主要属于法律适用中的请求权竞合所导致的结果，按照请求权竞合之基本规则处理即可。真正连带与不真正连带的任一债务人为清偿之后可否追偿，各依照其基础法律关系决定。以有无追偿权作为区分标准，无法区分真正连带与不真正连带。

协同之债，是指以不可分给付为标的，须由数人一致协力方得以实现之债权或者完成给付之多数人之债。对于协同之债，任一债权人无法单独受领给付，任一债务人亦无法完成全部给付。我国《民法典》对于协同之债无明文规定，但是民事生活中一直存在这种债权债务形式，其存在能够满足一定程度的实践需求。协同之债符合契约自由和私法自治的基本原则，在我国多数人之债法律构造、法律体系和法律实践中从未缺席过。对于事实上的协同之债，应该按照私法自治原则予以处理。当事人无约定时，应该按照《民法典》总则编以及合同编所确立的民法基本原则、当地的民事习惯以及合同通则，必要时辅以法律解释之方法，以确定各方当事人之权利义务关系。

协同之债并非连带之债。对于连带之债，债权之实现以及债务之履行，并不强调债权人之间、债务人之间须协力，任一当事人无须协力即可完成完全给付及完全受领给付，而协同之债须由数人一致协力方得以受领债权或者履行债务。另外，对于连带之债，任一连带债权人均有权受领全部给付，任一连带债务人均有义务履行全部给付义务。而对于协同之债，任一债权人均无法妥为受领全部给付，任一债务人均无法独自完成完整、完全之给付义务。

债权准共有是指同一个债权同时为数人所共有之多数人之债。对于债权准共有，只能由全体债权人共同管理其债权，必要时可依多数票进行决议，多数票应该按照各债权人享益份额确定，债务人只能向全体债权人为给付，任一债权人均无权独立请求全部或者部分之给付。我国《民法典》共有一章之规定，应该斟酌准用于债权准共有。

债务共有是指数个债务人服务于债权人同一之给付利益，该给付义务须数债务人共同完成的多数人之债。债务共有并非可分（按份）之债，债务共有须数债务人共同完成给付义务，而可分（按份）之债的数债务人无须共同完成给付义务。债务共有亦并非连带之债，对于连带之债，数债务人可以共同完成给付义务，亦可由任一或者部分债务人以非共同之方式完成全部或者部分之给付义务，而债务共有须数债务人共同完成给付义务。我国《民法典》对于债务共有问题无明文规定，学界对此讨论甚少。本书认为：我国民法上的夫妻共同债务制度与大陆法系债务共有制度较为接近，属于传统民法上债务共有之特例。遗产债务为数继承人所共有时，同样属于债务共有，数继承人以所得遗产实际价值为限承担有限责任。

债权债务之共同共有，是指同一债权或同一债务，其全部债权人必须共同行使其债权，其全部债务人必须共同履行其债务之多数人之债。包括夫妻共同共有、家庭共同共有、遗产共同共有这三类法定的债权债务共同共有形式。合伙人财产共有形式应该按照当事人约定予以确定，既可以是按份共有也可以是共同共有。如果约定为共同共有，则亦可成立合伙债权债务之共同共有。

债务加入必然涉及多数人之债问题，债权让与、债务转移则否。如果债权让与、债务转移后存在复数的债权人和（或）债务人，则其亦涉及多数人之债问题。债权让与不同于向第三人为履行。向第三人为履行合同，又称为利益第三人合同（Vertrag zugunsten Dritter）、利他合同等，是指约定债务人向债权人之外的第三人为履行之合同。我国《民法典》将向第三人为履行合同（约款）规定在合同编通则第四章"合同的履行"部分，而将债权让与规定在合同编通则第六章"合同的变更和转让"部分，二者在是否需要与第三人达成合意、原债权人是否保有债权人身份、是否允许撤销、第三人是否取得从权利、保证人是否继续承担保证责任、是否承担担保责任、第三人诉讼地位等方面均存在明显区别，不得不辨。

债务转移也不同于第三人代为履行。所谓第三人代为履行制度，是指按照当事人之约定或者依照法律之规定，由债务人以外之第三人代债务人向债权人为履行之合同制度。我国《民法典》将第三人代为履行制度规定在合同编通则第四章"合同的履行"部分，而将债务转移规定在合同编通则第六章"合同的变更和转让"部分，二者在是否应当征得债权人同意、债务关系的结构及复杂程度、原债务人是否应当继续承担法律责任、第三人是否可以主张原债务人对债权人的抗辩、保证人是否应当继续承担保证责任、原债务人是否退出其固有法律关系、第三人诉讼地位等方面均存在明显区别，不得不辨。

赔偿请求权让与，是指就物或者权利之丧失及损害应负赔偿责任者，仅在赔偿请求权人让与其基于该物之所有权或者基于该权利针对第三人之请求权时，始负赔偿责任之权利让与制度，赔偿请求权让与之情形亦可产生多数人之债，因此属于多数人之债的发生原因之一。赔偿请求权让与之首要特征在于存在着终局责任人与非终局责任人之分。当某一损害发生时，如果该同一损害事实，同时符合数个请求权规范成立要件，则该数个请求权并存。该数个请求权可以指向同一个责任人，亦可以指向不同的多个责任人。在此情况下，如果不同责任人对于该损害之发生，从因果关系远近、过错程度、致害原因力大小及可归责性等方面判断，并非处在同一责任层次，有距离损害较近者，有距离损害较远者。那么距离损害较近者为终局责任人，距离损害较远者为非终局责任人。如果遭受损害之第三人向终局责任人请求赔偿，终局责任人在赔偿之前无权向被害人请求让与损害赔偿请求权，在赔偿之后无权向非终局责任人追偿。而如果遭受损害之第三人向非终局责任人请求赔偿，非终局责任人在赔偿之前有权向被害人请求让与损害赔偿请求权，在赔偿之后有权向终局责任人追偿，只有这样才符合民法上的责任自负原则以及公平原则。但是，基于终局责任人与非终局责任人之间的固有法律关系，非终局责任人原先对于终局责任人并不享有赔偿请求权或者追偿权，因此才需要遭受损害之第三人选择向非终局责任人索赔时，须向非终局责任人让与损害赔偿请求权。赔偿请求权让与之法理、法律规定及司法实践，我国学界以及司法实务部门对此并不陌生，《民法典》第 524 条第 2 款、《民法典》第 700 条、《保险法》第 60 条第 1 款、第 61 条，《海商法》第 252 条等对此均具有明文规定，实践案例亦非常丰富。

补充责任，是指在违反安全保障义务侵权责任类型中，如果损害系由第三人之侵权行为直接造成，那么负有安全保障义务之人仅承担具有补充性、第二顺位性责任之多数人之债。负有安全保障义务之人在承担赔偿责任之后，有权向直接造成损害之侵权行为人追偿。我国《民法典》第 1198 条第 2 款以及第 1201 条，对于补充责任具有明文规定。

保证责任与补充责任同属于多数人之债，二者在责任承担上均具有补充性、偶然性、不确定性。同时，权利人均有受领给付之权，而无担保债务人追偿权实现之责。尽管存在上述相似之处，但是保证责任与补充责任在发生原因、法律性质、是否具有从属性、是否涉及人身损害赔偿、是否受到保证期间和诉讼时效的双重限制、当事人是否存在资格限制、是否实行过错责任归责原则、对于主债务人是否享有追偿权等方面亦存在明显区别。

重复保险，是指投保人对同一保险标的、同一保险利益、同一保险事故分别与两个以上保险人订立保险合同，且保险金额总和超过保险价值之保险。共同委托不同于重复委托，共同委托只存在一个委托合同关系，而重复委托则存在两个及两个以上的委托合同关系。共同委托亦不同于转委托，共同委托是委托人委托两个以上的受托人，而转委托是受托人与第三人之间所成立的委托关系，该委托关系的内容是受托人受托事务之全部或者部分。重复保险、重复委托、共同委托乃多数人之债的重要发生原因。重复保险的各保险人之间承担可分之债、按份之债。对于重复委托，各受托人之间不存在指示与服从关系，无须对其他受托人的行为负责。而对于共同委托，两个以上的受托人则须对委托人承担连带责任。

请求权竞合，是指同一法律事实符合数个请求权规范要件，使得该数个请求权均能够成立之权利竞合现象。请求权竞合与多数人之债各有其不同的关注重心，但是二者亦可能发生交叉重叠现象。如果竞合的各个请求权单属于一个主体（权利人），并且请求权相对人也就是对方当事人亦为单一主体，此时不发生多数人之债的问题。如果竞合的各个请求权不单单属于一个主体（权利人），而是归属于不同主体（权利人）。或者请求权相对人也就是对方当事人（责任人）不单单为一个主体，而是复数主体，此时必然产生多数人之债的问题。请求权竞合属于多数人之债的重要发生原因。

学界对于请求权竞合之本质主要存在三种不同学说：法条竞合说、请求权竞合说以及请求权规范竞合说。请求权竞合说和请求权规范竞合说只是各家借名抒意而已，大陆法系各国（地区）成文法中根本不存在请求权竞合而请求权规范不竞合之法条，亦不存在请求权规范竞合而请求权不竞合之立法例。不同的请求权基础，在成立要件方面，在归责原则、免责事由、赔偿范围、举证责任、甚至诉讼时效等方面并非完全一致。因此，在请求权竞合情形下，认为存在复数请求权之理由明显强于认为只能存在一个请求权之理由。请求权可以有多个，但是被害人就某一损害，只能请求一次足额赔偿，不得请求重复赔偿或者叠加的倍数赔偿，惩罚性赔偿除外。因此，以上诸说，以请求权竞合说具有比较的优势和理由。

我国《民法典》中所确立的各类请求权，在法律适用过程中难免发生竞合，主要的竞合情形包括：违约损害赔偿请求权与侵权损害赔偿请求权之竞合，违约损害赔偿请求权与不当得利返还请求权之竞合，侵权损害赔偿请求权与不当得利返还请求权之竞合，无因管理之债请求权与侵权损害赔偿请求权之竞合，物上请求权与占有保护请求权之竞合，物上请求权与继承回复请求权之竞合，占有保护请求权与继承回复请求权之竞合，占有保护请求权与不当得利返还请求权之竞合等。上述请求权竞合之种类，可以区分为选择型竞合、减缓型竞合、加重型竞合以及自由型竞合这四类。

请求权竞合与所谓的不真正连带债务具有千丝万缕的联系。我国大陆地区学者所谓的不真正连带债务，可以区分为两大类：其一是指广义的请求权竞合，也就是针对某一损害，不仅损害赔偿请求权为复数，而且不同的损害赔偿请求权系针对不同的责任人而产生，也就是符合上述条件的责任人亦为复数。其二是指法定的责任人并存情形，也就是针对某一损害，法律为受害人规定了复数的责任人。上述两类"不真正连带债务"具有一个共同特征，那就是不同责任人对于损害之发生并非处在同一责任层次之上。有属于造成损害的直接原因方，也有属于造成损害的间接原因方。有属于直接加害者，也有因为过失等原因而为加害者提供了加害机会或者可能性的间接加害人。此外还有出于扩大义务人范围、增加总括责任财产、方便权利人求偿、保障债权最大限度实现以及损害赔偿的社会化分担等立法政策考量而直接法定之（中间）多数责任人等。

中国大陆地区学者们所谓的不真正连带债务概念及理论，主要来自旧中国学者之研究及著述，而旧中国学者们所谓的不真正连带债务概念及理论，则继受自德国。尽管不同国家（地区）的学者们都在使用"不真正连带债务"这个相同术语，对该术语的定义方法亦基本相同，貌似学者们所讨论的问题具有同一性。但是，对于诸如什么是真正连带责任、是否存在法定的不真正连带责任类型、任一不真正连带责任人清偿债务之后是否享有追偿权、是否存在赔偿请求权让与制度的一般规定等问题上，不同国家（地区）却存在截然不同的学理、立法及司法裁判方法。结果导致中国大陆地区学者所谓的不真正连带债务，既非德国学者所谓的不真正连带债务，又非旧中国以及现今我国台湾地区学者所谓的不真正连带债务，实属旧瓶装新酒。

在不真正连带债务法律关系中，不同责任人对于某一损害之发生，从因果关系远近、过错程度、致害原因力大小、可归责性、法律关系的性质等方面判断，往往并非处在同一责任层次。有距离损害较近者，也有距离损害较远者。在此情况下，距离损害较近者为终局责任人，距离损害较远者为非终局责任人。

以赔偿请求权让与之法理，解释和处理上述我国学者称之为"不真正连带债务"的两类多数人之债，更加符合法理和法律逻辑，亦可以克服大陆地区"不真正连带债务"理论和实践中的诸多难题。按照请求权让与之法理，如果被害人直接向终局责任人请求赔偿，终局责任人在赔偿之后无权向其他非终局责任人追偿。而如果被害人直接向其他非终局责任人请求赔偿，那么非终局责任人有权请求受害人让与其针对终局责任人之赔偿请求权，受害人拒绝让与的，非终局责任人有权拒绝赔偿。非终局责任人赔偿后，在赔偿范围内，有权代位行使受害人针对终局责任人之赔偿请求权，但是无权请求其他非终局责任人赔偿，或者请求其他非终局责任人分担其给付。

参考文献

一、法典类

1. 上海社会科学院法学研究所译：《德意志联邦共和国民法典》，法律出版社 1984 年版。

2. 台湾大学法律学院、台大法学基金会编译：《德国民法典》，北京大学出版社 2017 年版。

3. 陈卫佐译注：《德国民法典》，法律出版社 2020 年版。

4. 杜景林、卢谌译：《德国民法典》，中国政法大学出版社 1999 年版。

5. 杜景林、卢谌：《德国民法典评注：总则·债法·物权》，法律出版社 2011 年版。

6. 罗结珍译：《法国民法典》，法律出版社 2005 年版。

7. 何勤华等编：《新中国民法典草案总览》（上、中、下），法律出版社 2003 年版。

8. 李浩培等译：《法国民法典》，商务印书馆 1979 年版。

9. 渠涛编译：《最新日本民法》，法律出版社 2006 年版。

10. 王书江译：《日本民法典》，中国人民公安大学出版社 1999 年版。

11. 王卫国主译：《荷兰民法典》，中国政法大学出版社 2006 年版。

12. 杨立新点校：《大清民律草案民国民律草案》，吉林人民出版社 2002 年版。

13. 殷生根、王燕译：《瑞士民法典》，中国政法大学出版社 1999 年版。

14. 郑冲、贾红梅译：《德国民法典》，法律出版社 1999 年版。

15. 唐晓晴等译：《葡萄牙民法典》，北京大学出版社 2009 年版。

16. 潘灯、马琴译：《西班牙民法典》，中国政法大学出版社 2013 年版。

17. 孙建江、郭站红、朱亚芬译：《魁北克民法典》，中国人民大学出版社 2005 年版。

18. 徐涤宇译：《智利共和国民法典》，北京大学出版社 2014 年版。

19. 徐涤宇译：《秘鲁共和国新民法典》，北京大学出版社 2017 年版。

20. 刘士国、牟宪魁、杨瑞贺译：《日本民法典》，中国法制出版社 2018 年版。

21. 费安玲等译：《意大利民法典》，中国政法大学出版社 2004 年版。

22. 林纪东等：《新编六法全书》，五南图书出版公司 1986 年版。

二、中文著作类

1. 陈朝璧：《罗马法》，商务印书馆 1936 年版。

2. 陈朝璧:《罗马法原理》,法律出版社 2006 年版。

3. 陈华彬:《民法总则》,中国政法大学出版社 2017 年版。

4. 陈界融编著:《中国民法学·债法学源论》,人民法院出版社 2006 年版。

5. 陈盛清:《外国法制史》,北京大学出版社 1982 年版。

6. 陈甦主编:《民法总则评注》,法律出版社 2017 年版。

7. 陈小君主编:《合同法学》,中国政法大学出版社 2002 年版。

8. 陈小君主编:《合同法学》,高等教育出版社 2003 年版。

9. 陈聪富:《侵权违法性与损害赔偿》,元照出版社 2008 年版。

10. 程啸:《侵权责任法》,法律出版社 2011 年版。

11. 崔建远:《合同法》,法律出版社 2016 年版。

12. 崔建远主编:《合同法》,北京大学出版社 2016 年版。

13. 崔建远、韩世远、于敏:《债法》,清华大学出版社 2010 年版。

14. 戴修瓒:《民法债编总论》,会文堂新纪书局 1947 年版。

15. 董安生:《民事法律行为——合同、遗嘱和婚姻行为的一般规则》,中国人民大学出版社 1994 年版。

16. 杜景林、卢谌:《德国新债法研究》,中国政法大学出版社 2004 年版。

17. 杜景林、卢谌:《德国新给付障碍法研究》,对外经济贸易大学出版社 2006 年版。

18. 段匡:《日本的民法解释学》,复旦大学出版社 2005 年版。

19. 高圣平主编:《中华人民共和国侵权责任法立法争点、立法例及经典案例》,北京大学出版社 2010 年版。

20. 何宝玉:《英国合同法》,中国政法大学出版社 1999 年版。

21. 胡安潮:《特殊侵权归责原则研究》,知识产权出版社 2009 年版。

22. 黄风:《罗马私法导论》,中国政法大学出版社 2003 年版。

23. 黄立:《民法债编总论》,中国政法大学出版社 2002 年版。

24. 黄薇主编:《中华人民共和国民法典释义》,法律出版社 2020 年版。

25. 韩世远:《合同法总论》,法律出版社 2018 年版。

26. 韩世远、[日]下森定主编:《履行障碍法研究》,法律出版社 2006 年版。

27. 黄茂荣:《债法总论》,中国政法大学出版社 2003 年版。

28. 胡康生主编:《中华人民共和国合同法释义》,法律出版社 2009 年版。

29. 江平:《民法学》,中国政法大学出版社 2007 年版。

30. 江平、米健:《罗马法基础》,中国政法大学出版社 1991 年版。

31. 李昊:《交易安全义务论——德国侵权行为法结构变迁的一种解读》,北京大学出版社 2008 年版。

32. 李开国、张玉敏主编:《中国民法学》,法律出版社 2002 年版。

33. 李亚虹:《美国侵权行为法》,法律出版社 1999 年版。

34. 李永军:《民法总论》,中国政法大学出版社 2008 年版。

35. 李永军:《合同法》,法律出版社 2010 年版。

36. 李永军：《合同法》，中国人民大学出版社 2016 年版。

37. 李仁玉、陈敦编著：《民法教学案例》，法律出版社 2007 年版。

38. 李宇：《民法总则要义：规范释论与判解集注》，法律出版社 2017 年版。

39. 梁慧星：《民法学说判例与立法研究》，中国政法大学出版社 1993 年版。

40. 梁慧星：《民法总论》，法律出版社 2011 年版。

41. 刘得宽：《民法诸问题与新展望》，三民书局 1979 年版。

42. 刘德权主编：《最高人民法院司法观点集成》（1~3 卷），人民法院出版社 2009 年版。

43. 刘家安：《物权法论》，中国政法大学出版社 2009 年版

44. 柳经纬：《债权法》，厦门大学出版社 2014 年版。

45. 罗结珍：《法国财产法》，中国法制出版社 2008 年版。

46. 马强：《债权法新问题与判解研究》，人民法院出版社 2002 年版。

47. 史尚宽：《民法总论》，中国政法大学出版社 2000 年版。

48. 史尚宽：《债法总论》，荣泰印书馆 1954 年版。

49. 史尚宽：《债法总论》，中国政法大学出版社 2000 年版。

50. 唐德华主编：《合同法条文释义》（下册），人民法院出版社 2000 年版。

51. 谢振民编著：《中华民国立法史》（上下册），中国政法大学出版社 2000 年版。

52. 王伯琦：《民法总则》，正中书局 1963 年版。

53. 王利明：《民商法研究》（第 1~5 辑）法律出版社 2001 年版。

54. 王利明主编：《中国民法案例与学理研究·债权篇》，法律出版社 1998 年版。

55. 王利明主编：《中国民法典释评·合同编通则》，中国人民大学出版社 2020 年版。

56. 王利明：《合同法研究》，中国人民大学出版社 2012 年版。

57. 王利明：《侵权行为法研究》（上下卷），中国人民大学出版社 2004 年版。

58. 王利明：《民法总则研究》，中国人民大学出版社 2012 年版。

59. 王利明：《债法总则》，中国人民大学出版社 2016 年版。

60. 王利明、杨立新：《侵权行为法》，法律出版社 1996 年版。

61. 王泽鉴：《民法学说与判例研究》（第 1~8 辑），中国政法大学出版社 1998 年版。

62. 王泽鉴：《民法总则》，中国政法大学出版社 2001 年版。

63. 王泽鉴：《债法原理（一）》，中国政法大学出版社 2001 年版。

64. 王泽鉴：《债法原理（二）》，中国政法大学出版社 2002 年版。

65. 王泽鉴：《债法原理》，北京大学出版社 2010 年版。

66. 王泽鉴：《民法概要》，中国政法大学出版社 2003 年版。

67. 王泽鉴：《法律思维与民法实例：请求权基础理论体系》，中国政法大学出版社 2001 年版。

68. 王泽鉴：《民法思维——请求权基础理论体系》，北京大学出版社 2009 年版。

69. 王泽鉴：《侵权行为》，北京大学出版社 2016 年版。

70. 王竹：《侵权责任分担论——侵权损害赔偿责任数人分担的一般理论》，中国人民

参考文献

大学出版社 2009 年版。

71. 最高人民法院侵权责任法研究小组编著：《〈中华人民共和国侵权责任法〉条文理解与适用》，人民法院出版社 2010 年版。

72. 杨立新：《侵权法论》，人民法院出版社 2011 年版。

73. 杨立新：《侵权责任法》，法律出版社 2021 年版。

74. 杨立新：《侵权责任法》，北京大学出版社 2014 年版。

75. 杨垠红：《侵权法上作为义务：安全保障义务之研究》，法律出版社 2008 年版。

76. 杨鸿烈：《中国法律发达史》，商务印书馆 1967 年版。

77. 姚志明：《侵权行为法研究》，元照出版社 2003 年版。

78. 于敏：《日本侵权行为法》，法律出版社 2006 年版。

79. 张民安：《侵权法上的作为义务》，法律出版社 2011 年版。

80. 张民安：《现代法国侵权责任制度研究》，法律出版社 2003 年版。

81. 周友军：《交往安全义务理论研究》，中国人民大学出版社 2008 年版。

82. 朱岩：《侵权责任法通论·总论》，法律出版社 2011 年版。

83. 叶孝信主编：《中国民法史》，上海人民出版社 1993 年版。

84. 张广兴：《债法总论》，法律出版社 1997 年版。

85. 张新宝：《侵权责任法原理》，中国人民大学出版社 2005 年版。

86. 张新宝：《侵权责任法立法研究》，中国人民大学出版社 2009 年版。

87. 张新宝：《中国民法典释评（侵权责任编）》，中国人民大学出版社 2020 年版。

88. 张新宝：《〈中华人民共和国民法总则〉释义》，中国人民大学出版社 2017 年版。

89. 郑玉波：《民法债编总论》，中国政法大学出版社 2000 年版。

90. 周枬：《罗马法原论》（上下册），商务印书馆 1994 年版。

91. 周枬、吴文翰、谢邦宇：《罗马法》，群众出版社 1983 年版。

92. 王洪亮：《请求权基础的解释与反思》，法律出版社 2015 年版。

93. 王洪亮：《债法总论》，北京大学出版社 2016 年版。

94. 郑玉波：《民法债编总论》，三民书局 1996 年版。

95. 朱庆育：《民法总论》，北京大学出版社 2016 年版。

96. 孙森焱：《民法债编总论》，法律出版社 2006 年版。

97. 朱广新：《合同法总则》，中国人民大学出版社 2012 年版。

98. 郑云端：《合同法学》，北京大学出版社 2018 年版。

99. 张龙文：《民法债权实务研究》，汉林出版社 1977 年版。

100. 林诚二：《民法债编总论》，中国人民大学出版社 2003 年版。

101. 梅仲协：《民法要义》，中国政法大学出版社 1998 年版。

三、中文翻译类

1. ［德］鲍尔、施蒂尔纳：《德国物权法》（上册），张双根译，法律出版社 2004 年版。

2. ［德］鲍尔、施蒂尔纳：《德国物权法》（下册），申卫星、王洪亮译，法律出版

·227·

社 2006 年版。

3. ［德］迪特尔·梅迪库斯：《德国民法总论》，邵建东译，法律出版社 2000 年版。

4. ［德］迪特尔·梅迪库斯：《德国债法总论》，杜景林、卢谌译，法律出版社 2004 年版。

5. ［德］迪特尔·梅迪库斯：《德国债法分论》，杜景林、卢谌译，法律出版社 2007 年版。

6. ［德］迪特尔·梅迪库斯：《请求权基础》，陈卫佐等译，法律出版社 2012 年版。

7. ［德］迪特尔·施瓦布：《民法导论》，郑冲译，法律出版社 2006 年版。

8. ［德］海因·克茨：《欧洲合同法》，周忠海等译，法律出版社 2001 年版。

9. ［德］卡尔·拉伦茨：《德国民法通论》，王晓晔等译，法律出版社 2003 年版。

10. ［德］罗伯特·霍恩、海因·科茨、汉斯·G. 莱塞：《德国民商法导论》，楚建译，中国大百科全书出版社 1996 年版。

11. ［德］马克西米利安·福克斯著：《侵权行为法》，齐晓琨译，法律出版社 2006 年版。

12. ［德］曼弗雷德·沃尔夫：《物权法》，吴越、李大雪译，法律出版社 2002 年版。

13. ［德］萨维尼：《论占有》，朱虎、刘智慧译，法律出版社 2007 年版。

14. ［德］迪尔克·罗歇尔德斯：《德国债法总论》，沈小军、张金海译，中国人民大学出版社 2014 年版。

15. ［德］拉伦茨：《法学方法论》，陈爱娥译，商务印书馆 2003 年版。

16. ［奥］H. 考茨欧：《侵权法的统一：违法性》，张家勇译，法律出版社 2009 年版。

17. ［法］弗朗索瓦·泰雷、菲利普·森勒尔：《法国财产法》，罗结珍译，中国法制出版社 2008 年版。

18. ［法］雅克·盖斯旦、吉勒·古博：《法国民法总论》，陈鹏等译，法律出版社 2004 年版。

19. ［古罗马］优士丁尼：《法学阶梯》，徐国栋译，中国政法大学出版社 2005 年版。

20. ［美］A. L. 科宾：《科宾论合同》，王卫国等译，中国大百科全书出版社 1998 年版。

21. ［日］内田贵：《民法Ⅱ·债权各论》，东京大学出版社 1997 年版。

22. ［日］我妻荣：《新订债权总论》，王燚译，中国法制出版社 2008 年版。

23. ［日］田山辉明：《日本侵权行为》，顾祝轩、丁相顺译，北京大学出版社 2011 年版。

24. ［英］巴里·尼古拉斯：《罗马法概论》，黄风译，法律出版社 2000 年版。

25. ［意］彼德罗·彭梵得：《罗马法教科书》，黄风译，中国政法大学出版社 1992 年版。

26. ［意］朱塞佩·格罗索：《罗马法史》，黄风译，中国政法大学出版社 1994 年版。

四、中文论文类

1. 崔建远：《债权让与的法律构成论》，载《法学》2003 年第 7 期。

2. 崔建远：《债权让与续论》，载《中国法学》2008 年第 3 期。

3. 崔建远：《中国民法典所设竞合规范论》，载《兰州大学学报（社会科学版）》2021 年第 1 期。

4. 孔祥俊：《论不真正连带债务》，载《中外法学》1994 年第 3 期。

5. 李永军：《论〈侵权责任法〉关于多数加害人的责任承担方式》，载《法学论坛》2010 年第 2 期。

6. 杨立新：《论侵权责任的补充责任》，载《法律适用》2003 年第 6 期。

7. 杨立新：《论不真正连带责任类型体系及规则》，载《当代法学》2012 年第 3 期。

8. 杨立新：《多数人侵权行为及责任理论的新发展》，载《法学》2012 年第 7 期。

9. 杨立新：《论竞合侵权行为》，载《清华法学》2013 年第 1 期。

10. 杨立新：《侵权责任法的不确定并列责任主体》，载《杭州师范大学学报（社会科学版）》2016 年第 5 期。

11. 杨立新：《论侵权责任并合》，载《法商研究》2017 年第 2 期。

12. 杨立新：《侵权责任追偿权的"背锅"理论及法律关系展开——对〈民法典〉规定的侵权责任追偿权规则的整理》，载《求是学刊》2021 年第 1 期。

13. 张新宝：《我国侵权责任法中的补充责任》，载《法学杂志》2010 年第 6 期。

14. 张新宝、庄超：《扩张与强化：环境侵权责任的综合适用》，载《中国社会科学》2014 年第 3 期。

15. 张新宝、汪榆森：《污染环境与破坏生态侵权责任的再法典化思考》，载《比较法研究》2016 年第 5 期。

16. 张新宝、吴婷芳：《物件致人损害责任的再法典化思考》，载《现代法学》2017 年第 2 期。

17. 李敬从：《论不真正连带债务》，载《北京大学学报》2002 年国内访问学者、进修教师论文专刊。

18. 李永锋、李昊：《债权让与中的优先规则与债务人保护》，载《法学研究》2007 年第 1 期。

19. 李中原：《不真正连带债务理论的反思与更新》，载《法学研究》2011 年第 5 期。

20. 李中原：《多数人之债的类型建构》，载《法学研究》2019 年第 2 期。

21. 班天可：《安全保障义务的边界——以多伊奇教授对交往安全义务的类型论为视角》，载方小敏主编：《中德法学论坛》（第 14 辑·下卷），法律出版社 2018 年版。

22. 冯珏：《安全保障义务与不作为侵权》，载《法学研究》2009 年第 4 期。

23. 戴孟勇：《连带责任制度论纲》，载《法制与社会发展》2000 年第 4 期。

24. 郭明瑞：《危险责任对侵权责任法发展的影响》，载《烟台大学学报（哲学社会科学版）》2016 年第 1 期。

25. 齐云：《论我国多数人之债的完善——以不可分之债与连带之债的区别为中心》，载《河北法学》2012 年第 3 期。

26. 齐云：《论协同之债》，载《法商研究》2020 年第 1 期。

27. 齐云：《论多数人之债的类型推定规则》，载《法律科学（西北政法大学学报）》2022 年第 3 期。

28. 申建平：《论债权让与通知的主体》，载《河南省政法管理干部学院学报》2009 年第 5 期。

29. 吴香香：《诉讼实战中的请求权基础思维》，载《燕大法学教室》2021 年创刊号。

30. 王洪亮：《〈民法典〉中得利返还请求权基础的体系与适用》，载《法学家》2021 年第 3 期。

31. 王洪亮：《实体请求权与诉讼请求权之辨——从物权确认请求权谈起》，载《法律科学（西北政法大学学报）》2009 年第 2 期。

32. 王德新：《民法典中请求权竞合条款实施研究》，载《法学杂志》2021 年第 5 期。

33. 王松：《不真正连带债务诉讼实证探析》，载《法律适用》2005 年第 10 期。

34. 王千维：《论可分债务、连带债务与不真正连带债务》，载《中正大学法学集刊》2002 年第 7 期。

35. 王竹：《侵权责任分担论》，载《法学家》2009 年第 5 期。

36. 王泽鉴：《德国民法的继受与台湾民法的发展》，载《比较法研究》2006 年第 6 期。

37. 肖俊：《〈合同法〉第 84 条（债务承担规则）评注》，载《法学家》2018 年第 2 期。

38. 徐涤宇：《〈合同法〉第 80 条（债权让与通知）评注》，载《法学家》2019 年第 1 期。

39. 袁琳：《多数人之债的诉讼构造与程序规则》，载《中外法学》2021 年第 6 期。

40. 张定军：《论不真正连带债务》，载《中外法学》2010 年第 4 期。

41. 张双根：《占有的基本问题——评〈物权法草案〉第二十章》，载《中外法学》2006 年第 1 期。

42. 张双根：《共有中的两个问题——兼谈对〈物权法（草案）〉"共有"章的一点看法》，载《比较法研究》2006 年第 2 期。

43. 张玉敏：《论我国多数人之债制度的完善》，载《现代法学》1999 年第 4 期。

44. 张淞纶：《再论〈民法典〉中的连带债权》，载《甘肃政法大学学报》2021 年第 1 期。

45. 章正璋：《不真正连带债务在中国的理论与实践分析》，载《苏州大学学报》2011 年第 2 期。

46. 章正璋：《我国〈侵权责任法〉中没有规定不真正连带责任——与杨立新等诸先生商榷》，载《学术界》2011 年第 4 期。

47. 章正璋：《论我国现行民法上的不真正连带债务》，载《江苏社会科学》2011 年第 5 期。

48. 章正璋：《不真正连带债务理论溯源及其在我国的理论与实践分析》，载《财经法学》2018 年第 3 期。

49. 岳卫：《保险法与侵权行为法的交错——保险金给付与损害赔偿》，载《南京大学学报》2008 年第 3 期。

50. 赵盛和：《论不真正连带债务请求权的诉讼形态——以民事程序法与实体法的协调与契合为分析路径》，载《湖南社会科学》2015 年第 1 期。

51. 庄加园：《〈合同法〉第 79 条（债权让与）评注》，载《法学家》2017 年第 3 期。

52. 张定军：《连带债务发生明定主义之反思》，载《法学研究》2023 年第 2 期。

五、外文文献资料类

1. Andreas von Tuhr, Allgemeiner Teil des schweizerischen Obligationenrechts, 2. Aufl. 1942, Polygraphischer Verlag A. G. Zürich.

2. Arne Oeckinghaus, Kaufvertrag und Übereignung beim Kauf beweglicher sachen im deutschen und französischen Recht, Duncker&Humblot, Berlin Verlag, 1973.

3. Baur, stuerner, Sachenrecht, C. H. Beck München, 1999 17. Aufl. 1999.

4. Brox/ Walker, Besonderes Schuldrecht, 35. Aufl. Verlag C. H. Beck, München 2011.

5. Bryan A. Garner, Adictionary of modern legal usage, Law Press China, 2003.

6. Christian v. Bar, Sachenrecht in Europa—systematische Einfürungen und Gesetzestexte, Band 4, Universitätsverlag Rasch, Osnabrück, 2001.

7. Christian v. Bar, Verkehrspflichten——Richterliche Gefährdungsgebote im deutschen Deliktsrecht, Carl Heymanns Verlag KG, Köln, 1980.

8. Code Civil, Edition 2000, Paris Cedex.

9. Coing, Europäisches Privatrecht, Band Ⅱ, Verlag C. H. Beck München, 1989.

10. Deutsch/ Ahren, Deliktsrecht——Unerlaubte Handlungen, Schadensersatz, Schmerzensgeld, 5. Aufl. Carl Heymanns Verlag, Köln, 2009.

11. Dieter Medicus, Allgemeiner Teil des BGB, 7. Aufl. 1997 C. F. Müller Verlag Heidelberg.

12. Dieter Steberl, Der gutgläubige Eigentumserwerb an Liegenschaften im deutschen und französischen Recht, Dissertation von Universität Bayreuth, 1994.

13. Dieter Medicus, Grundwissen zum Bürgerlichen Recht, 8. Auflage, München：Carl Heymanns Verlag, 2008.

14. Dieter Medicus, Schuldrecht Ⅱ：Besonderer Teil, 12. Aufl. Verlag C. H. Beck, München 2004.

15. Ehmann, Die Gesamtschuld, Duncker & Humblot/Berlin, 1972.

16. Enneccerus, Lehmann, Recht der Schuldverhältnisse, Mohr Siebeck Tübingen, 1958.

17. Esser Schmidt, Schuldrecht, Band1 2, 8. Aufl. C. F. Müller Verlag Heidelberg, 2000.

18. Ferid/Sonnenberger, Das französische Zivilrecht, Band 2, 2. Aufl. 1986, Verlag Recht und Wirtschaft GmbH Heidelberg.

19. Wolfgang Fikentscher, Schuldrecht, Walter de Gruyter 1997.

20. Fischer, Probleme des Versendungskaufes unter besonderer Berücksichtigung des

Eigentumsü-berganges, Diss Mainz, Berlin 1963.

21. Florian Endrös, Kaufvertrag—Zustandekommen Inhalt Abwicklung in Frankreich, 2. Auflage 1999, Alpmann International GmbH Verlag.

22. Götz Schulze, Die Naturalobligation, Mohr Siebeck Tübingen, 2008.

23. Hartmut Schöner, Kurt Stöber, Grundbuchrecht, 5. Aufl. C. H. Beck München, 1993.

24. Hans Armin Weirich, Grundstücksrecht, 3 neu bearbeitete Auflage, Verlag C. H. Beck München 2006.

25. Hans Josef Wieling, Sachenrecht, Band 1, zweite Auflage, Springer Verlag, 2006.

26. Hans Prütting, Sachenrecht, 33. Auflage, Verlag C. H. Beck München, 2008.

27. Hein Kötz, Gerhard Wagner, Deliktsrecht, 2006 Wolters Kluwer Deutschland Gmbh, München.

28. HeinrichHonsell, Schweizerisches Obligationenrecht, 8. Aufl. Stämpfli Verlag AG Bern 2006.

29. Henry Sumner Maine, Ancient Law, Cambridge University Press, 1901.

30. Hermann Römer, Der gutgläubige Mobiliarerwerb im französischen Recht, Dissertation von Universität Münster, 1984.

31. Hermann Lange, Gottfried Schiemann, Schadensersatz, 2003 J. C. B. Mohr Tübingen.

32. Hartmut Schöner, Kurt Stöber, Grundbuchrecht, 5. Aufl. C. H. Beck München, 1993.

33. Iur Theo Guhl, Das Schweizerische Obligationenrecht, Neunte Auflage, Schulthess Zürich 2000.

34. Nils Jansen, DieStruktur des Haftungsrechts: Geschichte, Theorie und Dogmatik außervertraglicher Ansprüche auf Schadensersatz, Mohr Siebeck, Tübingen 2003.

35. Jauernig, BGBKommentar, 13. Aufl. Verlag C. H. Beck, München, 2004.

36. Konrad Cosack, Lehrbuch des deutschen Bürgerlichen Rechts, Verlag von Gustav Fischer, Jena, 1898.

37. Larenz, Lehrbuch des Schuldrechts, Band 1, 14. Aufl. C. H. Beck München, 1987.

38. Larenz, Lehrbuch des Schuldrechts, Band 2, C. H. Beck München, 1986.

39. Larenz/Wolf, Allgemeiner Teil des Buergerlichen Rechts, 8. Aufl. C. H. Beck'sche Verlagsbuchhandlung, München, 1997.

40. Leonhard, Der Allgemeine Theil des Buergerlichen Gesetzbuchs, Guttentag Verlagsbuchhandlung, Berlin 1900.

41. Max Kaser, Das Römische Privatrecht, C. H. Beck München, 1955.

42. Medicus/ Petersen, Bürgerliches Recht—Eine nach Anspruchsgrundlagen geordnete Darstellung zur Examensvorbereitung, 23. Aufl. Verlag Vahlen, 2011.

43. Medicus/Lorenz, Schuldrecht II, Besonderer Teil, 15. Aufl. C. H. Beck, München, 2010.

44. Motive zu dem Entwurfe eines bürgerlichen Gesetzbuches für das Deutsche Reich, Amtliche Ausgabe. Bd. 1, Berlin/Leipzig, 1888.

45. Münchener Kommentar zum bürgerlichen Gesetzbuch, Band 1 – 10, Verlag C. H. Beck

München, 2006.

46. Münchener Kommentar zum bürgerlichen Gesetzbuch, Band 1, Allgemeiner Teil, 6. Auflage, Verlag C. H. Beck München, 2012.

47. Ott V. Gierke, Der Entwurf eines bürgerlichen Gesetzbuchs und das deutsche Recht, 1889.

48. Palandt, Bürgerliches Gesetzbuch, 66 Auflage, Verlag C. H. Beck München 2007.

49. Paul Jörs, Wolfgang Kunkel, Leopold Wenger, Römisches Recht, Springer Verlag, 1935.

50. Peter Tuor, DasSchweizerische Zivilgesetzbuch, 12. Aufl. Schulthess 2002.

51. Plauitz, Konstitutivakt und Eintragung in den Kölner Schreinsurkunden des 12./13. Jahrhunderts, Leipzig , 1934.

52. Rabel, Das Problem der Qualifikation, Rabels Zeitschrift für ausländisches und internationales Privatrecht, 1931.

53. Robert Ludlow Fowler, The Real Property Law of the State of New York, 3d ed. rev. and enl. New York Baker, Voorhis & Company, 1909.

54. Rolf Dietz, Anspruchskonkurrenz bei Vertragsverletzung und Delikt, Ludwig Röhrscheid Verlag, Bonn u. Köln, 1934.

55. Savigny, Das Obligationenrecht als Theil des heutigen Römischen Rechts, Band 1, Berlin, 1851.

56. Savigny, System des heutigen Römischen Rechts, Ⅰ-Ⅷ, Berlin, 1840.

57. Staudinger, Kommentar zum Bürgerlichen Gesetzbuch mit Einführungsgesetz und Nebengesetzen, BGB, Buch 2, Recht der Schuldverhältnisse, Neubearbeitung 2009, Berlin.

58. Theo Guhl, DasSchweizerische Obligationenrecht, Schulthess Zürich 2000.

59. Ulrich Hübner, Vlad Constantinesco, Einführung in das französische Recht, Verlag C. H. Beck München 2001.

60. Laurenz Voss, Die Verkehrspflichten——Eine dogmatisch-historische Legitimierung, Duncker & Humblot, Berlin, 1983.

61. Walter G. Becker, Das Recht derunerlaubten Handlungen, Duncker&Humblot, Berlin Verlag 1976.

62. Walter Selb, Mehrheiten von Gläubigern und Schuldnern, Paul Siebeck Tübingen, 1984.

63. Weiling, Sachenrecht, Verlag C. H. Beck München, 2005.

64. Wilhelm Rütten, Mehrheit von Gläubigern, Verlag J. C. B. Mohr Paul Siebeck Tübingen, 1989.

65. Windscheid, Lehrbuch des Pandektenrechts, Band 2, 9. Aufl. Frankfurt am Main, 1906.

66. Werner Flume, Das Rechtsgeschäft, 4. Aufl. Springer-Verlag 1992.

67. Westermann, Sachenrecht, 7 Aufl. C. F. Müller Verlag, 1998 Heidelberg.

68. WolfgangMethfessel, Vertragsrecht-Verfügungsgeschäfte, Verlag W. Kohlhammer GmbH 1979.

69. York Gero v. Amsberg, Anspruchskonkurrenz, Cumul und Samenloop, Peter Lang Verlag GmbH, Berlin, 2009.

70. Yu-Hung Yen, Vertrags- und Deliktshaftung in Deutschland und Taiwan—Ein Rechtsver-

gleich, 1. Edition, Nomos Verlagsgesellschaft, 2017.

71. Eisele, Korrealität und Solidarität, AcP 77, 1891.

72. Ribbentrop, Lehre von den Korrealobligation, Göttingen 1831.

73. Max Kaser, DasRömische Privatrecht, C. H. Beck München, 1955.

74. Colin/Capitant, Droit civil frankais, Ⅰ.

75. D'Arbois de Jubainville, Etudes de droit celtique, 2Bde, Paris, 1895.

76. Maillet, Institutions politiques etsocials de l'antiquité, 12. Aufl. Paris, 1971.

77. Humbert, Institution politiques etsocials de l'antiquité, 2. Aufl. Paris, 1986.

78. Rodière, Droit maritime, 9. Aufl. Paris 1982, Nr. 71.

79. Astrid Stadler, Der Rang im Immobiliarsachenrecht, ein noch immer ungelöstes Problem, AcP 189, 1989.

80. Alejandro M. Garro, Recording of Real Estate Transactions in Latin America: A Comparison with the Recording System in the United States, 1984 Ariz. J. Int'l & Comp. L. 90 1984.

81. Cecily Harms, NAGPRA in Colorado: A Success Story, 83 U. Colo. L. Rev. 2011-2012.

82. Dean Lueck, the Rule of First Possession and the Design of the Law, 38 J. L. & ECON, 1995.

83. HerbertHovenkamp, Sheldon F. Kurtz, Principles of Property Law, 6th Edition, West Publishing CO. 1991.

84. Jack F. Trope, Walter R. Echo-Hawk, The Native American Graves Protection and Repatriation Act: Background and Legislative History, 24 Ariz. St. L. J. 1992.

85. E. Sunny Greer, Native Hawaiians and the Native American Graves Protection and Repatriation Act, Asian-Pacific Law & Policy Journal, 14 APLPJ 2012-2013.

86. Leeanna Izuel, Property Owners' Constructive Possession of Treasure Trove: Rethinking the Finders Keepers Rule, UCLA Law Review, Vol. 38.

87. L. F. Pinkerton, Recent Legal Developments Affecting Archaeological Cultural Property in the United States, International Legal Practitioner, December 1991.

88. M. June Harris, Who Owns the Pot of Gold at the End of the Rainbow? A Review of the Impact of Cultural Property on Finders and Salvage Laws, Arizona Journal of International and Comparative Law, Vol. 14, No. 1.

89. P. Gerstenblith, Identity and Cultural Property: The Protection of cultural Property in the United States, 75 B. U. L. Rev. 1995.

90. Rebecca Tsosie, NAGPRA and the Problem of culturally unidentifiable Remains: The Argument for a Human Rights Framework, 44 Ariz. St. L. J.

91. Steven J. Gunn, The Native American Graves Protection and Repatriation Act at Twenty: Reaching the Limits of Our National Consensus, 36 Wm. Mitchell L. Rev. 2009-2010.

92. Yakov Malkiel, An Evolutionary Look at the Law, Technology, and Economics of Sunken Treasure, Journal of Maritime Law & Commerce, Vol. 44, No. 2, April, 2013.

93. Enneccerus, Das Bürgerliches Gesetzbuch, Marburg 1910.

94. Klingmüller, Unechte Gesamtschuldverhältnisse, Jherings Jahrbücher für die Dogmatik des bürgerlichen Rechts, 1914.

95. Rabel, Ausbau oder Verwischung des Systems, Zeitschrift für Zivil- und Prozessrecht 10 1919/1920.

96. Mitteis, Zur Lehre von den passive Gesamtschuldverhältnissen, Grünhuts Zeitschrift für das privat- und öffentliche Recht der gegenwart, 14, 1887.